U0946286

大学定位与特色发展

DAXUE DINGWEI YU TESE FAZHAN

姚成荣 著

人民出版社

PREFACE
序　言

成荣同志是我熟悉多年的友人，多年来他一直在浙江省地方高校工作，担任过若干所地方高校的领导职务。熟悉成荣同志的人都知道，他具有强烈的敬业精神和很强的把握局势的能力，不仅善于学习，勤于思考，而且勇于面对学校改革与发展的艰巨挑战，是一位解决难题的好手。《大学定位与特色发展》一书，即为成荣同志担任浙江外国语学院（前身为浙江教育学院）党委书记期间，对学校改革与发展实践的思考和总结。阅读之后，收获良多。

我曾经在一些学术研讨会上说过，改革开放以来影响中国高等教育发展最重要的战略性举措，一是“高等教育大众化”，二是“高等教育综合化”，三是“高等教育多元化”，四是“高水平大学建设”。“大众化”战略扩大了高等教育规模，增加了高等学校入学机会；“综合化”战略改变了单科性高校为主的局面，增强了大学的综合实力和综合性；“多元化”战略打破了公办高校一统天下的局面，增强了高等教育生态系统的多样性；“高水平”战略通过“211 工程”“985 工程”和“2011 计划”的实施，显著增强了我国大学的研究能力和创新能力。不过，这些战略举措都是国家层面的布局，与区域层面和院校层面的战略思考有所不同。

成荣同志的文集主要是从院校层面（institutional level）思考和研究

问题。我非常赞同他的以下八个观点：

1. **理念引领**。成荣同志认为，“现代大学建设以及大学的教育教学实践，都需要有先进的办学理念来引领。”这是完全正确的。西方社会自纽曼19世纪中叶发表《大学的理念》系列演讲以来，已有数百份以“大学的理念”为标题的著作论文出版发表，它们从各个角度分析论述了大学理念的重要作用。形成先进大学理念很不容易，不仅需要大学领导者深刻认识大学组织的社会属性和基本特点，还要求他们深刻把握大学所处的社会环境和时代特征。

2. **科学定位**。大学理念必然涉及科学定位，对此成荣同志有清醒的认识。成荣同志认为，科学定位是一所大学发展的起点，只有明确了自身定位，才能制定科学的发展战略，创出品牌，办出特色。我很赞同这一看法。科学定位并不容易，偏左容易固步自封，思想僵化；偏右容易好高骛远，自不量力。两种倾向都严重脱离国情和校情，都会对高校发展带来严重后果，这方面教训我们已经看的很多。

3. **特色发展**。一所没有特色的高校，不可能有强大的生命力，这一点已是许多大学领导者的共识。成荣同志认为，大学特色是大学核心竞争力形成的重要基础，是区别于其他大学的内在品质，是衡量一所大学办学水平的重要标志，应该说这一认识十分到位。特色发展是科学定位的具体延伸和战略深化，要真正做到以特色立校、以特色兴校、以特色强校，非常不易。从文集内容可以看出，成荣同志在带领全校师生强化特色办学方面是下了苦功的。

4. **人才强校**。浙江外国语学院从原有的浙江教育学院改制而来，这两所学校无论从机构属性、办学任务来说，还是从学科重点、院校特色来看，都有很大的不同。转制改名后的浙江外国语学院面临的第一个重大挑战，就是涉外学科人才的严重不足，这一点成荣同志一定有切肤之痛。学院的人才强校战略正是在这一背景下形成的。“人才强校”不是一句简单的口号，在不同的高校也有不同的含义。从文集中我们可以看出，学院在相当艰苦的办学条件下，为集聚人才、培养人才、引进人才和使用人才，做了大量成效显著的工作。

5. **育人为本**。本科高校以育人为本，本不是需要特别强调的事情，可惜在实践中许多高校路走偏了。基础教育领域的“高考指挥棒”和高等教育领域的“论文指挥棒”，成了教育领域里的两大顽症，久攻不克。“高考指挥棒”导致“考试分数至上”，“论文指挥棒”导致“科研业绩至上”，两者都牺牲了育人之本。成荣同志不仅从思想上认识到“人才培养是学校一切工作的核心”，而且在行动上认真落实这一办学思想，组织全校干部教师围绕“培养什么样的人”和“怎样培养人”开展教育思想大讨论，统一认识，完善制度，使“育人为本”之树根扎得更深，叶开得更茂。

6. **科研为重**。反对“论文指挥棒”和“科研业绩之上”，并不是反对教师重视科研。前者将科研与教学对立起来或割裂开来，以科研牺牲教学，后者强调教师将科研与教学结合起来，以科研带动教学，以教学推动科研，两者有着本质的差别。成荣同志认为“加强科研工作是全面提高教育质量的重大任务和内在要求，”认为“科研工作是提高教师自身业务水平的重要途径，也是实现教学质量提高的一个前提基础”，对此我是赞成的。对许多本科院校来说，原创性研究也许并非其强项，但结合教学的学科研究及面向地方需求的应用型研究，是应该鼓励开展的工作。

7. **管理创新**。与传统大学不同，现今的大学已是一个任务繁杂、学科众多的复杂系统，需要有一套先进的管理体系和机制适应现代大学的发展。没有一套先进的管理制度相配套、作支撑，就无法实现人才培养、学术研究和成果应用的高效率运转和高质量进步。现代世界一流大学都十分重视管理创新，期望通过管理创新实现资源的最佳配置、绩效的最优化和运作的高质量。成荣同志根据学校实际，实事求是地探讨了学校内部管理创新的必要性和重要性，包括人事分配制度改革，人才培养模式改革，二级学院管理创新，文化建设管理创新等等，有不少新意。

8. **精神追求**。文集的特色之一，就是注重大学精神的追求。浙江外国语学院确立的校训“明德弘毅，博雅通达”较有新意，与目前普遍雷同的大学校训有所不同。在“明德弘毅，博雅通达”一文中，成荣同志详细说明了校训的含义，以及大学追求精神特质的重要意义，反映出成荣同志对大学文化建设和价值观追求的重视，对此我很赞赏。我认为，大学可以放弃功利目标，但不能放弃精神目标；可以没有校舍品位，但不可以没有文化品位；可以没有财富追求，但不可以没有价值追求；可以没有物质成就，但不可以没有思想成就。

是为序。

徐　辉

二零一五年夏

于北京东厂胡同北巷一号

CONTENTS

目　录

第一编　办学定位与发展战略

第二编　内涵建设与改革创新

第三编　立德树人与大学精神

附　录

第一编　办学定位与发展战略

办学定位，是高校举办者和管理者关于大学发展目标的教育理念，它关系到一所大学的方向选择、角色定位和办学特色。一所学校如果没找准自己的发展定位，就会像一艘船，在茫茫的大海中迷失了方向。

定位是一所大学发展的起点，只有明确了自身定位，才能制定科学的发展战略，创出品牌，办出特色。

根据自身历史、环境、条件等因素，在全局中找准定位是高等学校改革发展的基本依据，也是形成办学特色首要的、根本的因素。

特色，简而言之就是“和而不同”、卓尔不群。大学的办学特色，是区别于其他大学的内在品质，是衡量一所大学办学水平的重要标志。走特色发展之路，就是要坚持特色办学，确立有自身特色的发展道路，把特色发展作为学校最基础、最重要、最核心的发展方略，围绕人才培养这一根本任务，精心培育特色，努力形成特色，大力彰显特色，真正做到以特色立校、以特色兴校、以特色强校。

大学特色是大学核心竞争力形成的重要基础。走特色发展道路，是学校提升自身核心竞争力、实现跨越式发展的基本战略选择。在新的历史条件下与时俱进推进特色发展，我们应审时度势、立足全局、面向未来、找准定位，进一步认清学校的办学使命，科学确定学校发展的战略远景目标。

特色发展的核心要义在于办出特色。大学的办学特色，其本质特征是办学的独特性与优质性的内在统一。

学校定位与发展战略的思考

贯彻落实科学发展观，就我校来说，当前最重要的大事，是进一步明确学校定位，科学谋划学校发展。战略指的是重大的带有方向性、根本性、全局性的问题。发展战略包含发展的战略目标，为了实现战略目标所形成的战略思想，以及实施战略思想的战略举措等。发展战略对于学校的发展至关重要。我校正在编制“十一五”发展规划，要做好这项工作，首先必须研究学校的发展战略问题。这个问题如果研究得不好、解决得不好，学科和专业的设置、人才培养、科学研究以及社会服务工作等就找不到方向，形不成合力，也很难走出一条具有自己特色的发展路子。下面，我主要从战略目标、战略思想的层面谈几点认识。

一、以科学发展观为指导，思考研究学校发展战略

孔子说“三思而后行”，韩愈讲“行成于思毁于随”，说的都是“思”对于“行”的重要性。画家作画讲意在笔先，强调创意构思是作画的先决条件。《孙子兵法》开篇就讲到，国之将战必先决算于庙堂，这是说战前的谋划部署对于战争胜败起关键性作用。我们谋求学校未来发展，也要谋划在先，首先要很好地研究学校发展的战略问题。

研究学校发展战略要以科学发展观为指导。科学发展观是指导发展的世界观和方法论，是新一届中央领导集体理论创新的成果。它为我们研究学校发展战略提供了很好的世界观和方法论。科学发展观的第一要义是发展，核心是以人为本，基本要求是全面、协调、可持续发展。今天，我们学习实践科学发展观，就要努力把科学发展观的成果转化为领导科学发展的能力，转化为科学的发展思路，转化为正确的方针和政策。在未来的 5 至 10 年或更长时间，我们学校究竟要发展成为一所什么样的大学，怎样建设这样的大学，这是我们研究学校发展战略的核心问题。我们要在科学发展观的指导下，积极探索和实践学校科学发展的具体道路和发展模式，坚持以人为本，立足当前，着眼长远，深入研究学校发展的指导原则、重大战略和目标任务，在发展理念、发展目标、发展方式和发展途径等方面力求有新的突破，使之成为指导学校建设的行动纲领。

二、更新办学理念，找准学校定位

现代大学建设以及大学的教育教学实践，都需要有先进的办学理念来引领。办学理念决定一所大学的发展方向、培养标准和学科专业设置等问题。先进的办学理念要体现和适应高等教育的发展趋势，适应社会、政治、经济和文化发展的要求，适应和符合学校自身发展的实际。一所高质量的大学，一定有一个明确的、生机勃勃的办学目标。这里就有一个办学定位的问题。所有的高校都要思考自己的办学定位问题，年轻的大学特别是新建高校，选准自己的坐标尤其重要。找准学校定位也是我们“十一五”发展规划的一个核心问题。

办学定位，是高校举办者和管理者关于大学发展目标的教育理念，它关系到一所大学的方向选择、角色定位和办学特色。一所学校如果没找准自己的发展定位，就会像一艘船，在茫茫的大海中迷失了方向。法国有句谚语说得好：走得最慢的人也要比一个漫无目标的人走得快。当然目标要集中，要聚焦最重要的目标。没有目标，所有的智慧都发挥不了作用，到处都是目标等于没有任何目标。

定位是一所大学发展的起点，只有明确了自身定位，才能制定科学的发展战略，创出品牌，办出特色。大学的办学特色又是一所高校的优势所在，是其核心竞争力的重要元素。根据自身历史、环境、条件等因素，在全局中找准定位是高等学校改革发展的基本依据，也是形成办学特色首要的、根本的因素。

学校定位是学校改革发展的依据，也是学校办学的出发点和归宿。定位包括目标定位、办学类型定位、办学层次定位、学科性质定位、发展水平定位等等。要找准学校的定位，我们就要从分析研究发展的基本依据入手，围绕全局来定位。高校的发展只有在全局中进行定位才有可能发挥优势、拓展思路、办出特色。所以，我们各级领导都应密切关注时代的发展，识大势，善于分析把握发展环境的变化，因势而谋，顺势而为，仅就学校论学校，是不可能准确找到学校定位的。如果没有开阔的眼界，就会导致坐井观天。七年前，我到刚新升格的湖州师范学院工作，在学校成立大会讲话中提出，新建本科高校办学要“乘势而上、加快发展，蓄势待发、着力提高”。大势不了解，就不可能抓住机遇。发展战略缺少前瞻性，机遇来了也不一定能抓得住。我生长在海边，对大海有很深的感悟：如果顺风顺水，事业就能得到较快的发展；如果逆水而行，发展就会变得十分困难。所以，只有正确地把握发展的条件，根据经济社会环境的深刻变化来客观地分析当前高校以及我校面临的困难和问题，遵循高等教育的规律，我们才有可能实现健康的、可持续的发展。在全局视野中找准学校定位可以思考这么几个问题：

（一）从国家现代化建设全局和高校发展趋势来分析定位

当前，我国大学生存发展的外部环境已经发生了重大的变化，这种变化对大学办学提出了许多新的更高的要求，也提出了许多新的挑战。党的十六大指出，高等学校是人才培养的摇篮、是知识传播和创新的重要基地、是传递文明的重要阵地，提出要培养数以亿计的高素质的劳动者、培养大量的专业人才和一批拔尖创新人才。我们应该思考这些新论断新要求与学校发展定位的关系。陈至立同志曾经讲过，进入新世纪，高校发展要重视人力资源的有效开发和利用，对高等教育体系普遍进行重大调整；更加强调大学与经济社会发展之间的联系；更加坚持不同类型、层次和形式的高等教育的协调发展；更加倡导在大学教学和管理中应以学生发展需求为出发点，以人为本；更加突出教学的基础作用和人才培养质量的核心地位；更加重视高水平大学新兴学科建设和尖端创新人才的培养。

我国高等教育已经进入大众化的阶段，这个阶段的总体特征是高速发展的时期，同时也是处在剧烈变化的时期。其特征表现为：

一是一体化趋势。服务于国家经济社会发展的需要，是现代大学非常重要的特征。在知识经济时代的背景下，大学要为国家发展服务，为经济社会发展服务，应该与社会、政治、经济、文化一体化发展。大学必须纳入社会经济发展的总战略中去，成为知识创新的中心，为实现国家目标服务。我们要在这样的大背景下思考学校的定位问题。江泽民同志在北京大学建校一百周年讲话中指出，教育应该与经济社会发展紧密结合，为现代化建设提供各类人才支持和知识贡献，这是面向二十一世纪教育改革和发展的方向。我们的教育要为社会主义现代化建设服务，以服务求发展，以贡献求支持。地方高校要为地方经济社会发展服务，这是一条很重要的办学理念。

二是个性化发展。个性化发展是高教进入大众化阶段后，国际高等教育带有规律性的现象。第二次世界大战结束以后，大学扩张成为世界性现象。精英教育有两极化的特点，一极是高水平，一极是大众化。个性化发展突出的表现是大学角色的分层化或分工化。我们在思考学校的办学定位时就要考虑这一因素、把握这种趋势。这种趋势已经变成我国大学管理的政策导向。我省现有 70 多所大学，政府如何管理呢？进行分类管理。即支持浙江大学、中国美术院向世界一流大学挺进；重点支持若干所省属高校向国内一流大学冲刺；对具备条件申报博士授予权的高校优先立项并加强建设；引导其他高校办出特色；实施高职院校品牌建设计划，使一批学校成为国家示范高职和优质高职。在这样的趋势中，我们学校应该如何定位？这是值得我们很好思考的问题。

三是国际化趋势。我国进入 WTO 后，随着全球经济的一体化，国际化也是大学发展过程中十分明显且不断加强的趋势。前不久，《光明日报》开辟了一个专栏，一些文章指出：在国际化的背景下，对高校学生出国留学，在世界各国尤其是发达国家之间竞争十分激烈。中国是他们竞争的重要对象国。我们要走出一条适合自身的发展道路，教育国际化非常重要，如何利用好这个趋势，顺势而动，值得好好思考。目前，我省教育国际化程度不高，办学机构设置不够，接受留学生数量不足，双语化教学程度不高，这是我省高等教育中存在的一个突出问题，它同我省的经济社会发展很不相称。我省“十一五”规划提出，要提高教育开放的程度，要使中外合作办学成为浙江省教育发展的一个新的增长极。中外合作办学机构、合作项目、开展国际交流合作的各项指标都要位居全国前列。了解这个趋势对于我们更新办学理念、拓宽办学思路是非常重要的。

（二）从区域经济社会发展对浙江高等教育需求来分析定位

我国的经济发展呈现出块状化、区域化的特征。长三角经济带是我国发展最快、实力最强的一个区域经济。高速公路、磁悬浮列车解决了空间一体化。一体化就有一个分工和合作的问题。杭州是省会城市，要建成一个国际化休闲城市。我们培养人才，要适应社会需求，对我们来说就是一个很好的机遇。同样，我们学校所在区位也具有一定的区域优势。学校办学怎样把这一区位、区域优势充分发挥出来，这是我们要考虑的问题。

（三）从我省的高校的分工布局系统中来分析定位

我们对学校现有的发展基础、条件和潜力要进行很好地分析。否则，我们的定位有可能是盲目的。我们学校还处于由成人本科高校向普通本科高校转制的初始阶段，这个阶段的主要特征可以归纳为新的成长发展期。师训干训、教师继续教育是我们的强项，是我们的主业，是我们的传统优势。但真正成为普通高校，学校的办学理念、办学模式、师资队伍建设、学科建设、管理模式等都要进行相应的调整。

从发展战略角度看，发展目标的定位是非常重要的。通过 5 至 10 年的努力，我们学校要建设成为什么样的大学？对此，我们要考虑学校的办学类型定位问题。高校的办学类型现在比较认可的有这样几类：研究型大学，教学研究型大学，教学型大学，社区学院。我们学校应该如何定位？是教学型还是教学研究型？我们首先要了解这个分类的内涵。研究型大学的内在规定是以研究生为主，博士生要占一定的比例，要承担国家重点科研项目的研究、有一流的学科专业和师资，有很高的社会声誉。教学研究型大学以培养本科生为主，博士生、硕士生占相当比例，教学科研水平比较高。教学型大学从人才培养目标来看，主要是培养应用型人才的，因此课程设置，人才培养方案都要按应用型的特点来设置。把学校办学层次定位为普通高等院校应该是没有异议的。关于特色定位的问题，我们应该是以教师教育为主要特色的学校。但是这个特色“特”在哪里呢？师范类占多少比例这不是特色，而是要考虑我们培养的学生与别的学校培养出来的学生有什么区别。如果我们是以教师教育为特色的，我们就要看教师教育专业是不是省内的重点学科，我们是否有相应的研究成果，是否有一整套保障教师教育质量特色的措施？如果有了才是有特色。找准学校定位是学校发展战略的核心问题。

三、着力研究解决学校发展的战略思路

定位找准了，我们就要围绕定位形成相互联系的发展战略思路。战略思路是发展战略中的一个十分重要的内容。路径问题、模式问题都要进行很好地、系统化地研究。这里，我提出几点意见：

一要重视特色发展，即要以打造、培育办学特色来发展我们的学校。分层分类发展是我国高等教育发展的趋势，在高等教育大众化的阶段中，一所学校是否具有自己的特色，对于学校长远发展至关重要。我国城市化建设中雷同化的情况还是比较普遍的，高校建设发展也存在类似情况，许多大学的专业设置都差不多。现在，高校的发展已经以提高质量为核心了，如果我们的专业设置还是同前几年一样，或像其他高校一样，那就失去特色了。真正的艺术品是独一无二、不可替代的。这就是“和而不同”。教学型本科院校要符合基本的办学规律，符合教学型大学的基本标准，这是“和”；“不同”就是要有个性化内容，也就是特色。这样才能异军突起，出奇制胜。我们要追求办学特色，就要在异军突起的“异”字上、在出奇制胜的“奇”字上做文章、下功夫。在学科建设领域，要正确处理好多科性和教师教育的关系；在人才培养上要着眼于社会多样化的人才需求来确定我们人才培养的特色。总之，要正确处理好共性与个性的关系。

二要强调集群发展。一所多科性大学，学科专业应围绕主干学科专业通过集群发展的思维来设计。过去，只要有教授什么专业都好办，不管这种专业办了以后与其主干学科有什么关系。我们学校上本科后，本科专业如何发展？学科如何建设？要有集群的理念。也就是说，在学科规划、专业规划中，要着重解决由若干相关学科围绕一个共同的领域来

设计和发展。学科建设中要有带头学科、支撑学科、相关学科。光有带头学科没有支撑学科，这个学科就很难有新的发展；有支撑学科没有相关学科也不行。要加强对各学科之间关联度的研究，即学科之间是否和谐共生。一个学校的最大浪费是结构性的浪费。一个专业一上马，如果孤军奋战，这样是不可能做到可持续发展的。我们学校是否要上工科类专业？上什么样的工科类专业？很值得研究。重点学科也一样，校级重点学科在全省同类学科中处于什么位置？要考虑优势特色是什么，基础条件是什么，相关学科是什么，这些都要进行很好地论证，否则就不可能更快、更好地发展。

三要强调集约发展。集约式发展在资源配置上的一条原则是强调效率优先。要以重点、品牌来带动其他专业的发展。如果学科和专业发展是集群的，那么，在资源配置上就要向领头的学科和专业倾斜，进行重点扶持。学科规划、专业规划中要重视解决资源配置问题。过去讲全面发展和非均衡发展的关系，实际上讲的就是集约发展。要把有限的人力、物力、财力等资源配置到事关学校发展的关键领域，抓住主要矛盾和矛盾的主要方面，这样才能进行集约式发展。如果外语专业要成为我校今后的品牌专业，那就要进行集群发展、集约发展，要有对其他专业的辐射作用，在此基础上，这个专业才有可能是可持续的发展。

四要强调合作发展。要拓宽合作的渠道和领域。这里说的合作，首先是在校内要合作，资源共享、优势互补，各学科、各专业之间要形成和谐共生、相互支持、相互作用的局面。任何一个学科都不能孤立地发展。然后是国内合作和国际合作。从国际合作来看，我们中德项目的经验值得总结和推广。

上面，我讲了发展的思路和理念的问题。我希望，在全校形成一个讨论的氛围，引起大家进一步思考，出成效、出思想、出成果。随着大讨论的不断深入，发展的理念和思路不断得到系统化。思路明确了，方向一致了，目标集中了，我们就把这个思路、方向和目标贯穿到“十一五”规划的编制工作中去。最后，就是在实践领域把这些思路、理念付诸实施，贯彻到底。这样，经过3至5年的努力，我们学校会有新的起色，赢得新的发展机遇。

（2006年4月20日在浙江教育学院
“创新创业，科学发展”论坛上的专题报告）

创新创业　走特色发展之路

中国共产党浙江教育学院第一次代表大会，是在全党全国兴起学习、宣传、贯彻党的十七大精神热潮的背景下，在学校改革发展进入关键时期召开的一次十分重要的会议。

大会的主题是：在党的十七大精神指引下，高举中国特色社会主义伟大旗帜，以邓小平理论和“三个代表”重要思想为指导，深入贯彻落实科学发展观，继续解放思想，坚持改革开放，推进创新创业，加快科学发展，为建设特色鲜明的普通本科高校而努力奋斗。

一、五年来的建设和发展

2002 年 10 月学校召开第三次党员大会距今已整整五年。这五年，是学校在艰难曲折中积极探索、攻坚克难的五年。在省委、省政府和省委教育工委、省教育厅的领导和关心支持下，学校党委团结带领广大党员干部和师生员工，凝心聚力，艰苦奋斗，为加快学校发展作出了一系列重大决策和部署，在办学、育人、管理等方面取得了明显进步。

发展定位日趋明确。科学合理的办学定位是学校能否持续健康发展的首要环节。早在 2002 年，学校就提出了改制的目标，并得到了省政府的批准认可。对改制以后办成什么样的普通高校，学校也提出过一些设想。但随着形势的发展，对学校重新定位的必要性日趋显现。2006年以来，学校党委行政经过广泛深入的调研论证，全面深刻地剖析了区域经济社会发展对人才培养的需求和高等教育的发展趋势，实事求是地分析了学校现状及其所处的客观环境，果断提出在学校改制的同时同步进行战略转型，并确立了以外语外贸类学科为主要发展方向、以培养复合型涉外应用人才为主要特色的多科性普通本科高校的发展定位，为学校中长期发展确定了主基调。根据这一战略指导思想，学校制定了“十一五”发展规划并已开始付诸实施。

办学空间有所拓展。改制的必要条件之一是需要有足够的办学空间。受国家宏观调控政策等诸多主客观因素的影响，在这一关键性环节上，学校虽经多年艰辛努力，但始终未有突破性进展。2006年8月，经省委省政府批准，学校全面接管了原浙江科技学院求是应用技术学院。这既是学校义不容辞的重大政治任务，也是学校谋求自身发展空间的一次难得机遇。学校党委以高度的政治使命感、责任感，率领全校师生员工，抓住机遇、统一思想、全力以赴、扎实工作，既确保了小和山校区的有序运转和平安稳定，受到省委省政府的充分肯定，又使学校开拓办学新空间工作迈出了坚实的步伐。

育人能力逐步提升。学校坚持以育人为中心，教学中心地位得到进一步确立。五年来，全日制普通本科在校生规模比2002年增长了26%。从2007年开始，学校还招收了非师范类专业的普通本科生，为建立新型人才培养模式迈出了开创性的一步。根据学校发展定位，学校及时启动学科专业结构的战略性调整工作，制定了《2008—2013年专业建设和发展规划》。以国家教育部本科教学工作评估指标体系为导向，注重教学基础建设，初步建立了与普通本科教育要求相适应的教学管理制度和教学质量评价监控体系。积极推进教学改革，加强课程教学体系建设，重视学生实践能力和创新精神的培养。我校学生在国家及省数学建模、电子设计、程序设计等学科竞赛中屡创佳绩。教学条件不断改善，教学仪器设备总值从 2002 年的 2191.75 万元增加到目前的 3547.3 万元，图书新增 16.6 万册。学生就业率、就业质量不断提升。2007 届毕业生初次就业率本科生达到 91.12%、高职生达到 98.1%。对外开放办学迈出了新步子。达成了与北京外国语大学合作办学的框架协议；建立了与德国魏因加滕师范大学的固定交换生制度，实现了选派学生赴国外学习和接收外国学生来校学习零的突破。针对成教生源大幅滑坡的局面，学校及时整合校内资源，加强成教管理力量，鼓励多渠道多形式办学，成效明显。

继续教育开创新局。五年来，学校始终围绕基础教育改革发展的大局，紧紧抓住中小学教师和干部队伍建设这一中心，依托省师训干训两个中心，积极主动地承担了各项继续教育培训任务，累计培训量达 77000 多人次，并涌现出了一批在省内外有较高知名度的品牌培训专业和培训名师。学校成功举办了中德合作项目十五周年庆典，续签了合作协议，保持和扩大了与德方的合作交流，深受有关各方的好评。在学校的积极努力下，省教育厅在我校挂牌成立了“浙江省中小学教师继续教育专家委员会”和“浙江省名师名校长工作站”，为全省继续教育工作创设了新的工作平台。学校整合资源，建立了教师教育与管理学院、省中小学教师培训中心、省教育行政干部培训中心三位一体，同时具有教师职前培养与职后培训职能的继续教育工作机构，为进一步提升层次，做强做精师训干训，更好地服务于全省基础教育创造了条件。

科研水平得到提高。学校坚持教学科研相结合、以科研促教学的办学思路，建设了一批具有一定优势的重点学科，初步形成了以汉语言文字学、教育管理学、应用化学等省级重点学科为主，语言文学、课程与教学论、信息技术、艺术教育、旅游管理、应用数学等多学科协同发展的学科群体。教职工的科研意识进一步增强，科研项目与经费明显提高，科研成果逐年增加。几年来，全校共发表学术论文 1382 篇，出版学术著作202部，获得各类科研成果奖励83项，争取到校外各级各类科研项目140项，经费达269万元。

队伍建设成绩初显。学校坚持培养与引进并重，加大师资队伍建设力度。五年来，净增专任教师86人、教授20人、副教授15人，教授数占专任教师总数的比例从2002年的7%提高到12%；入选“省新世纪151人才工程”14人，省高校中青年学科带头人10人，省高校青年教师资助计划15人；全国优秀教师1人，省优秀教师4人，省级教学名师1人，省级教坛新秀1人。2007年学校成功召开了第一次人才工作会议，对2008—2010年学校人才队伍建设作出了规划，出台了加强人才队伍建设的多项政策措施，为实施人才强校战略作出重要部署。

内部管理不断加强。近年来，学校注重内部管理，不断加大综合改革力度，积极稳妥地推动后勤保障体系建设，初步形成了与学校发展目标相适应的管理体制和运行机制。2007年上半年，经过广泛调查研究和多方论证，学校启动实施了以改革人事分配制度为核心的校内管理体制改革工作。出台了新的岗位津贴办法，确立了重实绩、重贡献、向高层次人才和关键岗位倾斜的激励机制；进一步优化内部机构设置，正式成立了外国语学院，组建了国际工商管理学院，强化了资产、档案等行政管理职能，调整了部分行政管理部门与后勤服务机构的职能分工。通过改革，进一步理顺关系，优化配置、明晰职责、加强管理、为提升学校整体管理水平和服务质量、激发广大教职员工的积极性和创造性提供了制度保证。

党建工作成效显著。校党委认真贯彻落实全国及省高校党建会议精神，坚持以邓小平理论、“三个代表”重要思想和科学发展观指导学校各项工作，牢牢把握学校发展的大方向。坚持党委领导下的校长负责制，不断完善党委会、院长办公会议议事规则，注重以党委班子的集体智慧做好学校工作。加强基层党组织建设，不断强化党总支在院（处）工作中的政治核心地位，充分发挥党支部的战斗堡垒作用。重视理论武装工作。进一步健全校院两级理论中心组学习制度，相继举办干部教育论坛、科学发展论坛、管理创新论坛，对提高广大党员干部特别是领导干部的思想理论水平和管理水平、更新办学理念起到了极大的促进作用。不断加强干部队伍建设，逐步推进干部制度改革，强化干部评议考核工作。扎实推进作风建设。认真落实党风廉政建设和反腐败工作责任制、党内民主生活会制度、党政一把手述职述廉制度和领导干部联系群众制度。党员先进性教育活动成效明显，长效机制逐步健全，党员的先锋模范作用在学校各项工作中得到充分体现。重视党员发展工作，累计发展新党员 1049 人。切实加强和改进大学生思想政治教育，创新团学活动的形式与内容，扎实开展青年志愿者活动和暑期社会实践活动。学校被全国残联和团中央评为“百万青年志愿者助残行动”先进集体，“爱心助残”服务工程获全省高校首批“优秀校园文化活动品牌”荣誉称号。学校坚持民主办学。积极推进校务公开，重视教代会以及工会、共青团的工作，着力营建和谐校园，确保校园平安稳定。2005 年学校被评为省内首批“平安校园”，并连续三年保持了这一称誉。

回顾总结五年多来学校建设发展的实践历程，我们的主要体会是：

一是必须始终坚持以发展为第一要务。发展是解决学校所有问题的关键。要树立强烈的机遇意识，抓住机遇并切实用好机遇，积极主动适应区域经济社会发展需要，积极主动应对高等教育发展变化趋势，找准学校定位，推进科学发展。

二是必须始终坚持改革创新。改革是动力，创新是根本。要用改革的办法破除发展中的体制性、机制性障碍，用创新的举措破解发展中的新矛盾、新问题，抓住主要矛盾，重点突破，带动全局，走跨越式发展之路。

三是必须始终坚持以人为本。以人为本是学校一切工作的出发点和落脚点。要努力实践立党为公、执政为民的根本要求，切实以育人为中心，全心全意依靠教职工办学，切实维护教职工的根本利益，充分调动和发挥师生员工的积极性、主动性、创造性。

四是必须始终坚持百折不挠的创业精神。精神状态事关事业成败。要时刻保持昂扬向上、奋发有为的精神状态，持之以恒、迎难而上，化压力为动力，变挑战为机遇，不断开创事业发展的新局面。

五是必须始终坚持加强党的领导。党的领导是推进学校事业不断发展的根本保证。要不断推进党的执政治校能力建设和先进性建设，充分发挥党委统揽全局、协调各方的领导核心作用，努力提高各级党组织领导科学发展、和谐发展的能力。

在充分肯定成绩的同时，我们必须清醒地看到，当前学校发展中还存在着不少困难和问题。拓展办学空间的目标由于受诸多因素制约尚未完全实现，依然是阻碍学校阔步前进的“硬瓶颈”；办学理念、教育观念、管理水平与学校改制转型的要求不甚适应，成为制约学校科学发展的“软瓶颈”；教学条件相对薄弱，基础设施缺口较大，学校建设发展面临极大的资金压力；学科专业优势尚不明显，办学特色尚待培育，人才培养质量亟待提高；高层次学科带头人及其创新团队缺乏，影响和制约学校竞争能力的提升；少数基层党组织的活力和战斗力还不强，一些党员领导干部的素质能力与新形势新任务的要求不完全适应，等等。对此，我们必须增强忧患意识，采取切实有效措施，认真加以解决。

二、学校面临的新形势与中长期发展战略目标

科学把握学校发展面临的新形势，是统一全校广大共产党员和师生员工思想行动的前提，也是研究确定学校中长期发展战略目标和今后工作任务的基本依据。本世纪头二十年是我国发展的重要战略机遇期。党的十七大对当前形势作出了“机遇前所未有，挑战也前所未有，机遇大于挑战”的科学判断。在这个历史背景下，党中央对教育事业的发展提出了新的更高要求，明确提出要优先发展教育，建设人力资源强

国。浙江省第十二次党代会作出了实施“创业富民、创新强省”的总战略。高等教育作为高素质人才培养的摇篮和知识技术创新的重要基地，在实现“人力资源强国”和“创业富民、创新强省”的战略目标中既肩负重大的历史使命，也必将迎来一个新的黄金发展期。对于正处于改革发展关键时期的我校来说，应当倍加珍惜发展新机遇，积极应对新挑战，加快推进学校科学发展。

我校作为一所主要承担中小学教师继续教育任务的成人本科高校，已经走过了五十余年风风雨雨的办学历程，为我省经济社会发展作出了重要的贡献。但是，随着基础教育事业的快速发展、中小学教师学历补偿教育的基本完成、教师培养培训市场的进一步开放，学校面临重新定位发展的问题。进入新世纪以后，学校果断提出了从成人高校改制为普通高校的发展目标，得到了省政府和有关部门的批准认可。但是，究竟将学校改制成为一所什么样的普通高校，其间却经历了曲折的探索。如果改制成为一所师范类普通本科高校，从我省现有师范类院校数量布局和今后基础教育师资需求趋势看，师资培养能力已经过剩，生命力不强；如果改制成为一所工科类高校，作为原本师范性质的学校，则不具备工科类学科、师资、设备等方面基础，难以形成竞争优势。在充分分析省情校情和综合考量国内外有关高校成功办学经验的基础上，从实际出发，立足当前，着眼长远，学校于2006年制定“十一五”发展规划时基本确定了以外语外贸类学科为主要发展方向的战略定位。经过一年多来的深入思考与初步实践，办学思路逐步清晰，实现这一战略任务的有利条件也日趋增加。经过学校的积极努力，2007年11月，省政府确认学校提出的发展方向和办学定位，列入《浙江省高等学校设置“十一五”规划》并上报教育部。

回首以往的办学历程，展望未来的发展前景，浙江教育学院正在经历着一场深刻的历史性变革。如何在这场变革中抓住用好机遇，努力解决好实现什么样的发展和怎样发展的问题，这是当前学校深入贯彻落实科学发展观最重要的紧迫课题。学校党委认为，面对新的发展形势，只有创新创业，走特色发展之路，才能使学校沿着科学发展的轨道又好又快地前行。

特色，简而言之就是“和而不同”、卓尔不群。大学的办学特色，是区别于其他大学的内在品质，是衡量一所大学办学水平的重要标志。走特色发展之路，就是要坚持特色办学，确立有自身特色的发展道路，把特色发展作为学校最基础、最重要、最核心的发展方略，围绕人才培养这一根本任务，精心培育特色，努力形成特色，大力彰显特色，真正做到以特色立校、以特色兴校、以特色强校。

走特色发展之路，是适应浙江经济社会发展的客观要求。随着知识经济时代的到来，高等教育已经从社会边缘走到了社会中心。社会发展需要是大学存在的基础，大学发展必须主动适应社会发展需要。作为沿海省份，浙江省外向型经济成分较高，与世界各国的经济往来日益频繁，合作领域不断拓宽，贸易伙伴持续增加，新兴市场陆续开发，涉外经济蓬勃发展。省经济社会“十一五”发展规划就此提出要“加快推进产品、产业和市场的国际化，充分发挥外贸对产业结构调整的促进作用，在更大范围、更广领域和更高层次上参与国际经济合作与竞争，努力实现对外开放的新突破。”面对开放型经济发展对涉外人才提出的新要求、新期待，学校理应在全省高教布局结构尚存缺口的情况下，挖掘潜力、整合资源、创造条件、积极作为，为区域经济社会发展作出新贡献。

走特色发展之路，是顺应高等教育发展态势的必然选择。当前，我国高等教育已经从精英教育进入大众化教育阶段，开始从教育大国向教育强国迈进，高等教育的工作重心已经从量的扩张转移到质的提升。高等教育发展已呈现出多样化和特色化的趋势，特色发展将成为高等教育发展的本质追求和首要战略选择。作为目前正积极向普通高校改制努力的浙江教育学院，如果仍旧按部就班或贪大求全地设定发展目标，学校的地位将在较长时间内不会有根本性的改变。因此，我们必须正确认识高等教育发展趋势，牢牢把握高等教育发展规律，站在新的更高起点上，立足于省情校情，独辟蹊径、错位发展、彰显特色、以特取胜。

走特色发展之路，是促进学校又好又快发展的必由之路。经过半个多世纪的发展，学校在师训干训领域形成了自己独有的办学优势，这是学校发展的宝贵财富。毫无疑问，在新的发展阶段，我们要继续扬己所长，进一步发挥传统优势，并结合新的办学实践，巩固发展好这一办学特色。但是，学校改制则意味着与省内众多普通本科高校同台竞争。走特色发展之路，其实质是以特色争创竞争新优势，实现发展新跨越。在立足于省情校情的基础上，坚持“有所为、有所不为”，学校已经确立了新的重点发展领域，即外语外贸类学科，以此作为学校发展新的增长极。这是学校深入贯彻落实科学发展观，推动学校又好又快、可持续发展的战略之举，意义重大而深远。

社会经济发展呼唤特色，高等教育发展强调特色，加快学校发展需要特色。只要我们坚定不移地走特色发展之路，以特色求生存，以特色谋发展，就一定能闯出属于浙江教育学院自己的广阔天地。我们的目标是：经过十到十五年的不懈努力，把学校建设成为办学特色鲜明、教育品质一流的多科性教学型普通本科高校，成为浙江省涉外应用人才培养的主要基地、教师继续教育的重点基地、国际教育交流基地、语言文化教学与研究基地。

三、今后五年的奋斗目标和主要任务

根据中长期发展战略目标，今后五年学校工作的总体要求和奋斗目标是：在党的十七大精神指引下，全面贯彻落实科学发展观，扎实推进创新创业，坚定不移地走特色发展之路，在强化教师继续教育特色的同时，以外语外贸学科为主要发展方向，以培养复合型涉外应用人才为主要任务，大力实施“质量立校、人才强校、品牌亮校、开放活校、和谐兴校”五大战略，努力把学校改制建设成特色明显的教学型普通本科高校，为实现学校中长期发展战略目标奠定坚实基础。

围绕上述奋斗目标，我们必须在科学发展观的引领下，树立新的发展理念，始终牢牢把握创新发展、集群发展、重点发展、和谐发展的原则，咬定目标不放松，求真务实不动摇。

——坚持创新发展。要创新教育思想观念和办学理念，以此引领特色发展新实践，以创新的思路办法解决特色发展中的新矛盾、新问题；建立健全创新机制，打造创新平台，培育创新文化，形成有利于创新的浓厚氛围，激发教职员工创新创业的激情，不断为加快学校发展注入新的动力和活力。

——坚持集群发展。要加快推进学科专业的集成与整合，围绕主干学科发展，建立相互支持、相互促进、优势互补、和谐共生的学科专业体系，推动学科专业交叉融合，促进相关资源互通共享，以尽快形成整体竞争优势。

——坚持重点发展。要在现有学科专业的基础上，突出发展战略重点，率先发展外语外贸类主干学科，着力培育特色专业，同时努力拓展教师继续教育品牌，以重点突破带动整体提升，以重点跨越引领全局发展。

——坚持和谐发展。要正确处理扩大办学规模与提高办学质量、办学效益的关系，正确处理特色发展中普通本科教育与教师继续教育、主干学科发展与其他学科发展等关系，促进规模、结构、质量、效益相协调；坚持以人为本，正确处理改革、发展、稳定的关系，努力实现好、维护好、发展好师生员工的根本利益，充分发挥各方积极性、主动性和创造性，努力营建全校上下心齐、气顺、劲足、实干的良好创新创业氛围。

今后五年的主要任务是：

（一）加大攻坚力度，全力建设新校区

解决发展空间是学校实现改制的前提。小和山校区建设项目是学校实现改制和中长期发展战略目标的关键性建设工程。我们要在上级的领导与协调下，积极争取有关部门的理解与支持，尽快启动和实施小和山新校区基本建设工程，达到国家规定的普通本科院校办学条件标准。

科学制定校园整体规划。合理确定各校区的功能定位，努力建设充分体现办学特色、生态优势和文化底蕴的美丽校园。

充分认识保障建设资金平衡的艰巨性，加紧制定切实可行的筹资方案。立足长远、用足政策、广开财路、增收节支，确保各项建设资金足额及时到位。

按照学校的发展定位，同步做好实验室、图书资料、设备设施等硬件项目的建设工作，尽早达到改制的评估要求。

（二）积极创造条件，着力培育新特色

要始终坚持以教学工作为中心，大力实施质量立校、品牌亮校战略，努力形成新的学科专业特色，不断提高人才培养质量。

逐步扩大全日制普通本科招生数，并按照形成办学特色的需要，有计划有步骤地调整招生结构和比例。力争到 2012 年，全日制普通在校生规模达到 7000 人。

全面实施学校《2008—2013 年专业建设和发展规划》，凝练学科方向，培育品牌特色，集群集约、突出重点、加大投入、争取主干学科和特色学科早日进入省重点学科行列，争取在省级品牌专业、特色专业、精品课程、示范实践教学基地等方面实现零的突破。

深化教育教学改革，大胆探索实践复合型涉外应用人才的培养模式。创新课程体系，优化课程组合，整合教学内容，凸显人才特色。强化实践、实习基地建设，注重实践教学环节，着力培养学生的创新精神

和实践能力。进一步加强教学基础建设，不断完善教学评价机制，构建科学的校内教学督导体系和教学质量监控体系。

围绕学科发展规划，有计划地抓好一批有特色、有影响的重点科研项目，鼓励学术精品。加快科研成果的转化，提高学校对经济社会发展的贡献度和学术影响力。积极推进科研机制创新，提高学术创新水平。

（三）服务基础教育，巩固发展传统特色

要依托省师训干训两个中心，切实加强对全省中小学教师和教育管理干部继续教育工作的业务指导，不断强化中心的指导辐射和组织协调作用；建立健全师训干训网络，扩充完善全省中小学教师继续教育网；密切同省教研室、省教科院等相关单位在信息、人才、科研等方面的沟通合作，充分发挥两个中心在省内继续教育方面的核心主导作用。

要紧紧围绕中小学教师队伍建设，服从服务于基础教育改革发展的大局，使学校真正成为全省教师教育重点基地。要在保质保量完成上级下达的各项培训任务的同时，拓展培训市场，实现继续教育的新发展。要以专家队伍为支撑，以名师名校长工作站为载体，坚持高端培训，强化特色培训，努力把工作站打造成吸引全省优质教师资源、弘扬名师精神、推广名师经验、引领新一代名师成长的平台和摇篮。要加强对基础教育改革发展的研究，更新培训理念，创新培训模式，坚持理论学习与实践教学相结合、行动研究与课题研究相结合，进一步增强培训的科学性、针对性和有效性，不断提高培训质量。要办好三刊一报，更好地为基础教育的改革发展服务。

（四）加强队伍建设，确保强有力的人才支撑

要牢固树立人才资源是第一资源的理念，把人才队伍建设放到事关学校发展全局的战略位置，大力实施人才强校战略。要紧紧抓住培养、吸引、用好人才三个环节，以师资队伍建设为主体，以人才资源能力建

设为主题，以调整和优化人才结构为主线，努力构建一支数量充足、结构合理、素质优良的教职工队伍，为学校特色发展提供强有力的人才支撑。

以落实人才队伍建设规划为抓手，创新人才工作体制机制。大力培养和引进一批领军人才及其优秀创新团队，一批有较强发展潜力的学术骨干，开创人才辈出、人尽其才的新局面。要坚持德才兼备原则，不断完善师德师风建设长效机制，积极倡导严谨治学、敬业爱岗、教书育人的良好职业风尚。要积极搭建平台，加强教师外语能力培训，为教师转型提高创造条件。要统筹各类人才的整体协调发展，加速培养与学校管理要求相适应的高素质、专业化的管理队伍，加强图书资料、实验技术等教学辅助人才队伍和后勤服务骨干队伍建设。

进一步深化学校人事分配制度改革。完善岗位聘任制，建立健全以重业绩重贡献为导向、效率与公平兼顾的分配激励机制。建立不同类型人才的评价考核办法，充分开发和合理配置各类人力资源。坚持尊重劳动、尊重知识、尊重人才、尊重创造，为各类人才施展才华提供舞台，积极营造有利于人才脱颖而出的人文氛围。

（五）坚持开放办学，加快教育国际化进程

坚持开放办学是推进学校特色发展的重要途径。要大力实施开放活校战略，加快构筑全方位、多层面、立体化的开放办学新格局，为建设涉外应用人才培养基地和国际教育交流基地而积极努力。

充分利用与北外合作办学的平台，积极引进北外优质教育资源和成功办学经验，加快学校特色学科专业建设和专业人才培养步伐，提升学校档次，扩大社会影响。要进一步加强与社会各界的联系交往，为学校发展寻求更广泛的社会支持。加强对外交流服务机构建设，广泛开展与地方政府、兄弟高校、涉外单位、企业界的合作，积极发展涉外培训，鼓励以多种形式举办各类外语培训班、涉外岗位证书班，不断丰富培训品种，逐步提高培训档次。

积极开展国际教育与学术交流合作，不断提高对外开放水平。加大中外合作办学工作力度，在继续做好现有中德交流生工作的基础上，扩大学生的海外交流与联合培养，开展来华留学生教育，增加外国学生入学数量。加强教师的海外引进和派出培养工作，加大聘请外国文教专家工作力度。鼓励学术骨干和学科带头人积极开展国际间的科研交流与合作，扩大学术视野，提升学术水平。重视提高管理骨干参与国际交流的能力和水平。总结推广中德合作项目的成功经验，不断寻求国际交流合作新的增长点。

（六）推进管理创新，提高办学治校水平

要坚持以人为本，大力实施和谐兴校的发展战略，统筹协调各方面的利益关系，积极推进管理体制和运行机制的创新，着力构建科学规范的学校管理制度。

创新教学科研组织制度。破除在人才、教学、科研、设施等方面的部门所有观念，打破壁垒，构建跨学科专业教学科研平台，建立资源共享与协作机制。

建立健全具体的管理制度。进一步强化审计工作，建立健全财务、资产、设备购置等方面的监控和责任追究制度，保证国有资产和校产的保值增值。积极稳妥推进后勤改革，逐步建立与学校改革发展相适应的后勤保障体系。大力推进校园数字化建设，提高办事效率。进一步加强机关效能建设，提高服务质量。巩固深化“平安校园”创建工作，确保学校安全稳定。

推进依法治校和民主办学。要规范和完善校院两级教职工（代表）大会制度，积极推进校务公开，充分发挥教职工（代表）大会在学校民主管理和依法监督中的重要作用。要充分发挥工会、共青团、民主党派、老干部和离退休教职工在参政议政、凝心聚力方面的重要作用。要积极主动关心师生员工的思想、工作、学习和生活，努力改善工作生活条件。随着学校发展和财力增加，逐步提高教职工收入水平。

四、以改革创新的精神推进学校党建工作迈上新台阶

实现这次大会确定的各项目标和任务，关键在于加强和改善党的领导。要把党的执政能力建设和先进性建设作为主线，以改革创新精神，全面加强党的思想、组织、作风、制度和反腐倡廉建设，为实现学校确定的奋斗目标提供坚强保证。

（一）加强思想建设，以党的创新理论引领学校特色发展新实践

坚持不懈地抓好理论武装工作。要组织广大党员干部开展深入学习实践科学发展观活动和学习党的十七大精神主题活动，用马克思主义中国化最新理论成果武装党员干部、教育师生员工，坚定不移地走中国特色社会主义道路。要通过学习，使广大党员干部深刻领会科学发展观的精神实质，切实转变不适应、不符合科学发展观的思想观念，增强在学校工作中贯彻落实科学发展观的自觉性和坚定性，增强创新创业、特色发展的紧迫感和责任感。

要进一步完善校院（处）两级理论学习中心组制度，不断创新学习载体，健全考核与激励机制，增强理论学习的积极性、主动性，提高学习的质量和效果。坚持理论学习与学校发展实践相结合，与解决实际问题相结合，真正做到理论武装、指导实践、推动工作。

（二）加强领导班子建设，努力造就一支能够担当推进学校特色发展重任的高素质干部队伍

要不断加强学校党委班子自身建设，不断提高政治理论水平、科学决策水平和办学治校的能力。加强二级学院领导班子配备，完善二级学院管理体制和运行机制。切实增强各级干部的政治意识、大局意识、责

任意识和创新意识，努力把各级领导班子建设成为善于推进学校科学发展、朝气蓬勃、奋发有为、团结和谐的坚强领导集体。

不断完善选人用人机制。坚持干部的“四化”方针和德才兼备原则，提高选人用人的科学性、准确性和公信度，切实把素质高、能力强、作风正、群众拥护、与时俱进、勇挑重担的干部选拔到党政管理岗位上来。探索后备干部队伍培养机制，加强后备干部队伍建设。推进干部人事制度改革，完善体现科学发展观和正确政绩观要求的干部考核评价体系，确立正确的用人导向。采取切实有效的措施，加大干部教育培训的力度。

（三）加强党的基层组织建设，为学校特色发展提供坚实有力的组织基础保证

要认真探索新形势下党的基层组织工作运行机制，切实增强党组织的创造力、凝聚力和战斗力。科学设置党的基层组织，形成网络严密、功能健全的组织体系。加强党支部建设，推进支部建设创新活动，不断增强生机活力，充分发挥其推动发展、服务群众、凝聚人心、促进和谐的作用。

要加强和改进党员教育工作。积极探索党员教育的新形式、新内容、新载体，巩固发展共产党员先进性教育活动成果，进一步提高党员的思想觉悟和政治素质，不断强化党员的党性意识，使广大党员牢记宗旨，自觉成为学校各项工作的先锋模范。建立组织员制度，加大在青年教师特别是青年学术骨干、学科带头人中发展党员的工作力度，积极发展学生党员，不断提高党员队伍的整体素质。

（四）加强党的作风建设和反腐倡廉建设，为学校特色发展保驾护航

要坚持“立党为公，执政为民”的理念，深入持久地推进党的作

风建设。以“讲党性、重品行、作表率”为目标，重点抓好党员领导干部的思想作风、学风、工作作风、领导作风和生活作风建设。进一步强化各级干部的群众意识，切实落实各级领导干部联系群众制度，加强调查研究，提高决策的民主化、科学化水平。要大力弘扬求真务实精神，脚踏实地，真抓实干。进一步建立健全和落实作风建设长效机制，在实践中探索和建立领导干部作风评价机制，用好的机制促进党的作风建设。

要坚持民主集中制原则，加强党内民主建设。尊重党员主体地位，保障党员民主权利，充分发挥党员在党的生活中的主体作用，激发广大党员参与党内事务、推进党内民主建设的积极性和主动性。坚持和完善党代会制度，实行党代表任期制，积极探索发挥党代表作用的有效途径。

要贯彻“标本兼治、综合治理、惩防并举、注重预防”的方针，严格执行党风廉政建设责任制。深入开展党风廉政教育，帮助党员干部筑牢思想道德防线。积极开展校园廉政文化建设，实现廉洁从政教育的全方位渗透，营造廉洁治校、廉洁治教、廉洁治学的校园氛围。进一步完善监督机制，健全监督网络，畅通监督渠道，加强对党员领导干部、重要部门和关键岗位、重点领域和重点环节的监督，确保权力运行规范有序。严格依法执纪，切实维护党的纪律。

（五）加强思想政治工作，创建适应学校特色发展的校园文化

要坚持育人为本、德育为先的理念，把关心人、尊重人、发展人作为思想政治工作的出发点和落脚点，从机制、内容、方法和手段上不断创新，增强思想政治工作的时代性、针对性和实效性。深入推进中国特色社会主义理论体系“三进”工作，切实把社会主义核心价值体系融入大学生思想政治教育全过程，使之真正成为学生共同的思想基础和价值追求。要坚持团结、稳定、鼓励和正面宣传为主的方针，发挥校园媒

体作用，创造良好的育人舆论环境。

要按照胡锦涛总书记在第23个教师节讲话中对教师提出的“四点希望”，强化全员育人意识，进一步推进“教书育人、管理育人、服务育人”工作，努力构建全程育人、全员育人、全科育人的德育工作格局。要针对当前大学生思想实际，围绕学生成长成才，拓宽思想政治工作领域，加强对学生的心理疏导和健康教育，完善贫困学生资助机制和就业服务体系。要进一步加强学生政治辅导员、班主任、学生骨干队伍的建设，按照“高起点选配、高标准培养、高要求使用”的原则，注重队伍培训，提高队伍素质。要紧紧围绕特色发展的目标和要求，按照“丰富内容、创新载体、挖掘资源、提高层次”的思路，广泛开展丰富多彩的校园文化活动，努力营造体现办学特色、彰显现代大学精神的校园文化氛围。

加快改制转型，推进创新创业，实现特色发展，这一任务已经历史地落到我们这一代浙教院人的肩上。我们一定要紧密团结在以胡锦涛为总书记的党中央周围，高举有中国特色社会主义伟大旗帜，以高度的历史责任感、使命感，团结带领全校师生员工排除万难谋发展，齐心协力创新业，奋力开拓学校广阔的发展前景，为实现大会确定的目标任务而努力奋斗！

（2008年1月18日在中国共产党浙江教育学院
第一次代表大会上的报告）

思想是行动的先导

今天我们在这里召开“创新创业、特色发展”办学思想大讨论的动员大会，正式启动本次办学思想大讨论活动。这是继科学发展论坛、管理创新论坛后学校举办的又一次旨在解放思想、更新观念、统一认识、凝心聚力的重要活动。下面，我就本次大讨论活动讲三个问题。

一、为什么要开展这次大讨论活动

思想是行动的先导，没有先进的思想，就不会有创新的行动。办学思想是学校办学的统帅和灵魂。近两年来，学校先后出台了多项改革创新举措，这些举措出台的背后，都伴随着不同角度、不同深度的办学思想讨论。2006 年学校组织开展了科学发展论坛，围绕“建设什么样的学校和怎样建设这样的学校”的主题，开展了一系列的调查研究，进行了广泛深入的讨论，摸清校情，了解外情，探索办学方略。在此基础上，学校确立了办学定位和发展方向，制定了“十一五”建设发展规划纲要。2007 年学校举办了管理创新论坛，围绕“创新管理、科学发展”的主题开展了学习与讨论，为校内管理体制改革和第三次教学工作会议、人才工作会议的召开营造了良好的舆论氛围。上述两次办学思想大讨论为促进学校科学发展打下了坚实的思想基础，对拓展视野、开阔眼界，统一教职员工的思想认识，进一步凝心聚力、共谋学校发展起到了积极的作用。当前，学校正处于改革发展的关键时期。校党委决定在全校开展以“创新创业、特色发展”为主题的办学思想大讨论，我们必须充分认识开展这次大讨论的重要性、必要性，增强开展好这次活动的责任感。

举办本次办学思想大讨论是深入学习领会党的十七大精神、贯彻落实科学发展观、实施省委“两创”（创业富民、创新强省）战略的必然要求。党的十七大精神和科学发展观是我国新的发展时期经济、政治、文化、社会总的指导思想和行动纲领。十七大提出的优先发展教育、建设人力资源强国，这既对高等教育提出了新的更高要求，也给予高等教育更为广阔的发展空间。省委提出的“两创”战略是浙江省贯彻落实十七大精神的具体行动，是科学发展观在浙江的生动实践。把学习贯彻党的十七大精神和省委“两创”战略引向深入，是当前和今后一段时期学校首要的政治任务，而学习贯彻十七大精神和省委“两创”战略最终要落实到指导实践、解决问题、推动工作上来。按照中央和省委的要求与部署，从今年年初开始学校已经开展了十七大精神宣传教育活动，下半年还将在全校开展科学发展观主题实践活动。为贯彻落实中央和省委决策部署，学校在年初研究党政工作时就决定开展“创新创业、特色发展”办学思想大讨论，这是在学校层面把学习贯彻十七大精神引向深入的一项重要举措，也是学习实践科学发展观的有效途径。举办办学思想大讨论，通过理论学习、调查研究、思想交流与碰撞，促使全校教职员工进一步解放思想，全面把握和准确领会科学发展观的科学内涵、精神实质和根本要求，着力转变不适应不符合科学发展观的思想观念，努力增强贯彻落实科学发展观的自觉性和坚定性，创新科学发展思路，深化科学发展举措，创造性地把党的十七大精神和省委“两创”战略贯彻落实到学校工作中去，从而有力推进学校的科学和谐发展。

举办本次办学思想大讨论是落实学校第一次党代会精神、推进学校“改制转型、特色发展”的重要举措。今年年初学校顺利召开了第一次党员代表大会。党代会提出了“走特色发展之路”的办学思想，确定了学校中长期发展战略和今后五年的奋斗目标。今年是贯彻落实学校第一次党代会战略部署的开局之年，要把第一次党代会精神落到实处，把“走特色发展之路”进一步深化。当前，改制工作正处于攻坚阶段，各种矛盾交织，不同思想交汇，这更加需要我们进一步解放思想，统一认识。开展办学思想大讨论，通过理论学习、调查研究、思想交流与碰撞，促使全校教职员工进一步确立现代大学的办学理念、教育观念和管理思想，推动各单位在学校创新创业、特色发展整体战略布局中找准定位，进一步明确本单位的具体奋斗目标，提出改革创新、特色发展的新思路新举措，着力解决影响制约科学发展的突出问题，把智慧和力量进一步凝聚到实现学校第一次党代会提出的战略部署上来，进一步增强推进学校特色发展的积极性、主动性和创造性，努力将学习研讨的成果转化为促进学校特色发展的思路与办法，转化为推动学校特色发展的强大动力，以思想的新解放促进学校事业的新发展。

举办本次办学思想大讨论是破解发展难题、进一步深化教育教学改革的迫切需要。学校第一次党代会指出，学校目前正在经历着一场历史性变革。这场变革所带来的变化是深刻的、全方位的、全员性的，赋予我们的任务也是十分艰巨繁重的，对此我们要有清醒的认识。当前学校发展存在着诸多困难和问题，推进学校科学和谐发展需要破解的难题不少。比如，改制发展定位需要上级进一步确认，新校区建设需要进一步攻坚克难，办学特色和优势需要进一步培育，以能力培养为核心的教学模式需要进一步探索实践，教学质量和科研水平需要进一步提升，校内管理运行机制需要进一步理顺，党建、思想政治工作需要进一步创新，等等。破解这些难题，迫切需要我们进一步解放思想、更新观念、创新思路。开展办学思想大讨论，通过理论学习、调查研究、思想交流与碰撞，促使广大教职员工正确把握学校发展的阶段性特征，客观分析学校发展面临的新机遇、新挑战，进一步增强大局意识、责任意识、忧患意识、创新意识，在解决上述事关学校发展前景和稳定大局的重点难点问题上有新思考、新认识、新举措、新突破，取得实实在在的成效，扎实推进学校科学和谐式发展。

二、我们要讨论些什么问题

本次办学思想大讨论的指导思想和总体要求是：高举中国特色社会主义伟大旗帜，以邓小平理论和“三个代表”重要思想为指导，深入贯彻落实科学发展观、省委“两创”总战略和学校第一次党代会精神，紧密结合十七大精神主题教育活动，以“创新创业、特色发展”为主题，以解放思想、转变观念为先导，准确把握学校发展面临的新形势新挑战，着力破解影响和制约学校改革发展的思想观念、理念思路、体制机制等方面存在的突出问题，着力探索促进科学和谐发展的新理念、新思路、新机制、新举措，力求在继续解放思想上迈出新步伐，在推进创新创业、特色发展上实现新突破，在深化师德师风建设和机关效能建设上取得新进展，在促进和谐校园建设上取得新成效，为实现学校第一次党代会提出的奋斗目标、推进学校又好又快地发展提供强大的精神动力和思想保证。根据这样的指导思想和总体要求，开展这次大讨论活动要紧紧围绕的一个根本问题是“要实现什么样的发展和怎样实现发展”；其前提是坚持解放思想，做到与时俱进；其本质是勇于开拓创新，善于破解难题；其落脚点是推进特色发展，实现科学发展。因此，必须突出重点，在以下三个方面认真开展思考与研讨。

一是要认真思考研讨为什么要创新创业、特色发展。学校第一次党代会提出“走特色发展之路”，是综合考量当前经济社会发展的背景和需求、科学把握高等教育发展的趋势和规律、准确分析学校发展的基础和条件而提出的发展总方略，是新时期指引学校科学和谐发展的办学思想。虽然这一思想的提出是凝聚了全校教职员工的集体智慧，但是，思想观念的转变并不是一蹴而就的，伴随着学校改革发展的实践，仍有必要深化对这一思想的认识，以进一步统一思想、凝心聚力。要在深化理论学习的基础上，用宽广的视野审视形势，认真思考研讨：在高等教育大国向高等教育强国迈进的宏观背景下，学校改革发展面临哪些新机遇新挑战，如何紧紧抓住并切实用好这些新机遇，积极应对新挑战？在新的历史起点上继续解放思想，应如何着力转变哪些不适应不符合科学发展观的思想观念，如何着力解决影响和制约学校发展的突出问题？在推进学校改制转型、特色发展的过程中，如何激发创新创业热情，如何做好与普通本科院校同台竞争的准备？

二是要认真思考研讨怎样实现创新创业、特色发展。正确认识、牢固树立“特色发展”的办学思想，把特色发展的思想落到实处，这是本次办学思想大讨论的重心所在。要在统一思想认识的基础上，认真思考研讨：如何建设形成符合学校定位的、科学合理的学科专业体系？如何培育办学特色与学科专业优势？如何打造特色专业和专业特色？如何对学校现有专业体系整合提升、集群发展？如何找准经济社会需求与人才培养的结合点，创新人才培养模式、凸显人才培养特色？如何积极探索和实践复合型应用人才特别是复合型涉外应用人才培养的途径和方法？如何进一步深化教育教学改革、创新课程体系、培育精品课程、打造品牌专业、提升教育教学质量？如何激活学校科研机制、提升科研水平、推进产学研结合？如何切合中小学教师素质提升需求，进一步强化师训干训的优势和特色？如何构建开放灵活更具竞争力和影响力的教师培训体系，打造全省教师继续教育重点基地？

三是要认真思考研讨创新创业、特色发展的人力物力支撑和制度保证。实现改制转型、特色发展的奋斗目标，离不开人力物力的支撑和与学校科学发展相适应的制度保障。要在明确目标的基础上，认真思考研讨：如何根据学科和专业建设的需要加大人才培养和引进力度？如何打造创新团队与培养拔尖创新人才？如何完善年轻教师培养机制？如何构建以教书育人为核心的师德建设体系和以立德树人为核心的学生思想政治工作体系，创新师生思想政治工作的理念、内容、方式、途径？如何进一步深化学校管理体制和运行机制改革、健全和完善竞争激励机制？如何科学合理配置校内资源、推动节约型校园建设？如何打造一支业务精、作风正、服务好的管理和后勤服务队伍？

三、如何使这次大讨论取得实实在在的成效

这次办学思想大讨论活动从现在开始到 10 月结束历时半年，要达到预期的目的，关键在于加强组织和领导，切实抓好落实。整个活动分三个阶段进行：

第一阶段，动员学习，时间安排在 5 月。这一阶段要抓好宣传动员，在学校营造良好的舆论氛围。今天我们在这里召开中层干部、教授、党总支成员及教工支部书记、系主任、教代会执委会成员、民主党派负责人会议，动员部署本次大讨论活动，正式拉开活动序幕。会后，各单位也要相应召开教职工大会进行宣传动员。校院（处）两级中心组和教职工的理论学习要安排相应专题。通过动员和学习，使广大教职员工进一步明确开展办学思想大讨论的目的意义和任务要求，提高对开展大讨论活动的重要性和必要性的认识。

第二阶段，调研讨论，时间安排在 6 月至 9 月。这一阶段要紧紧围绕“实现什么样的发展和怎样实现这样的发展”的主题和学校拟定的若干议题，开展多层次、多形式、全方位的调研和讨论。各单位要根据本单位的工作实际，结合学校学科专业建设、特色培育、人才培养、创新管理等问题，确定 1—2 个调研课题，广泛深入地开展调查研究。调查研究要走出去，到兄弟院校和社会基层进行学习考察，开阔视野、拓

宽思路，比较分析、寻找差距，积极借鉴、汲取经验。调查研究要深下去，认真仔细查摆学校工作中存在的突出问题，深刻剖析产生这些问题的深层次原因，动员教职工建言献策，并在此基础上提出破解这些问题的思路与对策。学校也将有针对性地适时组织专家学术报告会。

第三阶段，总结深化，时间安排在10月。这一阶段要在前面学习调研的基础上，认真总结梳理，形成一批成果。各单位要根据各自确定的调研课题撰写好调研报告，总结好大讨论活动的开展情况。学校将进行总结，评比优秀调研报告，编纂优秀调研报告成果集，并将大讨论的成果转化为学校的科学决策和发展举措。

为切实把这次办学思想大讨论开展好，取得实实在在的效果，还需要注意以下几点：

一是要广泛发动，全员参与。各单位部门要认真做好思想动员工作，使全体教职员工充分认识新形势下开展这次办学思想大讨论的重要意义，以主人翁的姿态、创业者的心态，振奋精神、积极主动投身到这场办学思想大讨论中来，把思想和行动统一到学校的重大决策和部署上来，把智慧和力量凝聚到推进创新创业、特色发展上来。

二是要加强领导，精心组织。各单位党政领导班子要高度重视，把开展这次大讨论活动提上重要议事日程，根据学校统一部署，精心制定本单位的具体实施方案。要强化领导责任。学校成立以党政有关领导为组长、副组长，校办公室、组织部、宣传部、学工部、人事处、教务处、科研处等负责人为成员的领导小组，负责本次大讨论的相关事宜。各单位也要相应成立活动领导小组。各党总支、直属党支部书记作为本单位大讨论的第一负责人，要切实负起责任，精心组织好本单位的讨论。各职能部门要明确职责任务，各司其职，确保活动的顺利进行。各级干部特别是领导干部要进一步转变作风，努力使开展大讨论活动的过程成为提高开拓创新能力的过程。各单位有关大讨论开展的情况将作为年终领导班子和领导干部考核的重要内容。

三是要求真务实，取得实效。开展这次大讨论，要始终坚持解放思想、实事求是、与时俱进，大力弘扬求真务实精神。要尊重实际，一切从实际出发，紧密联系学校发展面临的新形势、新任务的实际，联系本单位本部门在人才培养、学科专业建设、科研服务、教育教学管理等方面的实际，联系个人在教书育人、党政管理等工作岗位的实际。要注重结合与当前正在开展的十七大精神主题宣传教育活动、学习贯彻胡锦涛总书记在北京大学师生座谈会上的重要讲话活动、纪念改革开放30周年专题教育活动、“树新形象、创新业绩”活动等相结合，把学校发展战略部署与本单位发展计划相结合，把研究现在与谋划未来相结合。要通过大讨论，既要真正达到思想进一步解放、观念进一步更新、认识进一步统一，更要讨论出一批理论或实践成果，形成若干对教学、育人、管理工作具有指导性的政策文件，使本次大讨论活动取得实实在在的效果。

这次办学思想大讨论，意义重大，任务繁重。希望各单位充分认识本次办学思想大讨论的重要性、紧迫性，精心组织、广泛动员、狠抓落实，树立新的办学思想、理念，形成新的发展思路，提出新的发展举措，发现新的发展路径，加快推进学校科学和谐发展。

（2008年5月15日在浙江教育学院“创新创业、特色发展”
办学思想大讨论动员大会上的讲话）

着力推进学校科学发展

科学发展观是中国特色社会主义理论体系的重要组成部分，是我国经济社会发展的重要指导方针，是发展中国特色社会主义必须坚持和贯彻的重大战略思想。高校是思想文化、科技资源的聚居地，也是培养中国特色社会主义的可靠接班人的重要阵地，在中国特色社会主义建设中承担着重要的使命。开展好高校的学习实践活动，对于我们走符合自身实际的科学发展之路具有重要意义。根据中央要求，结合学校实际，一是要进一步明晰发展思路，确立新的发展战略，二是要提升人才培养的质量，办出特色，下面主要讲三个问题。一是科学发展观在我校的具体实践，二是进一步推进学校科学发展，三是对领导干部提一些要求，进一步着力提高领导干部推进科学发展的能力。

一、科学发展观在我校的具体实践

党的十六大以来，学校党委坚持以科学发展观统领发展全局，推进学校科学发展的新格局初步形成。

（一）对科学发展观的认识不断深化

这些年来，学校始终重视加强理论武装工作，解放思想，转变观念，提升理念，不断增强广大干部、教职员工贯彻落实科学发展观的自觉性和坚定性。除了校、院（处）两级中心组理论学习之外，在全校组织了三次专题大讨论：2006 年“科学发展”论坛，2007 年“管理创新”论坛，2008 年“创新创业、特色发展”办学思想大讨论。这三次专题大讨论重点围绕两个根本性问题：一个是办学观问题——建设怎样的普通高校？怎样建设这样的普通高校？一个是发展观问题——学校究竟要发展什么？怎样来实现发展？去年的大讨论历时半年时间，参与面之广，调查研究之深，初步的成果之多，比以往两次成效更明显，为我们这次学习实践活动奠定了一个很好的思想基础和实践基础。通过大讨论，我们的思想观念层面正在发生新的变化。大家普遍认识到：高校要主动服务于新的经济社会发展；要走特色发展之路，没有特色就没有质量，也就没有生命力，更没有竞争力；解决一切问题的关键就是发展。

但是，发展必须要有新的思路。按照科学发展观的要求，我觉得至少有三条我们要很好地领会和把握：一要实现有科学定位的发展，二要实现有条件保障的发展，三要实现有社会需求的发展。科学定位、条件保障、社会需求这三条当中，如果不能完整全面的把握这三者，贯彻落实科学发展观，推动学校科学发展，有些时候是很难的，也不符合科学发展观的要求。这些年来，学校坚持科学谋划，从顶层设计入手，努力找准发展目标，明确发展方向，确定发展定位，破解发展难题，推动学校又好又快发展。

（二）学校的办学定位基本确立

科学定位、准确定位，对于一所学校的发展来讲，这是根本性的。它管方向、管全局、管长远。学校从 2002 年提出要改制为普通本科高校，在科学定位当中我们进行了曲折的探索。最早是想往教育大学发展，当时的大背景，特别是一直以来发展空间比较小，新的校园的土地问题始终没有得到解决。后来碰到了两个问题，一个是高校大规模持续的扩招基本上已经结束，高等教育的工作重心已经从数量的扩大转到质量的提升上来；另外一个是受国家宏观政策影响，土地资源严格管理。我们学校要改制成普通高校，发展方向怎么定？这是学校发展的首要任务，那种紧迫性、艰巨性，我们都是有切身感受的。后来我们做了深入的调研，教师培养从浙江省高校来讲已经过剩，学校领导班子感到对学校的发展方向需要重新进行审议，重新进行调查研究。接下来的一年多时间，我们搞了大量的调查研究，最后确定学校的发展方向是：改制成为以外语外贸类学科为主要发展方向的多科型普通本科高校。这个方向的确定，最后得到省政府同意。省政府 2007 年 163 号文件《浙江省人民政府关于报送浙江省高等学校设置的十一五发展规划的函》，已经讲到成人高等学校的调整和布局调整，浙江教育学院发展方向得到确立。

我始终认为，只有科学定位才能奋发有为。办学定位是一所学校发展的逻辑起点，就像建房子，总要先有一个设计才能施工。关于我们学校的定位，第一次正式提出是在“十一五”发展规划纲要。2008 年 1 月，学校召开党代会，在党代会的报告中，完整准确地表达了学校的发展定位。学校的中期发展战略目标是：经过十到十五年的不懈努力，要把学校建设成为办学特色鲜明、教育品质一流的多科性教学型普通本科高校。办学水平标志是“办学特色鲜明、教育品质一流”，学科结构是多科性，学校类型是教学型，建设目标是要成为浙江省 4 个基地：涉外应用人才的主要基地、教师继续教育的重点基地、国际教育交流基地、语言文化教学研究基地。从 2008 年到 2012 年五年的近期发展目标和任务是：坚定不移地走特色发展之路，在强化教师继续教育特色的同时，以外语外贸学科为主要发展方向，以培养复合型涉外应用人才为主要任务，大力实施质量立校、人才强校、品牌亮校、开放活校、和谐兴校五大战略，努力把学校改制建设成特色明显的教学型普通本科高校，为实现学校中长期战略目标奠定坚实基础。《报告》确定特色发展为学校的核心发展战略，提出了重要的发展战略思想，那就是创新发展、集群发展、重点发展、和谐发展。这样的科学定位，凝聚了发展方向，确定了学校的目标定位。接下的第二步工作是抓科学规划，主要是“一纲要两规划”。2006 年 12 月，学校教代会审议通过了学校“十一五”发展规划纲要。根据学校发展规划纲要，又专门制定了两个专项规划，一个是“人才队伍建设与发展规划”，另一个专业建设和发展规划（2008 年至 2013 年）。我们现在的工作就是围绕这样的战略布局在调整建设。

（三）推动改制转型取得重大进展

刚才讲到科学发展观是要有条件保障的发展。发展定位，发展方向，发展目标，等等，如果没有基本的办学条件，没有校园，没有一定数量的学生，就没有实现科学发展的空间。

建设新校园问题是多少年来始终成为我们学校发展的最大的瓶颈制约。要改制必须要有足够的办学空间，这是一个前提条件，这项工作我们走得异常艰难曲折。接管原求是学院，是省委省政府交给我们的艰巨的政治任务。200 多名求是学院的教职工要处置，两届 3600 多名学生要发毕业文凭，现在回想起来真是如履薄冰、战战兢兢。为了解决学校的发展空间问题，我们毅然接受了这个政治任务。我从内心里感激全校的干部、党员和参与接管工作的教职工，没有发生大的群体性事件，连上访信都没有一封，这项工作在政治上我们得了满分，同时在学校发展中解决了空间问题。接下来是根据国家的政策，调整杭州外国语学校办学体制问题，这样，我们办学空间的瓶颈终于有了突破。没有这样的一些事情，今年的改制迎评工作就难以启动。

推进专业结构的战略性调整这也是一项战略任务。为了学校的发展大局，为学校的改制转型，为外语外贸类新的发展方向，必须压缩或者停掉一些专业，相当一部分老师要作痛苦的选择。校园占地面积是一定的，规模也是一定的，关键是怎么办出特色。我们原有的办学特色是教师继续教育，传统特色要做大做强。接下来，我们要努力培育和发展新的特色。前不久，省政协副主席徐辉同志来考察，对于学校的发展和改制转型情况讲了三句话：浙江教育学院的发展道路非常曲折，2002 年到 2008 年这几年时间，经历了那么多事情；浙江教育学院的发展任务非常艰巨，今年要迎接教育部评估，真正要在社会上树立新品牌还有待时日；浙江教育学院的发展前景非常光明，改制为普通本科高校解决了生存问题，转型为外语外贸类高校解决了可持续发展的大问题。

（四）教育教学质量有新提升

学校以育人为本，所以学生是主体。学校办学以教师为本，所以教师是主体。人才培养是高校的根本任务，人才培养的质量是大学办学质量的核心标准。在人才培养方面，这些年按照科学发展观要求，本科教学的改革和建设进展较快。无论是专业建设、课程建设，尤其是人才培养模式的改革探索，现在是两个专业，今年又扩大试点，因为复合型应用性人才怎么培养，结构比例是怎样，学生怎么来培养，课程怎么来组合，师资怎么配置，实验基地怎么建设，等等，有一系列的问题，需要我们去探索、去实践。从这两年我们学生的初次就业率来看，总体上是比较好的。师资队伍建设方面，2007 年 10 月召开人才工作会议，提出“5566”的发展目标。从现在的趋势来看，这一目标指标有望实现。我们人才队伍的战略布局已经有了新的格局，师资的整体实力和发展水平，已经超过全国地方本科高校的平均水平，已经接近达到或者已经达到普通本科院校教学工作水平评估指标的良好等级标准。

（五）体制机制构建有新成效

学校在以改革创新为动力，构建有利于科学发展的体制机制方面取得新的成效。要推进科学发展，改革创新是根本动力。这些年来，我们管理制度建设得到加强，这些制度涉及教学、科研、干部、人事、财经、资产、基建、审计等方方面面，核心重点是人的管理，特别是考核评价机制、分配机制、激励约束机制等进一步健全。开放办学方面有重点突破，2008 年 7 月，我们与北京外国语大学全方位开展合作，极大地推进了学校的学科专业的建设和外语人才培养。

二、进一步推进学校科学发展

（一）把握高等教育发展新趋势和学校发展阶段性特征

要进一步推进我们学校的科学发展，我觉得在思想认识层面上要把握好以下三点：首先，要准确把握国家高等教育发展的新趋势。这是非常重要的。这个新趋势包括新的形势和新的任务。我觉得这几年，特别是教育部直属高校咨询委员会提出了要“强化办学特色，提高教育质量”，现在已经成为高等教育发展的主旋律。强化办学特色，提高教育质量是新时期新起点的主旋律。其次，要准确地把握我校发展的阶段性特征。发展的不同阶段，所要解决的问题是不同的。阶段性特征概括起来讲包括三方面：一是学校改革发展正处于关键时期，二是改制工作进入冲刺阶段，校内原有积淀的和新产生的各种矛盾到了凸显期，学校重新定位发展方向、重新定位发展目标，专业结构调整，人事分配制度改革，不同的群体、不同的专业有一些矛盾。再则，要准确把握学校的核心任务。学校当前发展核心任务是要实现改制。把这三者把握好，做工作才能有合力。

（二）进一步凝聚科学发展的共识

要继续以解放思想为先导，着力破除不适应、不符合科学发展观的各种思想观念的障碍。这是这次学习实践活动要达到的第一个目的。要在继续解放思想中，统一全校广大教职员工的思想，在解放思想中来统一思想，不是按照过去原有的思路观念来统一。解放思想是历史的、具体的、与时俱进的，解放思想是一个过程。要进一步推进学校的科学发展，我们应该继续解放思想，要在这次的学习实践活动中，进一步统一对科学发展的思想认识。一个人思想观念转变是最难的，各级党组织一定要虚实结合，虚功实做，切切实实在思想认识上有新进展。

（三）进一步加快改制转型、推进特色发展

要以改制迎评为契机，着力提升发展质量和水平。实现改制是学校“十一五”时期学校发展的首要目标。科学发展观本身是一个科学思维，要掌握高等教育规律。要以这次迎评为契机，很好地学习掌握教育教学工作水平评估指标，不断地增强对普通本科学校办学的规律性认识，不断提高普通本科教育质量和水平。改制转型的任务还是艰巨的，转型是长期的，要结合改制迎评工作，抓紧、抓实，真正达到“硬件指标合格、软件指标良好、迎评工作高效”这一目标。

继续深化特色发展战略。要把特色发展的战略深入贯彻下去，各级领导干部要善谋事、做成事。善谋事是做成事的前提，要做成事就要善于谋划。二级学院要找准自身的发展定位，要明确发展方向。要认清自身在省内高校的位置，要找准自身特定的服务区域和服务对象，要凝练自己的发展特色。坚持走特色发展之路，特色发展是我们的核心战略，其他战略都围绕着核心战略。战略应该分层分类地往下延伸，系统地定位目标体系，然后整体地与学校的顶层设计相配套。应用性人才的培养，要好好研究培养目标、培养规格、培养特色，牵住“牛鼻子”。同样是国际贸易人才，你跟省内其他高校有什么差异性。社会对人才的需求是多规格、多样化的，你是哪种规格？哪种类型？要明确质量标准和有特色的目标规范，具体落实到人才培养方案。要根据人才培养的目标、规格来构建课程体系。如果课程体系、教学内容跟人才培养目标和规格是脱节的，那所谓人才培养特色只是一个“标签”罢了。

要不断提升服务浙江经济社会发展的能力。我们讲人才培养、科学研究、社会服务三项职能。社会服务不是狭义的，人才培养、科学研究归根到底也是社会服务，尤其是应用性人才的培养。作为地方高校，要

为地方经济社会发展服务，这是一个基本导向，我们要非常明确。从整个国家的产业结构调整、浙江省经济转型升级来看，有一个关键词是现代服务业。我们的发展方向、目标定位就是针对现代服务业，要努力为浙江现代服务业服务。

（四）进一步完善保障科学发展的体制机制

最近这段时间学校出台了不少的制度，比如：教学工作规程，教学业绩考核，等等。今年在保障科学发展的基本建设、物资采购、招投标问题上要有所突破。现在，大规模建设要搞了，制度建设不跟上去，不出问题才怪。还有一些新的制度、机制要进一步完善，如民主管理制度、领导班子考核评价机制。要推动民主管理，特别是教授治学，在党委领导、校长负责、教授治学、民主管理这样一个制度结构中，怎么来探索教授治学？还有人事分配制度，要在原有的制度上进一步完善。

三、着力提高领导干部推进科学发展的能力

这次学习实践活动以党内领导干部为重点，要着力在全面系统把握科学发展观上下工夫，领导干部要自觉把科学发展观转化为谋划发展的正确思路，促进发展的政策措施，领导科学发展的实际能力。下面我就领导干部提升领导科学发展的实际能力，提几点希望和要求。

一是不断提高审时度势的能力。科学判断形势，善于审时度势，是我们领导干部深入学习实践科学发展观的前提和基础。现在竞争很激烈，高校之间竞争也很激烈。借势而行、乘势而上、顺势而为，关键要把握一个“势”，做事情一要凭天时，二要借地利，三要靠人和。领导干部要有审时度势的能力，尤其是要有战略眼光，有科学预计的能力，我觉得这是这次科学发展观活动里第一个要提高的能力。

二是要提高科学决策的能力。高校建设中，不同的层面有不同的决

策。学校层面有学校层面的决策，到具体的单位，二级单位也好，直属单位也好，也要有决策的能力。决策部分中要能够正确反映发展的趋势和规律，要准确把握发展的联系和过程，发展是联系的，是一个过程。当然这里还有一个推进决策的科学化民主化。这两年新引进的教授、高学历的博士到学校里来，大家总体反映比较好，工作热情很高。这些来自不同层次类型高校的教师为学校带来了新的视野新的观念，来了以后，现在在学习实践活动中培养方案怎么弄，专业建设怎么搞，可能与本校的观念中有差异，这是正常的，问题是你当领导的怎么看这个事情。是要适应学校的现状，还是改变这个现状，这个是领导的决策的价值取向，所以我提出要重视教授的作用，教授是大学的灵魂，决策的科学化民主化，要充分调动发挥每个教职工的作用，这个是我们要把握的。在这样一个前提下，有一些学术上的事情、教学上的事情有不同的价值取向，要加以权衡。

三是不断提高驾驭全局的能力。科学发展观是指导全局的，我们要牢固树立全局观念和大局意识，包括学院定位、特色怎么深化，学校整体上首先要把握好，要运用系统思维从整体上来统筹规划和谋划，这个理念也是大家要着力提升的理念之一。

四是有破解发展难题的能力。现在学校改制转型难题很多，这些难题有的相当一部分要学校领导来解决。在一个学院、一个单位、一个部门也有难题，尤其是一把手，这个能力尤其重要，这次学习实践活动中就是要解决一些制约影响本单位发展的突出问题。

五是，要有维护稳定的能力。学校的发展任务异常繁重艰巨，确保校园稳定是做好各项工作的前提，改革发展稳定的关系，稳定是前提，这个前提我们要始终着力维护好。

王国维《人间词话》讲：古今之成大事业大学问者，必经过三种境界，“昨夜西风凋碧树。独上高楼，望尽天涯路”是第一境界；“衣带渐宽终不悔，为伊消得人憔悴”是第二境界；“众里寻他千百度。蓦然回首，那人却在，灯火阑珊处”乃第三境界。第一个境界，要高瞻远瞩，看清方向，选择远大目标；第二个境界，有了远大目标和人生理想，要不怕艰辛，要为之执着无悔，百折不挠，知难而进，坚忍不拔；第三个境界，精诚所至，金石为开，理想最终得以实现。浙江教育学院的改制转型工作，借用三种境界的形象说法，现在是到了第二境界与第三境界的临界点。结合学习实践科学发展观活动，让全校教职员工积极投身到改制迎评工作当中，我们也能“众里寻他千百度。蓦然回首，那人却在灯火阑珊处”。

（2009年4月9日在浙江教育学院深入学习实践科学发展观专题报告会上的讲演）

特色发展的新使命新愿景

中国共产党浙江外国语学院第一次代表大会，是在全国上下深入贯彻党的十八大精神，学校继续创新创业、推进学科转型、形成鲜明办学特色的关键时期召开的一次十分重要的会议。大会的主题是：高举中国特色社会主义伟大旗帜，以邓小平理论、“三个代表”重要思想和科学发展观为指导，认真贯彻落实党的十八大精神和省第十三次党代会精神，解放思想、凝聚力量、锐意创新、奋发图强，为把学校建设成为外语特色鲜明、教育品质一流的多科性普通本科高校而奋斗。

一、特色发展道路上创新创业、奋力前行的五年

2008 年学校党代会以来的五年，是学校发展历史上极不平凡的五年。五年来，在省委、省政府和省委教育工委、省教育厅正确领导和支持下，学校党委以邓小平理论和“三个代表”重要思想为指导，深入贯彻落实科学发展观，团结依靠全校师生员工，解放思想、锐意进取，坚定不移走特色发展道路，在困境中砥砺前行，在挑战中创新创业，在奋进中科学发展，胜利完成了 2008 年党代会提出的目标任务，实现了从师范类成人高校改制转型为外语类普通本科高校的历史性跨越，学校

由此进入了新的历史时期，各项事业快速发展，办学实力显著提升。

（一）改制更名创建浙江外国语学院

围绕2008年学校党代会确立的目标，学校坚持一手抓硬件建设，一手抓软件建设，努力使办学各项指标达到教育部评估要求。竭力争取省委、省政府和省委教育工委、省教育厅的重视与支持，攻坚克难、群策群力，顺利完成接管原浙江求是应用技术学院的重任，取得了新校区建设项目的立项。抓住省教育厅调整杭外办学体制的机遇，实现与杭外资源整合。迎难而上，克服了许多难以想象的困难，在短期内完成了文三路校区与原杭外校区“两证”的办理，以及省原蚕种场和原求是学院内土地征用等工作，确保了校园占地面积和校舍建筑面积达到评估的硬件要求，为改制创造了先决条件。与此同时，在学科专业、师资队伍、教学科研等软件指标建设方面做了大量扎实而卓有成效的工作。在此基础上，众志成城、全力以赴做好接受教育部改制评估各项工作。2009年12月，学校以优异成绩通过教育部高校设置评议委员会专家组的进校评估。2010年1月，学校改制为普通本科高校的申请得以顺利通过。为把初定的改制校名“浙江第二师范学院”调整为省政府原先申报提出的“浙江外国语学院”，校党委行政以一线希望作百倍努力，想方设法先后争取省委主要领导和教育部领导的理解与支持，最终获得教育部审批，同意学校在浙江教育学院基础上建立浙江外国语学院。2010年5月，学校在省人民大会堂隆重举行浙江外国语学院成立大会，正式开启了作为外语类普通本科高校的发展征程。

（二）特色发展取得重大进展

注重战略谋划和顶层设计，学校办学定位和发展目标进一步明确。出台了加快推进特色发展实施意见，科学编制了“十二五”发展规划纲要和配套子规划，特色发展内涵得到不断丰富和提升，特色发展实践取得重大进展。专业布局不断优化，已开设普通本科专业20个，其中外语类专业9个，语种7个；以外语学科为主体、多学科协调发展的学科专业格局初步形成。本科教学建设成效显著，英语专业被列入省“十二五”优势专业建设项目，实现优势专业零的突破；首次拥有1个省级教学团队、1个省级实验教学示范中心。人才培养模式改革扎实推进，设置了国际化应用人才培养实验班，首次在非外语类专业开设双语和全英文课程。人才培养特色初步显现，人才培养质量稳步提高，学生与全国同类院校学生同台竞争多次获得优异成绩；富有专业特色的师生志愿活动广受社会好评；毕业生年均就业率达95%以上；生源质量大幅提升。学科建设实现新突破，外国语言学及应用语言学等5个学科被列为“十二五”省高校重点学科。科研事业呈现强劲发展势头，高层次科研项目立项数逐年攀升，五年来共获省部级及以上项目111项，其中国家级项目自2008年实现零的突破以来已达到12项；科研成果质量不断提高，实现了教育部高校人文社会科学研究优秀成果奖零的突破；学校被授予全省社科联系统先进集体称号。实施人才强校战略取得明显成效，师资力量不断增强，结构不断优化，国际化水平明显提升。教育国际化步伐稳步迈进，国际合作与交流不断加深，留学生教育有序开展，在赤道几内亚国立大学承办孔子学院项目已获批准。社会服务能力进一步增强，拉美研究所成功建立，区域与国别研究崭露头角；传统培训优势继续保持，特色高端培训有新突破；以外语为特色的各类社会培训正蓬勃发展；教学报刊出版、继续教育、自考助学等事业稳中有升。办学基础设施条件得到改善。千方百计筹措资金，新校区建设有序推进，5万平方米新校舍投入使用。由学校负责承建的杭州外国语学校新校园项目破土建设，为实现学校与杭外原校园整体置换奠定了基础。加大对教育现代化条件和图书资料等建设的投入力度，师生学习、生活条件得到明显改善。

（三）管理水平进一步提升

积极推进现代大学制度建设。改制更名当年，学校制定实施了学校历史上第一部章程，有效推动依法治校、民主管理。坚持党委领导下的校长负责制，党委会、院长办公会议事规则不断得以完善。积极探索教授治学的有效机制和实现途径，对学术委员会的设置及产生进行了改革。注重发挥教代会在民主决策、民主管理、民主监督中的积极作用，进一步健全和规范校、院两级教代会制度。建立了二级学院党政分工合作、共同负责的领导体制和工作机制。调整了校内机构设置，积极推进校院两级管理体制改革，实行了二级学院任期目标责任制，推动管理重心下移。稳步推进以实施岗位聘任制为重点的人事分配制度改革，积极落实绩效工资相关政策，逐步提高教职员工的收入待遇。改革后勤管理机制，建立了资产经营的管理模式。建立并不断完善党务、校务、信息公开制度，学校荣获“浙江省厂务公开民主管理先进单位”的荣誉称号。重视加强工会、共青团工作，学校被授予“浙江省模范职工之家”“省级先进团委”荣誉称号。充分发挥各民主党派、党外知识分子和离退休老同志的作用，营建了民主、团结、和谐的环境和氛围。深入推进平安校园建设，五年来先后被评为省“国家安全人民防线建设优秀单位”、杭州市“经济文化保卫工作先进集体”“省高校深化‘平安校园’建设复查优秀单位”，校园保持和谐稳定。

（四）党的建设得到全面加强

认真贯彻中央、省委一系列重大决策部署和高校党建工作会议精神，全面加强党的建设。注重结合、精心组织、深入开展学习实践科学发展观活动、创先争优活动，开展了一系列富有学校特色的主题实践活动和办学思想大讨论活动，取得明显成效。积极推进学习型党组织建设，坚持校院两级理论学习中心组制度，理论武装工作扎实开展。注重理论联系实际，围绕学校发展的重大战略问题开展了一系列专题学习与调研，不断提升战略决策能力。校党委理论学习中心组被授予“全省县以上党委理论学习中心组先进单位”。以社会主义核心价值体系建设为核心，不断创新思想政治教育的载体与模式，大学生思想政治工作扎实有力。深化干部人事制度改革，干部选拔任用、考核评价工作进一步规范化、科学化，选人用人公信度和满意度逐年提升。不断加大干部培训教育力度，构建了网络学习、挂职锻炼、境内外培训等多渠道多层次的培训体系。持续深化作风建设，作风建设长效机制进一步健全，在机关部门和党员干部中进一步营造了求真务实、干净干事、艰苦创业的良好氛围。推进党内民主建设，试行党总支委员公推直选。精心组织基层组织建设年活动，提升基层组织建设水平。创新党员的教育与管理，提升党员发展质量。五年来，累计发展党员 1918 名，共有 176 名（次）党员获得校（省）优秀共产党员（优秀党务工作者）称号。坚持党管人才原则，不断推进人才工作的创新与发展。重视大学文化建设，制定实施了学校文化建设规划纲要，文化建设各项工作正有条不紊地开展。党风廉政建设责任制有效落实，惩防体系建设扎实推进，反腐倡廉工作机制进一步健全、制度进一步完善。有效开展审计工作。及时立案查处信访举报涉及的违纪问题。

在肯定成绩的同时，我们也必须清醒地看到学校发展中存在的问题和困难，主要是：学科建设的基础还比较薄弱，外语学科优势不够突显；特色专业有待进一步培育；师资队伍国际化水平还不高，高端领军人才缺乏；管理体制和运行机制还不能完全适应新的发展要求；办学经费紧缺，办学条件有待进一步改善；一些党员干部国际化办学理念尚未真正树立，精神懈怠，作风不够实，执行力不够强。我们必须高度重视这些问题和不足，在今后的工作中切实加以解决。

总的来说，过去五年是学校在科学发展道路上奋勇前进的五年，是学校实施特色发展核心战略成效显著的五年，是学校贯彻落实 2008 年党代会精神取得决定性胜利的五年。成绩来之不易，是省委、省政府和省委教育工委、省教育厅正确领导并重视支持的结果，是上级有关部门和杭州市关心帮助的结果，更是全校各级党组织、全体党员和师生员工共同艰苦奋斗、不懈努力的结果。回顾五年来学校建设发展的实践历程，我们有以下五个方面的深刻体会。

一是必须坚持解放思想。只有主动适应经济社会发展要求，与时俱进，不断更新观念，转变思维方式，才能抢抓机遇，敢闯新路，实现以思想的新解放引领促进学校事业的新发展。

二是必须坚持特色发展。只有牢固树立特色办学理念，坚持有所为、有所不为，不断深化提升特色发展内涵，才能形成自己独有的办学特色优势，尽快创建学校品牌，实现学校发展的新跨越。

三是必须坚持以人为本。只有坚持办学以教师为本、教育以学生为本的理念，全心全意依靠教职工办学，一心一意促进学生成长成才，充分调动师生员工的积极性、创造性，才能形成推动学校发展的强大合力。

四是必须坚持改革创新。只有发扬自强不息的创新精神，用改革的思路和办法解决学校发展中的矛盾和困难，坚决破除体制机制障碍，才能使学校发展始终充满生机和活力。

五是必须坚持党的领导。只有加强和改进党的建设，坚持社会主义办学方向，不断推进党的先进性、纯洁性建设，提升党委办学治校能力，充分发挥党委统揽全局、协调各方的领导核心作用，才能形成统一意志、统一步伐，齐心协力推动学校奋进崛起。

以上体会，也是学校在多年改革与发展实践中所形成的基本经验，是学校宝贵的精神财富，我们要倍加重视，倍加珍惜，并在新的实践中切实运用，不断发展。

二、学校进一步推进特色发展的新使命新愿景

大学特色是大学核心竞争力形成的重要基础。走特色发展道路，是学校提升自身核心竞争力、实现跨越式发展的基本战略选择。在新的历史条件下与时俱进推进特色发展，我们应审时度势，立足全局，面向未来，找准定位，进一步认清学校的办学使命，科学确定学校发展的战略远景目标。

党的十八大勾画了“两个一百年”的宏伟蓝图，描绘了国家富强、民族振兴、人民幸福的“中国梦”的美好愿景，并对我国高等教育发展作出了战略部署，强调“努力办好人民满意的教育”，提出“把立德树人作为教育的根本任务”，“推动高等教育内涵式发展”。这为我们进一步推进学校特色发展指明了方向。在经济全球化深入发展的背景下，作为快速崛起中的大国，中国走向世界是实现中华民族伟大复兴的必由之路。随着我国走向世界日益加快的进程，高校在培养国际化人才中必将扮演更重要的角色。浙江外国语学院作为一所省属地方普通本科高校，必须坚持以服务浙江经济社会发展为己任。培养输送国际化应用人才，为促进我省进一步开放、加快提升经济文化国际竞争力提供有力的人才和智力支持，这是学校发展进入新的历史时期必须自觉承担的新使命。浙江作为我国东部沿海经济的先发地区、长三角经济体的重要一极，开放型经济发达，已成为我国走向世界进程中参与国际竞争与合作的重要力量。围绕省第十三次党代会确立的“建设物质富裕、精神富有现代化浙江”的奋斗目标，我省正在大力实施“走出去”战略，推动开放由经济领域向社会、文化领域拓展，促进特色块状经济向国际性产业转型，加快提升国际竞争力。人才是推动发展的第一要素。我省实施“走出去”战略，迫切需要高校培养大量具有国际视野、通晓国际规则、能够参与国际事务和国际竞争的国际化人才。对此，我们浙江外

国语学院理应作出积极回应，既要主动对接国家战略需要，更要进一步增强服务地方发展的责任感和使命感，适应浙江经济社会与对外开放不断发展对国际化人才培养的新要求。大学办出特色总是围绕其使命而形成、而发展的。进一步推进学校特色发展，我们必须在服务浙江开放发展大局中找准自身特色发展定位，在承担时代赋予我们的新使命中努力办出特色与水平，为实现“中国梦”和“两富”现代化浙江作出积极贡献。

特色发展的核心要义在于办出特色。大学办学特色的本质特征是办学的独特性与优质性的内在统一。建设外语特色鲜明、教育品质一流的多科性普通本科高校，是学校进一步推进特色发展的首要核心战略任务。外语特色，是外语类院校最根本的办学特质，它要求学校在人才培养、科学研究、社会服务、文化传承创新等方面都具有外语特征和优势。教育品质，关乎一所学校的教育理念、教育过程和教育结果，但核心是教育结果，即学校所培养的人才。因此，教育品质是衡量人才培养质量的综合体现，它要求学校培养的人才不仅知识丰富、本领过硬，具有创新精神和实践能力，而且信念执着、品德优良，有强烈的社会责任感。

建设外语特色鲜明、教育品质一流的多科性普通本科高校，我们正迎来前所未有并大有可为的发展机遇，同时也面临严峻的挑战。作为一所由成人师范高校改制新建的外语普通本科高校，我们的发展才刚刚起步。当前，学校正处在继续推进创新创业、实现学科转型、形成鲜明办学特色的关键时期。对此，我们必须终始保持清醒的头脑，必须始终保持忧患意识，进一步解放思想、改革创新，全力以赴提升特色发展内涵，齐心协力拓展特色发展道路，不断开创学校科学发展新局面。

站在新起点，肩负新使命，登高望远，我们对学校未来发展确立“三步走”的远景目标和战略步骤：

第一步，到 2018 年，初步建成外语特色鲜明、教育品质一流的多科性普通本科高校。基本实现学科转型，国际化水平显著提升，高质量通过教育部本科教学合格评估。

第二步，到2023年，全面建成外语特色鲜明、教育品质一流的多科性普通本科高校。主体学科进入国内同类院校先进行列，国际化特色显著，成为硕士学位授予单位。

第三步，到2035年建校80周年时，建成浙江外国语大学。学校核心竞争力强，国际化水平较高，学校跻身国内同类院校先进行列。

三、今后五年学校发展的目标任务

今后五年学校工作的总体要求是：高举中国特色社会主义伟大旗帜，坚持以邓小平理论、“三个代表”重要思想和科学发展观为指导，坚持以特色发展为主题，以学科转型为主线，以提高质量为核心，大力实施“品牌化、国际化、集群化”战略，初步建成外语特色鲜明、教育品质一流的多科性普通本科高校，为努力实现学校中长期发展战略目标奠定更加坚实的基础。

今后五年学校发展要大力实施以下“三大”战略：

品牌化战略。特色赢得优势，实力铸就品牌。要强化外语特色，以优势特色学科专业建设为战略抓手，集中力量，攻坚克难，把学校的若干主干学科和骨干专业培育打造成为省内一流、国内有影响力的品牌学科、品牌专业，以此引领人才培养、科学研究、社会服务，提升学校的核心竞争力，走上特色发展的快车道。

国际化战略。推进高等教育国际化是高校内涵建设的重要任务，更是外语院校特色发展题中应有之义。要牢固树立国际化办学理念，进一步拓展办学视野，增强国际意识，围绕培养国际化特色人才，努力推进专业课程设置与教学的国际化，加强国际合作与交流，积极推进师资队伍的国际化、学科建设与学术研究的国际化，全面提高学校教育国际化水平。

集群化战略。集群是实现资源有效配置的一种发展模式。要围绕主干学科，优化学科专业布局，促进学科专业交叉融合，推动学科专业的集群转型发展。要打破学科、专业，学院、院系之间的壁垒，搭建校校、校所、校企（行业）、校地（区域）之间的合作平台，达到资源共通互享，实现资源效益最优化。

今后五年学校发展要致力于实现以下“四大”目标：

——人才培养特色基本形成。完成专业结构战略性调整，专业布局整体优化。形成国际化语言文化人才、国际化商贸旅游人才、国际化教育人才等三大类人才培育新体系。外语优势明显、跨文化沟通能力强的国际化应用人才培养特色基本形成。学生综合素质和就业竞争力显著提高。高质量通过教育部本科教学合格评估。

——学科与师资队伍建设水平显著提高。初步构建起具有浙外特色的哲学社会科学创新体系。外国语言文学达到一级学科硕士点建设水平，成为浙江省领先、国内有影响力的品牌学科。建成富有学校特色、具有竞争力的学科群。区域和国别研究取得重大进展。重点基地、协同创新中心建设取得重大突破。学术水平显著提升。建设一支适应学科建设发展的高素质师资队伍。

——社会服务能力明显增强。培育形成有学校特色的服务“智库”。形成一批社会服务的特色品牌。建立健全社会服务体制机制，形成多层次、全方位的社会服务体系。服务国家战略需求和区域经济社会发展的能力显著提升。

——国际化水平显著提升。国际合作与交流广泛，建立起多渠道、多层次、多类型的国际化人才培养新格局，国际化校园文化氛围浓厚。外派交换生、交流生数量不断扩大，留学生教育形成规模。建成若干所孔子学院和若干个中外合作办学项目。师资队伍国际化水平显著提升，国际学术交流合作迈上新台阶。

今后五年我们的主要工作任务是：

（一）创新人才培养模式，着力提高国际化应用人才培养质量

提升专业建设水平。修订完善学校专业设置及规划，优化专业结构，推进专业集群发展。强化专业特色，加大优势专业和特色专业建设力度，力争使英语专业成为国家级品牌专业，若干语种专业、复合型专业成为省级优势专业。加强新专业内涵建设，确保新专业建设质量。建立专业定期评估制度，提高专业建设整体水平。

突显人才培养特色。把立德树人作为人才培养最根本任务，进一步确立国际化、多样化、特色化的人才培养观，深入推进人才培养模式改革，积极调整人才培养目标和培养规格，形成外语优势明显、跨文化沟通能力强的人才培养特色。坚持国际导向、应用为主的原则，大力推进国际化课程的开发与建设。办好国际化应用人才培养实验班。强化协同育人，实现外语类专业与非外语类专业之间的深度融合，着力突显人才培养的外语特色和复合型特色。深化课堂教学模式改革，加大实践教学力度，提升学生实践创新能力。改进大学外语教学，推进大学外语教学评价机制的改革，积极推行双语、全英语授课，着力提高学生外语应用能力。加强学风建设。完善质量监控保障体系。

推进学生国际合作培养。推进国际教育交流与合作，拓展与国（境）外院校的学分互认、学位互授或联授等项目，逐步实现专业、课程与国际接轨，创造提供更多的机会让学生有能力“走出去”。扩大出国留学、交流、游学的比例，增加学生海外学习、实习经历。积极开设全外语专业或课程，扩大留学生规模，争取政府来华留学生奖学金招生资质，提高留学生培养层次与质量。积极探索，开办中外合作办学项目。

（二）加快品牌学科建设，着力提升学术创新水平

加快构建具有浙外特色的学科建设体系。坚持“有重点、有特色、

有所为”的方针，推进学科集群集约发展。重点建设发展外国语言文学，成为省内领先、国内有影响力的品牌学科。着力建设省级重点学科，成为省内有知名度的优势特色学科。遴选培育一批新兴学科。促进多学科交叉融合，建设有竞争力的学科群。积极搭建协同创新研究平台，建立校级协同创新中心。重点建设拉美研究所等特色研究机构，实现省部级重点基地建设零的突破。增设翻译硕士等若干专业硕士培养点。

培育特色高端学术成果。以需求为导向，以创新为引领，关注重大问题和现实需求，发挥比较优势，凝练主攻方向，催生一批具有前沿性、原创性和突破性的科研成果。加强学术期刊建设，力争创办外文学术期刊，强化办刊特色。积极营造浓厚的学术研究氛围。

拓展学术国际视野。推动国际学术交流与合作，积极与海外高校联合建立研究机构，双方互派互访教师，联合开展国际合作研究，逐步提高学校学术的国际影响力。

（三）对接国家和地方发展需求，着力提升服务社会发展的能力

打造特色“智库”。突出问题导向，服务国家战略需求，瞄准区域经济社会发展重大理论和现实问题，与相关部门和地方政府开展实质性、高水平合作，建设有学校特色的咨询研究机构，为政府提供决策服务和智力支持。加强与企事业单位的深度合作，推进政产学研用紧密结合，为我省中小微企业和浙商企业的发展提供各种战略营销、商业模式创新等咨询服务。对接国家公共外交战略和中华文化“走出去”战略，在海外创建若干所孔子学院；积极参与并组织策划一批重大文化交流或学术研讨活动，打造跨文化交流服务品牌，推进中华文化和浙江地方文化的国际传播。

构建多层次社会服务体系。巩固传统培训优势，做特做精做强师训干训，力争成为国家级教师培训基地，进一步提升服务基础教育的能力

与水平。精心培育外语类高端培训。打造浙江省多国语言教育培训服务高地，为区域国际交流合作提供语言支持与服务。积极面向党政机关、企事业单位开展订单式语言培训，加大国际服务外包人才培训和各类长短期社会培训力度，继续办好教学月刊杂志，打造一批服务品牌和特色阵地。盘活存量资源，拓展合作开发式社会服务，不断增强自我发展能力。

（四）推动文化传承创新，着力培育发展高品位大学文化

繁荣发展哲学社会科学。制定实施学校哲学社会科学繁荣计划，着力构建具有浙外特色的哲学社会科学创新体系。围绕学校哲学社会科学重点发展领域，努力在研究基地、特色团队、学术精品等方面取得重大进展，提升学校哲学社会科学研究水平。突出学科特色，深化基础研究，加强应用对策性研究，加快科研成果转化，突显学校哲学社会科学独特的话语权和影响力。积极开办人文社科类论坛与讲座，彰显学校哲学社会科学的特色。

培育特色校园文化。以社会主义核心价值体系为引领，深入实施学校文化建设纲要，充分发挥文化育人功能。积极培育、大力弘扬“明德弘毅、博雅通达”的校训精神，使其成为浙外人共同的价值取向。以校园文化品牌创建活动为抓手，注重实践，突出特色，积极培育境界高尚、品位高雅、特色鲜明的校园文化精品，努力创建省级、国家级校园文化品牌。依托国际交流与合作的不断推进，积极营建多元文化和谐共融的国际化校园氛围。鼓励师生开展富有特色的志愿服务活动，不断提高浙外文化的影响力与感召力。

（五）建设高素质国际化师资队伍，着力提升人才队伍整体水平

大力引进高层次人才。落实人才优先发展战略布局。实施高端人才引进计划，着力引进学科领军人才，力争在“省钱江学者计划”“省千

人计划”等战略性人才吸纳方面实现重大突破。实施海外高层次人才引进计划，积极引进具备国际学术视野、一定国际学术交流能力的海外高层次人才。面向国内高水平大学和一流学科，积极引进有发展潜力的优秀博士毕业生。创新人才引进模式，加大柔性引进力度，面向校外高端资源，设立名誉教授、特聘教授、客座教授等岗位，借助外力优化师资结构。逐年提高外籍文教专家和有海外学习经历的专任教师比例。

打造高水平人才团队。实施教师队伍国际化水平提升计划，加大选派教师出国学习、深造的力度，推动学术骨干主动融入国际主流学术圈，着力提升人才队伍国际化水平。实施创新团队发展计划，培育一批高水平、专业化的优秀团队。实施青年教师发展计划。深入开展全员教研、校本培训活动，努力造就一批教学名师。统筹推进管理、教辅、后勤队伍的建设，不断提升各类人员的整体素质，特别是国际化意识和承担国际化办学的能力。

（六）加快建设中国特色现代大学制度，着力提高科学管理水平

深化管理体制机制改革。修订和完善学校《章程》，完善学校治理结构。建立健全教授治学的有效模式。完善校院两级教代会制度。继续深化校内管理体制改革，健全人、财、物、事责任明确、权责相应的校院两级管理体制。深化校内收入分配体制改革，推进目标管理和绩效管理，完善重实绩、重贡献的分配机制。健全教职工考核评价激励机制，营造尊重人、关心人、培养人、信任人的环境氛围。创新财务运行机制，加强资金使用绩效评估，提高资金使用效益。加强国有资产管理，确保国有资产保值增值。深化后勤改革，增强后勤服务保障的能力与水平。推进“平安校园”建设，进一步完善校园安全教育、管理和服务体系，确保校园安全稳定。创新学生管理评价模式，建立与人才培养特色相适应的学生评价机制。

提高管理效能与水平。坚持以人为本，在各项管理中体现以师生为

本的价值取向。围绕人才培养的中心任务，强化校内各单位之间的协同配合，形成协同育人、协同管理、协同创新的良好局面与氛围。合理定编定岗，进一步优化机构设置，明晰管理职责，规范办事流程，提高办事效率。不断完善管理制度，进一步提升校内管理的制度化、规范化、科学化水平。健全机关效能建设长效机制，完善绩效评估，提高管理效能。建设集约型校园，推行精细化管理，实现管理效益最大化与最优化。

（七）全面改善办学条件，着力营建文明和谐校园

建成美丽新校园。加快实施杭州外国语学校承建项目，积极推进杭外校园改建工程，全面实现与杭外校园的整体互换。按照天人合一、中西合璧的设计理念，优化校园自然、人文景观，建设富有学校特色的楼道走廊、校园雕塑、主题广场和楼宇文化，大力宣传、规范和推广学校的视觉形象识别系统，突出校园环境的外语特色，建成功能完备、环境幽雅的美丽新校园。

提高师生员工的满意度与幸福感。把关注民生与促进事业发展摆在同等重要的位置。多渠道筹措经费，切实提高教职员工的福利待遇和收入水平。尊重知识、尊重创造，努力解决与教职工切身利益密切相关的实际困难和问题，增强教职工的归属感与认同感。加大教学设施投入力度，强化图书资料建设，完善网络信息基础设施，建设智慧型、数字化校园；实施寝室标准化建设，全面改善师生员工工作、学习、生活条件。关心关爱离退休老同志。

四、全面提高党建工作科学化水平，努力开创学校党建工作新局面

学校的党建工作必须坚持以党的十八大精神为指引，牢牢把握加强党的执政能力、先进性和纯洁性建设这条主线，致力于创建学习型、服

务型、创新型党组织的建设，整体推进思想、组织、作风、反腐倡廉和制度建设，为加快建设外语特色鲜明、教育品质一流的多科性普通本科高校提供坚强保证。

（一）进一步推进思想政治建设，构建完善的思想教育体系

坚持以思想理论建设为根本，深入推进学习型党组织建设。进一步完善校院两级理论中心组学习制度，不断提高党员领导干部的理论素养，进一步坚定理想信念，增进中国特色社会主义的道路自信、理论自信、制度自信。弘扬理论联系实际的学风，切实加强对外语类院校办学特点、发展规律的思考与研究，不断拓展领导干部的世界眼光和国际视野，以思想的新境界引领特色发展的新实践。要强化师德师风建设，增强教职员工"立德树人"的意识和责任。进一步加强对意识形态工作的领导，用社会主义核心价值体系和"中国梦"引领大学生思想政治工作，充分发挥思想政治理论课的主渠道、主阵地作用，注重人文关怀和心理疏导，切实增强大学生思想政治教育的针对性和实效性。

（二）进一步推进干部队伍能力和作风建设，努力造就一支能够担当学校发展重任的干部队伍

切实加强党委领导班子自身建设，不断提高领导班子的政治理论水平、科学决策水平和办学治校能力。坚持和完善党委领导下的校长负责制，修订完善党委会议事规则和决策程序。做好省委巡视组巡视成果的转化与运用，切实加强党政领导班子的凝聚力与战斗力。完善二级学院党政共同负责制，健全党政联席会的议事决策规则与运行机制。坚持正确的用人导向，不断完善干部选拔任用机制和评价激励机制，扎实推进干部教育培训工作，努力建设过得硬、打胜仗的干部队伍。扎实开展以为民务实清廉为主要内容的党的群众路线教育实践活动，进一步转变作风，提振精气神。进一步完善领导干部和党员联系群众、服务群众的工

作机制。弘扬艰苦奋斗、自强不息的创业精神，树立求真务实、真抓实干的良好形象。进一步落实党管人才原则，形成人才工作合力，提升人才工作水平。

（三）进一步推进党组织建设，不断提升服务型基层党组织的建设水平

深化服务型基层党组织建设，健全创先争优长效机制，增强基层党组织的服务功能，提升基层党组织服务学校发展、服务师生成长成才、服务社会进步的能力。开展创新型基层党组织建设，引导基层党组织创新工作机制，打造党建工作特色亮点，充分发挥推动发展、服务群众、凝聚人心、促进和谐的作用。健全党内激励、关怀、帮扶机制，提升党组织的凝聚力与向心力。落实党建工作责任制，完善党建工作考核评价机制，推进党建工作规范化、科学化。

提高党员发展质量。加强对党员的党性教育与锻炼，严格党内组织生活，健全党性定期分析、民主评议等制度，探索党员评价新机制。建立立体化、互动式、信息化的党员学习与交流工作平台。

（四）进一步推进民主建设，充分凝聚全校上下推进特色发展的正能量

健全党内民主制度体系，以党内民主带动和促进学校民主和谐。尊重党员主体地位，保障党员民主权利，开展批评与自我批评，营造党内民主平等的环境与氛围。完善党代会制度，落实党代表任期制，实行党代会代表提案制，建立党委向党代表定期报告工作制度，逐步完善党员参与学校管理与决策的机制，切实保障党员的知情权、参与权、选择权和监督权。健全和规范党务、校务公开，畅通情绪疏导、利益表达、信息反馈的渠道，维护师生员工的根本利益。加强对统战工作的领导，重视党外代表人士队伍建设，充分发挥民主党派和无党派人士在学校民主

管理、民主监督中的积极作用，营造凝心聚力、共谋发展的良好氛围。加强对工会、共青团、学生会等群众组织的领导，充分发挥群团组织在团结师生方面的桥梁纽带作用。做好离退休老同志工作，充分发挥离退休老教授、老干部、老职工的积极作用。

（五）进一步推进反腐倡廉建设，为学校健康和谐发展保驾护航

坚持“标本兼治、综合治理、惩防并举、注重预防”的方针，不断完善教育、制度、监督并重的惩治和预防腐败体系。健全廉政风险防范工作机制，加强对重点部门、重点领域和关键环节的监督，规范权力行使，从源头上预防和治理腐败。严格执行党风廉政建设责任制和领导干部重大事项报告制度，完善领导干部述职述廉制度，加大对领导干部的廉政监督与问责力度。完善纪检监察工作机制。做好信访工作，严肃查处违纪违规行为。推进学校廉政文化建设，抓好反腐倡廉宣传教育，增强师生的自律意识和道德修养，营造学校风清气正的良好氛围。

回顾过去，我们创造了不平凡的业绩；展望未来，我们对学校的美好前景充满信心。建设外语特色鲜明、教育品质一流的多科性普通本科高校，是我们共同的奋斗目标，责任重大，使命光荣。我们一定要以邓小平理论、“三个代表”重要思想和科学发展观为指导，全心全意依靠全体共产党员和全校师生员工，同心同德，锐意进取，求真务实，协同创新，奋力谱写浙江外国语学院特色发展的新篇章！

（2013 年 9 月 28 日在中国共产党
浙江外国语学院第一次代表大会上的报告）

协同推进三大战略

要深刻认识全国高等教育发展和我校发展的新阶段，把握高等教育的新趋势，增强战略定力。李强省长在全省高等教育工作会议的讲话中非常明确地提出了今后一个时期浙江省高等教育发展的战略任务，这就是“向改革要动力，用特色创优势”。今后一个时期，不仅是“十三五”时期，我们的着眼点要在经济发展的新常态下和我省高等教育普及化的状态下来看这个问题。“改革”和“特色”是报告中的两个“文眼”。党的十八大指出，高等教育已经由量的扩张转变为质的提升，鼓励学校办出特色、争创一流。如何办出特色、争创一流？李强省长的报告中提出要向改革要动力，用特色创优势。

现阶段我校发展的特点可以概括为：办学特色处在培育形成期，转型发展处在阵痛期，质量提升处在攻坚爬坡期。

要增强战略定力。各级干部要增强战略定力，顺应高等教育发展的趋势，积极适应省里提出的新战略。有几种情况值得注意：一是在部分教师干部中，认为实现改制更名后，觉得原有的优势在弱化和边缘化，认为不做长板做短板。改制更名前后，学校改革的力度、推进建设的速度较快，现在缓下来了，在推进中也遇到很多困难，对于推进特色发展疑惑了，对真正凝聚思想共识是不清的；二是在实际工作推进中，对特色发展理念也好，对于建成“外语特色鲜明　教育品质一流的多科性普通本科高校”对发展目标也好，没有很好地把握，认为“多科性”就行了，去掉前面的定语，国际化应用人才，就认为是教师教育人才；三是我们的学科专业包括外语类学院的学科专业，自身还没有特色。

如何增强战略定力？一要坚守办学使命。办成什么样的外语院校，取决于办学使命。党代会报告非常清楚，学校的定位是：为浙江省经济社会发展提供有力的人才和智力支持。有作为才有地位。二要坚持“三个敢于”。敢于有所不为，敢于瞄准一流，敢于自加压力。在学科专业建设中我们要坚持敢于有所不为，才能有所作为，才有可能大作作为；敢于瞄准一流才能做成一流；敢于自加压力，才能激发潜力。

要坚持问题导向，聚焦到如何集中力量做好“大外语”这篇特色文章。我们正处在办学特色的培育形成期，办出外语特色，这既是制约我们自身发展的根本性问题，又是聚焦着力点的问题。最近几年，在学科专业布局工作上，外语类专业取得了很大进展，格局形成了。但我们要清醒地看到，大部分外语专业还没有毕业生。我们有一个外国语言文学类省级重点学科，但重点学科的建设的关键性指标没有突破。整个学校，外语学科专业纵向比较看来成绩很大，但横向比较来看差距很大，任重道远。学科领军人才、高层次项目、核心团队等都有较大的距离。2014 年人才引进的到位率是最低的一年，原因很多，学校的要求高、小语种博士少等。我们要坚持问题导向，围绕办出外语特色，找准制约学校外语特色发展的关键问题，集中力量、集中资源，进一步突出重点攻关领域。这是我们学校贯彻全省高等教育工作会议精神的要求。

如何集中力量办出外语特色？就是要正确把握三大战略的内在联系，实现品牌化、国际化、集群化“三大战略”协同推进。

“三大战略”首先，要聚焦外语特色，做大做强外语。其次，要正确把握“三大战略”的内在联系。“三大战略”应有机统一，实现学校办学定位和“三步走”的目标。外语特色不仅仅是外语专业，“外语”

应是“大外语”，是“外语见长”。学生报考我校，主要也是为了学习外语。现在很多在偏离这个方向，很令人担忧。品牌化是核心，国际化、集群化以此为引领。国际化、集群化要围绕外语特色的品牌化而进行。集群化，就是要突出外语主体学科。

要推动“三大战略”落地生根。标准非常重要，只有瞄准一流，才可能做成一流。要有明确的建设标准，根据现有学科基础，在水平界定上，是建设成为省内区域品牌，还是国内品牌。我认为，浙江省区域内的外语品牌大致有三个方面 11 项指标。一是在全省人才培养、学科体系分工中占有的地位。这方面的指标有：一级学科专业数量；区域内乃至国内独一无二、填补空白的学科专业；人才培养占全省外语人才的比重和就业质量、领域。二是学科专业水平指标。这方面的指标有：硕士（专业硕士）点；省级重点学科、特色学科；省级优势专业、特色专业；省级以上课程建设项目、教改项目；省级以上教学名师、教学团队；省级以上教学、科研成果。三是学科专业的影响和威望。这方面的指标有：学科中的主导力、发言权，省级以上重要学术机构担任的职务；学科中的号召力，区域学术中发挥的作用，主持高层次学术论坛等。

明确实现标准的建设路径。突出学科特色、学科内涵，提升学科水平。在做大做实中做强，做大做实是基础；在打造特色中做强，在相关学科的合作、跨学科融合中做强。品牌学科还要注意培育相关学科，要有支撑的相关学科，可持续发展，两者同时要抓。要保证录取生源的质量，可借鉴中国美院的做法，建设一批优质生源基地，实现双赢。

改革体制机制，创新制度设计。一要解决人才问题，二要解决协同机制问题。制定更有激励性的人才政策，建立更加灵活的人才聘用机制，外语类学科专业可以搞“特区政策”，在专业教学中建立首席教授负责制。所有外语专业要成立专业建设指导委员会。

（2015 年 1 月 28 日在浙江外国语学院党政班子务虚会上的讲演摘要）

深入推进人才强校战略

这次会议是学校改制更名为浙江外国语学院后的第一次人才工作会议。会议的主要任务是：以党的十七大和十七届六中全会精神为指导，深入贯彻落实科学发展观，全面谋划学校人才发展，通过对学校“十二五”人才发展规划（征求意见稿）的讨论，部署当前和今后一个时期学校的人才工作，动员全校上下进一步推进人才强校战略，为实现学校的特色发展提供有力的人才支撑和保障。

一、进一步增强做好人才工作的紧迫感和自觉性

站在新的历史起点上，充分认识深入推进人才强校战略的重要意义，进一步增强做好人才工作的紧迫感和自觉性。大家知道，人才是发展的第一要素，人才的竞争力是核心竞争力。实施人才强校战略是我们学校发展的一个基本战略。“十一五”期间学校大力实施人才强校战略，人才工作成绩显著，为顺利实现学校改制更名提供了强有力的人才支撑和保障。经过了“十一五”时期，作为新建的外语类普通本科高校，已经站在新的历史起点上。要推进学校的特色发展，要实现学校已经确定的“十二五”时期的发展目标，必须进一步推进人才强校战略。

这对于学校加快建设成为“外语特色鲜明、教育品质一流”的本科高校具有十分重要的意义。

未来十年的历史进程，将是我国从教育大国向教育强国、从人才资源大国向人才强国迈进的新时期，是浙江省率先全面进入小康社会和率先进入教育现代化的关键时期。国家和浙江省先后颁布实施了《中长期教育发展规划纲要》和《中长期人才发展规划纲要》，不仅为学校今后人才工作提供了良好的宏观环境，同时也对学校今后人才工作提出了新的更高的要求。当前学校的人才工作进入到了一个新的阶段，对照学校“十二五”规划纲要所确定的奋斗目标和学校已经确定的办学定位，学校人才工作还有许多不相适应的地方，需要加大工作力度，进一步深入实施人才强校战略。

目前学校人才发展和人才队伍建设中存在的主要问题：一是高端人才缺乏，尤其是缺少在国内具有较大影响力的学科领军人才；二是特色学科的人才优势不明显，人才数量和规模还不足；三是人才队伍的团队化、国际化水平较低。团队化问题有必要作为主要的问题提出来。现在无论是省部级项目的申报，还是省部级特色学科特色专业的建设，都需要一个结构合理的团队。没有团队，像过去一样靠单兵作战、各自为战，学校的整体学科建设水平想要显著提升就很难。国际化水平问题：学校本科教育目标或者人才培养定位是要培养国际化应用人才，本科教育发展规划纲要的主题词就是“培养国际化高素质应用人才”。随着全球经济一体化进程的加快，作为正在快速崛起的大国，中国走向世界，是实现中华民族伟大复兴的必由路径。从中我们可以预见，国家对国际化人才、浙江对国际化人才的需求将是大量的、持续的。而要培养这样的人才，首先需要有一支能实施国际化的教师队伍。显然，我们在这方面的基础还不够坚实。

实现“十二五”发展目标的关键是人才，因为发展要靠人才做支撑和保障。我们必须从学校未来发展的全局和战略的高度，充分认识做好“十二五”时期人才工作的重要性和紧迫性，增强进一步推进人才强校的使命感和责任感。

二、科学谋划人才发展

制定科学合理的人才发展规划，抓好人才发展的战略布局，这是深入推进人才强校战略首要的、非常重要的环节。学校“十二五”时期人才发展工作，总的来说，要以科学发展观为指导，以推进特色发展为主题，以加快学科转型为主线，以提高教育质量为核心，紧紧围绕学校的办学定位和“十二五”发展目标，遵循国家《中长期人才发展规划纲要》提出的“服务发展、人才优先、以用为本、创新机制、高端引领、整体开发”二十四字指导方针，着力加强高层次人才的引进和培养，着力推进人才结构的战略性调整，着力提升人才队伍的团队化和国际化水平，形成人才竞争比较优势，为建设“外语特色鲜明、教育品质一流”的多科性普通本科高校发挥好引领、支撑和服务的作用。

为此要着重把握好以下几点：

第一，要坚持把推进特色发展作为人才发展的根本出发点。学校“十二五”时期发展的主题是推进特色发展，这是学校贯彻科学发展观的实践要求。要把坚持特色发展作为人才发展的根本出发点，也就是说将学校的特色发展与学校的人才发展统一起来，做到人才工作与特色发展同轴运转、同向发展。人才发展工作一定要把握好学校特色发展的若干重点领域，特别是适应特色学科特色专业建设的需要、国际化人才培养的需要来集聚人才、培养人才、引进人才、使用人才，使人才队伍建设富有特色。

第二，坚持以教师为本，推进各类人才协调发展。办学以教师为本，教师队伍建设在推进学校特色发展中是主体和中坚力量。要加强以领军人物为核心的教学科研团队建设。领军人才是教学科研团队建设的关键因素。没有领军人物，团队就很难组成，或者即使组成了也没有多大战斗力。我们讲人才资源是第一资源，高端人才是稀有的战略资源，谁有大师级的人物，谁就有一流的学科品牌，有什么样的学科领军人物，就有什么样的学科建设水平。“十二五”期间，在重点建设优势特色学科领域，花大力气引进3到5名省部级学科领军人才。教师队伍建设当中，要大力引进特色发展紧缺急需的高层次人才，这是人才发展的一项重点。要加快实现教师队伍国际化，大力提升教师队伍国际化水平，这是本科教育发展规划对教师队伍建设提出的基本要求。要大力加强青年教师的培养，着力提高其教学能力和水平。青年教师是学校的未来，也是学校可持续发展的希望所在。要进一步加强师德师风建设，把师德建设放在教师队伍建设首位，把提高师德水平作为全面提高教师整体素质的基础。要统筹各类人才队伍协调发展，抓好教师队伍建设的同时，要统筹兼顾，建设一支能适应学校发展的管理队伍、教辅队伍、服务队伍。

三、构建人才队伍工作体制机制新优势

创新人才体制机制新优势，包括人才发展政策，这是人才发展的重要推动力。现在高校间人才竞争的背后就是体制机制的竞争。对此我们要有清醒地认识，没有好的体制机制，就引不进来、培养不出好的人才，就是引进了、培养出了好的人才也留不住。人才体制机制的核心要围绕用好用活人才，发展以人为本，人才发展以用为本。

第一，加强组织领导，努力提升人才工作水平。要坚持党管人才原则。学校党委要进一步加强对人才队伍建设的领导，发挥党的领导核心作用，发挥党的政治优势、组织优势和密切联系群众的优势，既为做好人才工作提供坚强有力的政治保障，同时又更好地统筹人才工作。学校人才工作领导小组要进一步健全协调机制，加强战略谋划，完善政策措

施，着力解决人才工作和人才队伍建设中带有根本性、全局性、关键性的问题。同时要充分发挥学术委员会在人才规划、人才评价、资源配置中的重要作用。二级学院、直属单位的党组织要进一步发挥在人才发展中抓队伍建设的政治核心作用。

第二，要进一步加强对人才工作的管理。人才工作的管理非常重要的一点是机制建设，要以教师为主体来加强这一方面的管理。处级领导干部换届、新一届领导班子上任以后，随着学校二级管理体制的改革，实施目标管理，各二级学院的领导首先要根据学校的发展规划纲要以及专项子规划，提出本学院相关的实施规划的意见。目标责任制其中有一项就是规划的贯彻落实、实施进展情况。人才管理工作的方方面面，包括岗位聘任、体制机制，甚至到人员定编，一系列工作归根到底是加强人才管理的工作。

第三，切实做好人才服务工作，营造人才发展的良好环境。要进一步营造尊重人才、尊重知识、尊重创新的良好氛围。全校上下，尤其是各个职能部门要转变职能为人才发展做好服务工作。我们当前的机制中，人才发展的后顾之忧不少。无论是引进人才也好，还是原有人才也好，我们要进一步改进工作作风，增强服务意识，提升服务能力。服务工作涉及方方面面，这项工作是做好人才工作特别是组织领导工作的一项非常重要的工作。要加快学校事业发展，坚持用事业发展聚集人才、培育人才、吸引和鼓励优秀人才在学校长期工作，为学校的发展作出更大的贡献。

（2011年11月10日在浙江外国语学院第一次人才工作会议上的讲演）

推进教育国际化战略

在学习贯彻浙江省第十三次党代会精神、推进落实浙江外国语学院“十二五”发展规划纲要、迎接党的十八大召开的背景下，学校召开建校历史上第一次教育国际化工作会议。

这次会议的主要任务是：在认真总结近年来学校教育国际化工作的基础上，研究部署今后几年学校教育国际化工作，努力开创新形势下学校教育国际化工作的新局面。

一、认识新变化，把握新形势

当今世界，正处在大发展大变革大调整时期。政治多极化不可逆转，经济全球化深入发展，文化多样性趋势日益明显，世界各国综合国力竞争的内容也从传统的政治、军事领域扩大到经济、科技、文化诸领域。为主动适应这种快速变化的外部环境，高等教育国际化便成为国际高等教育发展的基本趋势，国际化办学也成为世界大学发展的新理念。高校只有实施面向世界的开放战略，才能不断汲取世界上先进的教育理念，培养适应自己国家建设发展需要的具有国际视野、能参与国际竞争的人才。

作为正在快速崛起中的大国，中国走向世界是实现中华民族伟大复兴的必由路径。而随着中国走向世界日益加快的进程，必然要求教育从教育大国向教育强国迈进，必然对高等教育国际化发展提出新的更高要求。如何积极应对、主动适应新变化新趋势，把握高等教育国际化带来的新机遇，加快推进教育国际化进程，努力提升教育国际化水平，全面提高教育质量，是我国高校发展面临的重大课题。

对于我们这样一所刚刚改制新建的外语类本科高校来说，推进教育国际化，努力提升教育国际化水平，是学校在新的历史起点上进一步推进特色发展战略的一项重要而紧迫的战略任务。2010 年改制更名以来，学校不断加大教育国际化工作力度，积极探索国际化应用人才培养改革，着力提升师资队伍的国际化水平，积极开展国际学术交流与合作办学，开办留学生教育，有序推进筹建孔子学院工作。应该肯定，学校教育国际化工作取得了重要进展。但同时，我们也应清醒地看到，与学校肩负的新使命、与浙江进一步改革开放的新要求及社会的新期待相比，我们学校教育国际化的总体水平还不高。主要表现在：国际化办学理念有待进一步树立和强化，国际化的广度与深度有待进一步拓展，国际化的体制与机制有待进一步完善等。“十二五”时期是学校继续推进创新创业，实现学科转型，形成鲜明办学特色的关键时期。我们一定要从学校发展全局和战略的高度，充分认识加快推进教育国际化战略的重大意义，进一步增强责任感和紧迫感，扎实做好“十二五”时期教育国际化的工作。

二、明确目标，突出重点，努力提升教育国际化水平

今年 7 月，根据学校《“十二五”发展规划纲要》的总体部署和战略任务，学校制定并下发了《“十二五”国际化发展规划》。作为《纲要》的配套专项规划，规划明确了“十二五”期间学校国际化发展的

总体要求和目标任务。如何把规划提出的目标任务转化为实际的成果，关键是要抓好实施，推进落实。推动学校提升教育国际化水平，要突出工作重点，着力在以下几个方面取得新进展、新突破。

人才培养的国际化。着眼于培养国际化特色人才，要着力提高课程教学的国际化水平。一方面，要依据国际化人才培养目标、规格，坚持以“国际导向、应用为主”的原则，以适应多元文化、培养国际视野为着眼点，着力开发、开设有关国际政治、外交、经济、文化、宗教、历史等方面的国际课程。同时，要大幅度提高全英语、双语授课课程的比例，推进课程教学的国际化。另一方面，要深化国际交流与合作，提供灵活多样的海外学习项目，使学生在学习期间获得海外学习经历与体验；同时要着力扩大来华留学生教育规模，营造良好的校园国际化氛围。

学科建设和学术研究的国际化。着眼于服务浙江经济社会发展、服务国家战略需要，要加快推动哲学社会科学“走出去”步伐，积极鼓励教师申请国际组织和其他国家的科研项目，参与国际合作项目的研究；鼓励与国外大学、科研机构等共同建立科研协作平台，加快重点学科和重点科研机构的国际化建设步伐；积极开展国别研究，重点推进拉美研究所等重点研究机构的建设，不断扩大和提升学校学术研究的国际影响力。

师资队伍的国际化。坚持“引进来”和“走出去”相结合的原则，一是教师构成要国际化。要创新引才模式，拓宽引才渠道，完善引才政策，面向世界高校招聘教师任教讲课，并不断提高国外教师的比重；同时，大力引进具有国外教育背景和工作经验的高层次“海归”人才。二是本土教师发展国际化。着眼于教师队伍国际教育教学能力建设和水平提高，要以项目为抓手，丰富和创新在职教师出国培训进修形式，包括在职攻读博士学位、国际课程教学培训、国外访问学者、开展国际学术合作研究与交流等。

中国文化推广传播的国际化。要建立国际汉语与文化交流传播中心，提高对外汉语教学水平，加大汉语国际化推广力度。要依托“浙江人文大讲堂”等载体和举办创办高层次的国际学术会议，做好中华学术精品的宣传、交流与推广。要积极创造条件，在海外办成1至2所孔子学院。

三、加强领导，抓好落实，确保这次会议提出的各项任务取得实效

转变观念，树立国际化办学的教育理念。教育国际化是国内所有外语类院校办学的显著特征和特色。推进教育国际化战略，需要我们有更具开放性、包容性和更具远见的战略思维。包括校领导班子在内，全校各级领导干部，要重视学习、善于学习，拓宽国际视野，增强世界眼光；要善于利用全球高等教育要素，优化资源配置，通过引进人才、借鉴先进的管理经验，增强自我发展能力；要通过拓展国际合作的广度和深度，扩大学校的发展空间，进一步增强推进教育国际化战略的组织领导能力和水平。

协同推进，增强推动教育国际化发展的合力。教育国际化工作是一项系统工程，牵涉人才培养、师资队伍、科学研究、文化传承创新、社会服务以及校园硬件环境、后勤保障等方方面面的工作，需要汇聚力量，整合资源，深化合作，共同推进。有关职能部门要按照责任分工，切实做好“十二五”教育国际化发展规划指标特别是突破性指标和重要项目、主要任务的落实工作，细化年度目标，明确节点要求，落实推进举措。二级学院要对照规划提出的目标任务，明确各自单位所应承担的职责与任务，在工作实践中自觉地加以贯彻与落实。只有全校上下凝成一股强大的合力，学校的教育国际化水平才有可能得到快速提升。

完善体制机制，为教育国际化水平的提升提供制度保障。要充分发

挥已经成立的教育国际化领导小组的作用，特别是在教育国际化工作中的谋划、指导、协调作用，同时要进一步建立健全相应的工作机制。一是要建立工作沟通交流机制，增强各单位之间的沟通与交流，及时解决工作过程中的问题；二是要完善分工协作机制，做到职责明确，分工合理，协作有序；三是要落实专项经费投入保障机制；四是要健全评价考核机制，要将教育国际化的有关工作目标任务纳入教学单位领导班子的考核指标体系，将国际交流与合作的参与度纳入教师年度考核指标体系，确保教育国际化各项工作真正落到实处，形成国际化办学的新格局。

（2012 年 9 月 20 日在浙江外国语学院
第一次教育国际化工作会议上的讲话）

第二编 内涵建设与改革创新

中国走向世界，提升国际竞争力，一个重要方面就是要培养造就数量充足、结构合理的高素质国际化人才队伍。

培养输送国际化应用人才，为促进我省进一步开放、加快提升经济文化国际竞争力提供有力的人才和智力支持，是我们必须自觉承担的新使命。

只有紧扣学校肩负的使命与责任，才能做到有所为有所不为，使有限的资源得到最优的配置，尽快形成自己独有的办学特色与优势，尽快创建形成学校品牌，实现新的跨越。

学科建设是高校可持续发展的一个战略支撑，是保证和提高人才培养质量坚实的学科支撑。

要正确处理学科建设与教学建设的关系。专业建设、人才培养要以学科为基础和依托，学科建设要把本科教学纳入建设内容，以促进本科教学。

改革人才培养模式是落实我校办学定位的内在要求。要建成办学特色鲜明、教育品质一流的多科性本科高校，必须通过人才培养模式改革来提高人才培养质量，凸显办学特色，提升教育品质。

要真正推进我们学校的管理创新，首要的任务是办学理念的创新。只有在先进办学理念的引领下，才能在学校整体制度的设计上有一个比较完整深入的思考。

一种大学精神，一种好的风气，是学校发展的根本动力源泉。

加强和改进高校涉外人才培养

构建对外开放创新体系，进一步提高参与经济全球化的能力和水平，必须有人才特别是涉外人才作支持。高等教育涉外人才的培养，也必须主动适应经济全方位开放趋势深入发展的新形势，从数量上、结构上和质量上更好地满足开放型经济发展的新要求。如何协调好浙江省开放型经济发展与涉外人才培养的关系，是需要高度重视和认真研究的重要课题。

一、浙江省涉外人才培养成绩显著

1999 年以来，随着我省经济社会发展和高校连年扩招，我省高校涉外人才培养已经取得了历史性的突破，涉外人才培养能力显著提升。以省属本科院校外语类人才培养为例，招生人数从 2004 年开始，每年超过 6000 人，目前在校生人数已达到 25000 人，专业布点数 72 个。这几年，随着我国加入世界贸易组织，我省积极发展对外贸易，大力引进国外资金和先进技术，加强国际经济合作与交流，其中高校所培养的大批涉外人才无疑是发挥了积极而重要的作用。

二、浙江省涉外人才培养面临的新情况、新问题

在经济全球化趋势深入发展的新形势下，对外经济在我国经济发展中的地位日益重要。在新的发展阶段，浙江作为对外经济贸易大省，要发挥和增强浙江在国际市场上的重要作用和影响。《浙江省国民经济和社会发展第十一个五年规划纲要》提出："加快推进产品、产业和市场的国际化，充分发挥外经贸对产业结构调整的促进作用，在更大范围、更广领域和更高层次上参与国际经济合作与竞争，努力实现对外开放的新突破"。要实现这一新目标新要求，当前我省高校在涉外人才培养方面还需要做许多工作。从外语类人才培养的现状看，至少有以下三个比较突出的问题：

第一，专业语种过少，小语种人才稀缺。改革开放特别是我国加入世界贸易组织以来，浙江与世界各国的经济往来日益频繁，对外贸易区域不断拓宽，贸易伙伴不断增多，新兴市场不断开拓。2005 年浙江共实现进出口总值 1408.5 亿美元，列全国第四位，占全国进出口总值的 9.9%（全国为 14221.2 亿美元）。据海关统计分析，浙江进口市场中排名前列的国家与地区中主要涉及的外语语种为英语、日语、韩语、德语、法语、阿拉伯语、意大利语、西班牙语、俄语等。从引进外资对象国的分布看，我省接受外商投资前二十位国家与地区中涉及的外语语种主要有英语、日语、韩语、意大利语、法语、德语、西班牙语、阿拉伯语和俄语。据省旅游局提供的数据，浙江省在最近的三年中境外旅客的入境人数呈持续上升的趋势：从 2003 年至 2005 年的入境人次分别为 91.2 万、156.2 万和 206.5 万。入境旅客主要来自于日本、韩国、马来西亚、美国、新加坡、泰国、德国、法国、意大利、英国、西班牙等国家。浙江的境外投资项目也已遍布六大洲、121 个国家和地区。我省涉外经济发展的这种新情况迫切要求高校提供相应的多语种外语人才，但

从我省高校外语类人才培养的现状看，则形成很大反差。全省省属高校现设外语类本科专业只有三个语种：英语、日语和德语（加上浙江大学的俄语、法语两个，共达到5个语种）。72个专业布点中，英语为45个（占62.5%），日语为24个（占33.3%），德语为3个（占4.2%）。因此我省外语类在校生几乎全部集中在英语和日语两个专业。目前，浙江人才市场上很难找到有小语种背景的涉外人才，正反映出我省高校外语类人才培养结构性矛盾突出的状况。

第二，人才培养规格单一，复合型人才紧缺。据上海外国语大学最近的一项调查结果显示，社会对于单一外语类毕业生的需求量已大为减少，而期待外语专业本科生具有宽泛知识的则占66%。据浙江教育学院2006年的调查分析表明，当前我省比较紧缺的各类人才中，具有外语背景的复合型人才或既有专业又通外语的“双料人才”，外经贸人才和具有国际视野、相应国际交往能力的专门人才尤为紧缺。而随着我省对外开放和外向型经济的深入发展，对这方面人才的需求还将越来越大。这几年我省高校随着高等教育大众化的步伐，在外语类人才培养方面，若论数量规模可谓不小，但就人才培养的质量规格而言，可以说基本上还是属于传统的单一型外语人才。尽管有的高校也提出要培养复合型外语人才，但并没有真正落实到培养方案、落实到课程教学与其他教学环节、落实到师资队伍建设中。若不尽快改变这种状况，可以预见，今后几年外语类毕业生就业将面临严峻挑战，同时也将影响到浙江涉外经济发展的进程。因此，创新人才培养模式，重点培养复合型应用人才，是外语类人才培养的当务之急。

第三，办学力量分散，整体实力不强。我省外语类专业布点分散，现有本科高校每校都办有外语类专业，其中占相当数量的专业则是近几年新建的。由于前些年连年扩招急需大批外语教师，致使现有高校外语师资队伍中本科学历的青年教师占了40%以上，外语教师成为全省高校各科类教师中研究生学历最低者之一。目前，除浙江大学外，我省高校外语类省级重点专业仅4个，重点学科仅3个，硕士点仅7个，且它们均分散在9所高校。将这些指标与省内高校其他类似学科专业如汉语言文学、数学作比较，明显处于弱势。因此，如何尽快提升外语类学科建设水平，以此引领浙江高校外语整体水平的提高，已经成为我省涉外人才发展面临的新问题。

三、浙江省需创办一所以外语外贸类学科为主的多科性本科高校

经过多年快速发展，按照全面落实科学发展观的要求，当前我省高等教育工作的重心已开始从量的扩张转移到质的提升上来。在经济全球化和全面提高对外开放水平的大背景下，着眼于适应浙江开放型经济发展对涉外人才提出的新要求、新期待，立足浙江实际，我省需创办一所以外语外贸类学科为主的多科性本科高校。

第一，有利于完善全省高校布局。高等教育层次、学科类布局直接关系到浙江未来人才结构。提高高等教育质量，建设高等教育强省，必须走合理布局、集约配置高等教育资源的路子。诚如吕祖善省长2007年4月在全省高等教育工作会议上所指出：“优化高等教育结构，是从整体上提高我省高等教育质量的根本要求”。全国外语类本科院校现有布局，形成于新中国成立后高度集中的计划经济时期。目前主要的外语本科院校有9所，除北京较为特殊，有三所外语类院校外，基本上一个（大）地区一所。但从这些院校近几年的招生计划看，一个共同的明显特征是以院校所在的省（市）为主，即使是部属院校也已充分地方化了。以2006年招生为例，天津外国语学院在天津的招生数占其华北地区招生数的80%，大连外国语学院在辽宁的招生数占其东北地区招生数的96%，上海外国语大学在上海的招生数占其华东地区招生数的72%，广东外语外贸大学在广东的招生数占其华南地区招生数的77%，

四川外语学院在重庆的招生数占其西南地区招生数的77%，西安外国语大学在陕西的招生数占其西北地区招生数的90%。而从目前浙江高校布局看，全省又尚未有一所外语外贸类本科高校。浙江作为我国对外经济贸易大省，凭借其在长三角经济圈中的独特区位优势，要谋求未来在更大范围、更广领域和更高层次上参与国际经济合作与竞争，在我省高校的整体布局中，通过现有高校资源的有效整合，创办一所外语外贸类本科高校，是合理的、必要的，也是急需的。

第二，有利于优化人才培养结构。浙江涉外经济对小语种外语人才的需求，主要集中在日语、韩语、德语、法语、意大利语、西班牙语和俄语。这些小语种专业的开设，由于招生人数不可能很多，办学成本又相对高，是国家教育部从严控制设置的专业，也是一般普通本科院校既不太愿意、也很难开设的专业。只有创办一所外语外贸类本科院校，小语种专业才有条件得到发展，培养小语种人才问题才可能得到较好解决。

第三，有利于真正培养复合型应用人才。目前，国内主要的外语类院校都已由原来的单科性院校发展成了多科性院校，同时，它们都致力于培养复合型人才。上海外国语大学经过十几年的教学改革实践，形成了6种教学模式，即：外语+专业知识；外语+专业方向；外语+专业；专业+外语；非通用语种+英语；双学位。北京外国语大学近年也先后开设了国际经济与贸易、金融学、工商管理、法学、新闻学、外交学等复合型专业。要培养名副其实的外语类复合型人才，多科性的外语外贸类本科高校会具有天然的有利条件和比较优势。专科层次、高职院校受生源质量和学制的限制，一般本科院校则由于受到资源配置、特别是相应专业师资等因素的制约，都相对较难。

第四，有利于跨越式地提升外语类学科水平。要提升高等教育质量，必须扎实推进学科建设工作。我省外语类专业点多面散，外语类学科专业的建设与发展，在一般本科院校里很难成为重点，更不要说成为主攻方向了。创办一所以外语外贸类学科为主的本科院校，不仅有利于促进外语类专业的集群发展，使之做大做强，而且有利于创设集聚外语类优秀人才特别是高水平学科带头人的良好环境，形成教学、学术创新群体，铸造出特色品牌学科。创办这样一所外语外贸类高校，只要办学定位科学，举措有力，完全有可能“后来居上”，实现我省外语类学科水平的跨越式提升，更好地促进我省涉外经济发展和国际文化交流。

（2007 年 7 月浙江省高校党委理论学习中心组交流论文）

加强国际化人才培养问题若干思考

经济全球化必然使竞争全球化。当今世界，国际化人才的短缺已是全球性现象。中国走向世界，提升国际竞争力，一个重要方面就是要培养造就数量充足、结构合理的高素质国际化人才队伍。本文对浙江省高等教育的国际化人才培养问题进行研究和思考，提出加快推进国际化人才发展的对策与建议。

一、何为“国际化人才”

学术界对“国际化人才”的概念定义有不同的表述，认识不尽一致。《国家中长期教育改革和发展规划纲要》的表述是：国际化人才是指“具有国际视野、通晓国际规则、能够参与国际事务和国际竞争”的人才。这一表述准确把握了国际化人才的本质属性和内涵特征。从知识、能力、素养基础上形成的人才素质特点看，国际化人才需具备以下素质：具有较强的外语能力；具有国际视野、全球意识；具有跨文化交流与沟通的能力；具有国际化知识结构，熟悉、通晓本专业领域的国际惯例、国际规则，能够参与国际事务和国际竞争与合作；具有创新意识和团结协作的团队精神；具有家国情怀和民族责任感。

二、加强国际化人才培养是加快推进“走出去”战略的重要战略举措

当今世界正处在大发展大变革大调整时期。政治多极化不可逆转；经济全球化深入发展，全球和区域合作方兴未艾，国与国相互依存日益紧密；文化多样性趋势日益明显，冲突与交流、交锋与融合相互交织。世界各国综合国力竞争的内容也随之发生重大变化，从原来的政治、军事领域扩大到经济、科技、文化诸领域。作为正在快速崛起中的大国，中国走向世界是实现中华民族伟大复兴的必由路径。经过30多年改革开放，浙江作为我国东部沿海经济的先发地区、长三角经济体的重要一极，开放型、外向型经济发达，已成为我国走向世界进程中不断扩大对外开放、参与国际竞争与合作的重要力量。

人才是推动发展的第一要素。我省实施“走出去”战略，迫切需要大量国际化人才。当前，我省正在全面实施“十二五”发展规划，仅从现代服务业发展对国际化人才的需求看，主要集中在5个领域：国际商贸物流业；国际金融服务业；国际文化服务业，如文化的国际交流传播、文化产品的国际推介与经营等；国际旅游会展业，如国际导游、国际旅游管理等；国际服务外包业，如软件开发外包、研发设计外包、物流外包等。上述领域也是我省现代服务业发展规划的重点领域。但分析我省现代服务业人才的现状，目前存在国际化人才的缺口大，而且还会不断增加。因此，站在战略和全局的高度，加强国际化人才培养，尽快改变国际化人才严重短缺的状况，以增强浙江经济文化的国际竞争力，关系浙江未来更大的发展。

三、加强国际化人才培养是浙江高等院校应自觉担当起的新使命

高校作为高等教育机构，是人才培养、输送的主要基地。随着中国走向世界日益加快的进程，高校在国际化人才培养中必将扮演更重要的角色。2011年在深圳召开的世界大学校长论坛上，来自世界各国的中外大学校长围绕“21世纪的新使命与人才培养”的主题，进行对话和研讨，达成了四项共识，其中第一项共识就是：“在经济全球化背景下，为增强国际竞争力，国际化人才培养成为各国政府和高等院校的首要任务。”

20世纪末以来，随着高等教育的大众化进程，浙江高等教育在国际化人才培养方面取得了显著进展，培养规模实现了历史性跨越，培养质量与水平也有新的提升，但从总体上看，还是不能满足社会的需要。这不仅表现在数量上，而且还表现在质量上。

一是专业设置趋同化。目前，浙江普通本科院校所设置的外语类专业几乎都集中在英语和日语，其他语种的专业数量寥寥无几。政府机构、外资外贸企业和一些涉外服务行业急需的非通用语言的小语种人才奇缺，有的甚至是一人难求。

二是专业特色不明显，培养的人才同质化。外语类本科专业教育仍沿用精英教育阶段的单一模式，普遍培养通用型国际化人才，应用能力不强，部分毕业生就业出现结构性过剩现象。

三是国际化程度不高。国际课程开设严重不足。非外语专业的涉外类专业教育，毕业生的外语水平普遍较低，达不到应有要求。外语专业教育中母语文化失落，毕业生跨文化沟通能力偏弱。教师队伍的教学国际化能力不足，不能满足国际化人才培养需要。

如前面所述，浙江实施“走出去”战略呼唤大量高素质国际化人才。对此，浙江高校理应作出积极回应，既要主动对接国家的战略需

要，更要自觉服务地方发展，进一步适应经济社会与改革开放不断发展对国际化人才的需求。切实加强和改进国际化人才培养，努力提升人才培养质量，这是时代赋予浙江高校的新使命。

四、加强和改进国际化人才培养的对策

第一，夯实国际化人才培养的核心理念。促进人的全面发展、适应社会需要，是衡量教育质量的根本标准。一是要进一步树立主动适应社会需求的理念。浙江高校国际化人才培养的质量，其本质属性在于所培养的国际化人才适应、满足浙江经济社会发展需要的程度。二是要进一步强化培养的人才需具有国际化特质的理念。特别的素质或品质是特色人才与人才特色的本质特征。国际化人才的国际化特质是比较其他人才最为显著的特色。三是要进一步树立国际化人才多样性的理念。大众化高等教育阶段，教育质量的提高离不开人才多样性的实现，培养多样性的国际化人才，才能更好地满足社会人才市场和学生个性特点的多样化需求。

第二，促进专业教育多样化。这是实现培养国际化多样性人才的主要途径。通过对相近、相关专业的优化组合或交叉融合，使专业教育之间的结构柔性化、复合化，让不同潜质和不同志向的学生找到合适的专业发展渠道，最终使学生的成才多样性。在具体专业的培养方案中，应对培养目标进行多样化设计。如外语专业培养目标的设计，可以有复合型人才（外语 + 专业）、双语型人才（掌握 2 种外语）、方向型人才（英语 + 专业方向）等，使同质的外语人才具有不同的个性特色。

第三，创新课程体系。课程是影响人才培养的核心要素。专业是育人领域的概念范畴，通常是指高等教育培养学生的各个专门领域，而专业则形成于结构化课程体系。创新培养国际化人才的课程体系，其关键、核心是实现课程国际化。要依据国际化人才培养目标、规格和特色

定位，以“国际导向、应用为主”为课程设置的主要取向，着力推进课程设置的国际化；以组织模块式学科课程为主要方式，建构专业核心课程、拓展课程、通识课程三维框架，着力推进课程结构的国际化；以适应多元文化、培养国际视野为着眼点，着力开发、开设有关国际政治、外交、经济、文化、宗教、历史等方面的国际课程。

第四，加快教育国际化步伐。要强化外语基础教学，增加非外语类专业的外语学分比重，提高外语授课的课程比例，增强学生的外语能力。对国际通用性、可比性强的专业，要积极引进国外优质课程教材，及时更新课程教学内容。要深化国际交流与合作，提供海外学习项目，使学生学习期间获得海外学习经历与体验；招收国际学生，扩大来华留学生教育规模。要积极创造条件，推进国际合作办学，联合培养国际化人才。

第五，建设国际化教师队伍。无论是扩大高等教育国际化人才培养的规模，还是提高国际化人才培养的质量，拥有一支具有国际视野、国际教学能力的国际化教师队伍都是最重要的基础条件。建设国际化教师队伍，要以提升教师的教学国际化能力为重点，从两个方面来着力促进教师队伍的国际化。一是教师构成国际化。要面向世界知名高校招聘教师任教讲课，并不断提高国外教师的比重；同时，引进具有国外教育背景和工作经验的高层次人才。不同文化背景和教育背景的教师在一起，形成跨国界和跨文化的观点和氛围，有利于教师视野的开拓、知识的更新。二是本土教师发展国际化。要以项目为抓手，丰富和创新在职教师出国培训进修形式，包括在职攻读博士学位、国际课程教学培训、国外访问学者、开展国际学术合作研究与交流等。

五、对省政府有关部门就进一步推动国际化人才发展的建议

第一，制定我省国际化人才发展规划。对接国家战略需要，根据浙

江中长期经济社会发展的总体战略部署和浙江积极实施“走出去”战略的需求，对我省国际化人才发展作出统筹规划和顶层设计，明确发展目标与实现路径、发展布局与发展重点，提出有关政策举措。

第二，重点支持办好浙江外国语学院。要加大经费投入，并在重点学科、优势专业、创新团队建设等方面给予扶持倾斜，使其尽快建成为浙江国际化人才培养的重要基地，在浙江地方高校中国际化人才培养方面起到领头、示范、骨干作用。

第三，促进国际化人才教育资源的集约、优化配置。对高校涉外专业的增设，要强化适切社会需求的政策导向，重点发展人才市场紧缺的专业，严格控制人才需求量小或已趋向饱和的专业，适度从严控制高职院校增设相关涉外专业。

第四，调整有关政策。对小语种专业实施单独招生、提前批次录取的招生试点改革。鉴于国际化人才培养实施小班教学、投入大而成本高等特点，建议较大幅度提高现行的学费标准、财政生均培养成本补助标准。

（2012 年浙江省委党校第 1 期领导干部进修班交流论文）

办出外语特色　培养国际化应用人才

浙江外国语学院是一所新建的省属普通本科高校，于 2010 年 5 月由成人师范院校改制更名。四年来，学校始终坚持特色发展，着力提升教育品质，不断推进内涵建设，经历了一次凤凰涅槃式的新生与蜕变。学校外语办学特色已在全省普通本科高校中独树一帜，外语类专业由创建初的 1 个增加到 11 个、语种从仅有 1 个英语增加到有日、意、葡、阿、西、法、俄、韩等 9 个；人才培养质量显著提升，社会声誉日益提高，英语专业今年列入了第一批招生序列，第二批文理科招生录取名次分别比 2010 年提升了 9400 多名和 56000 多名，已跻身同批高校“第一方阵”。

我们的做法主要有以下几方面：

（一）突出外语特色，抓好学科专业布局调整

学科专业结构是一所大学形成办学特色的最基本要素。学校坚持以学科专业转型为主线，着力建设外语主干学科。学校以“壮士断腕”的决心，停招了思想政治教育、生物科学、理化测试与质检技术等多个与学校发展方向不符合的专业，科学设置体现学校办学特色定位的新专业。目前在已开设的 23 个本科专业中，外国语言文学类专业占了半数。

对保留下来的传统专业，学校大刀阔斧地进行国际化的改造与提升，如旅游管理专业设置了西班牙语和英语方向；应用化学专业设置了化学品外贸方向，使同质的专业人才具有不同的个性特色。短短四年，专业建设取得了显著成效，英语专业被确立为浙江省本科院校“十二五”优势专业建设项目，日语、旅游管理、国际经济与贸易、应用化学 4 个专业被确立为省新兴特色专业。同时，学校强化学科对专业建设的支撑作用，积极打造“多语种、跨学科、国际化”的学科建设新特色。对原有的汉语言文字学、教育管理、应用化学等省级重点学科进行优化重组，凝练和培育特色学科方向。外国语言学及应用语言学、国际贸易与旅游、中国语言与文化国际传播、课程与教学论、应用化学 5 个学科被列为省级重点学科，学校基本形成以外国语言文学为主体、多学科协调发展的学科专业新格局。

（二）凸显人才质量特色，创新人才培养模式

人才培养模式改革是高校内涵建设的核心，也是学校办出特色的根本着力点。学校立足服务浙江区域经济社会发展对国际化人才培养的新需求，确立了培养国际化语言文化人才、国际化商贸旅游人才、国际化教育人才的特色定位。围绕人才培养的目标与规格，学校实施外语复语式、外语 + 专业、专业 + 外语等复合型专业人才培养模式，着力在人才培养的“国际化”“复合型”和“应用性”上下功夫。在人才培养方案中专门设置了国际化培养模块，在非外语类专业中开设双语和全英文课程，推进外语与非外语专业的融合，外语教学采用 25 人以下的小班化模式，培养学生扎实的外语基本功。现有 6600 多名全日制在校生中，语言类专业和国际化专业方向培养的学生已占了近半数。同时，学校着力推进人才国际合作培养，培养学生宽广的国际视野。依托不断加快的教育国际化步伐，学校开展“2 + 2”双学位、本硕联授、交换生、国际游学等项目合作，目前，学生合作培养项目已基本覆盖学校开设的所

有语种和专业，年均派出学生150余人次。人才培养质量特色已逐渐显现。学生英语专业四级通过率由原来的60.76%提高到96.88%；二年级学生提前一年参加日语国际水平一级考试通过率达到31%；法语专业学生首次参加四级考试总平均分高出全国平均分7分。在2014年全国高校四、六级大学英语考试平均分排名中，浙江外国语学院进入全国高校前50位。首届毕业生就业率达到96.09%，其中一批学生考入美国哥伦比亚大学、法国巴黎第九大学、香港大学、浙江大学等国内外知名高校深造。

（三）注重国际化特色，狠抓师资队伍整体素质提升

国际化师资队伍是培养国际化应用人才的基础条件。学校坚持引进与培养并重的方针，着力提升师资队伍国际化水平。围绕人才培养的特色定位，积极引进外语人才和海外高层次人才。四年共引进专任教师145人，其中外语师资61人，具有海外留学进修经历的教师57人，师资队伍结构、素质特别是国际化水平得到显著提升。对原有教师，学校着力推动其加快转型发展，一方面积极举办外语培训班，帮助教师提高外语能力，另一方面依托外语学科优势和国际交流合作项目，努力为教师提升国际化水平创设条件。四年先后有33位教师出国（境）访学、进修。学校已集聚了一批年富力强、视野开阔、教学科研实力过硬的优秀师资。目前有专任教师358名，其中外语教师101人，比2010年提高了74.14%，具有海外经历教师101人（占28.2%），比2010年提高了206.06%。

（四）强化语言文化特色，促进现代化教学设施条件建设

先进的教学设施和条件是国际化应用人才培养的基本保障。改制建校以来，学校着力加大与国际接轨的教学设施建设力度。建立了多语种同声传译、外语情景实训模拟等47个实验室，外语语言实验教学中心

被评为省级实验教学示范中心，外语多媒体教学与自主学习平台位居国内高校先进水平。图书馆藏多语种外文原版图书从 2010 年的 4 万册增加到 10 万 2 千册。拥有 2 万多小时的外语声像资料，建有 13 路卫星电视（CNN、BBC、NHK、TV5、KBS、古巴视野，以及 CCTV 的英、西、阿、法、俄、韩语等频道），通过 IPTV 平台覆盖校园网，将学习资源延伸到学生宿舍，最大限度地保障学生语言学习和专业学习需求。同时，学校重视学生实践能力培养，建立各类实习实践基地 180 余个，包括海外游学基地和在美国、墨西哥等国建立汉语教学跨国实践基地等。学生第二课堂也尽显多语种多元文化特色。成立了涵盖学校所有语种的“多语种服务联盟”，引导和带领学生发挥专业特长，为区域国际会议和大型活动提供专门的语言志愿服务。

改制建校以来，学校在特色发展的道路上奋力前行，基本实现了由成人师范向外语类普通本科高校的转型，由教师教育向国际化应用人才培养的转型。

回顾四年的办学历程，我们有两点深切体会：

（一）要在承担时代赋予的新使命中办出特色与水平

大学特色是大学核心竞争力形成的重要基础。我们在办学实践中充分认识到，要“办出特色、争创一流”，只有紧扣学校肩负的使命与责任，才能做到有所为有所不为，使有限的资源得到最优的配置，尽快形成自己独有的办学特色与优势，尽快创建形成学校品牌，实现新的跨越。对浙江外国语学院来说，培养输送国际化应用人才，为促进我省进一步开放、加快提升经济文化国际竞争力提供有力的人才和智力支持，是我们必须自觉承担的新使命。为此，学校着力调整学科专业布局，改革人才培养模式，优化师资队伍结构，加快教育国际化步伐，突出重点，集群集约，促使学校在较短时间内较快地形成特色，初步实现转型，取得特色发展的显著成效。

（二）要在解放思想中凝聚加快学校特色发展的共识

如何在成人师范高校的基础上创建发展外语类普通本科高校，这既是学校面临的极具挑战性的艰巨任务，也是我省高等教育发展史上的一次全新实践。思想是行动的先导。实现改制目标后，学校制定出台了《关于加快推进学校特色发展的意见》，进一步深化了对特色发展内涵的认识，在思想上进一步明确了加快推进学校特色发展的目标任务、关键领域和实现路径。同时，围绕“浙江需要什么样的外语院校、怎样办这样的外语院校”，“浙江外国语学院要培养什么样的人才、怎样培养这样的人才”等重大问题，先后组织开展了“人才培养”教育思想大讨论活动和“办出特色、争创一流”主题教育实践活动。通过学习与讨论，不断更新观念，转变思维方式，凝聚发展共识，为推动学校转型发展、办出特色奠定了坚实的思想基础。

学校将认真贯彻落实全省教育工作会议精神，全面落实学校改制建校后第一次党代会精神，加快建成“外语特色鲜明、教育品质一流”的多科性普通本科高校，为实现“中国梦”和“两富”现代化浙江作出新的贡献。

（2014年12月浙江省高等教育工作会议交流材料）

大学理念与管理创新

今天的大学变得越来越大，也越来越复杂。翻一下《西方高等教育史》可以知道，现在的大学同过去的大学相比发生了巨大而深刻的变化。从大学内部方面看，在校生的规模可以多达五六万，甚至十万以上；学术的专门化更是惊人；大学的成员也已经不限于过去传统的教师、行政人员和学生，还包括许多非教学人员；学校的内部组织也不仅仅限于过去传统的学院、学系，还包括各种各样的研究中心、出版机构和交流中心；大学的活动也不仅仅限于教学、研究，还包括各种各样咨询，与国外的合作与交流，等等。所以，无论在数量、成员、组织、活动等各方面，现在的大学与以前的大学是大不相同了。

一、大学是什么？

那么大学究竟是什么？真正要说清“是什么”很难，有的高等教育研究专家说，大学首先“不是什么”。上海师范大学原校长杨德广教授有一篇《大学是什么》的文章，提到大学有10个“是”：

1. 大学是探究学术的殿堂；
2. 大学是云集大师的基地；

3. 大学是培养人才的摇篮；

4. 大学是发展科学和经济的源泉；

5. 大学是铸就人生的熔炉；

6. 大学是指导社会的灯塔；

7. 大学是人类的精神家园；

8. 大学是社会发展的加速剂和动力站；

9. 大学是新思想、新知识、新文化的生长点；

10. 大学是高新科技产品的孵化器。

正因为大学发生了这样深刻的变化，所以就大学内部来讲，“管理创新”就成为紧迫而重大的课题。今年1月，教育部召开直属高校教学和咨询工作会议上，把今年作为部属高校管理年。会议确定的中心议题就是“加强管理、办出特色、提高质量”，落脚点是在提高质量，着力点是在办出特色，而入手处则在加强管理。

今年4月，在全省高等教育工作会议上，吕祖善省长代表省委省政府所作的报告中提出，今后一个时期要把我省高等教育的工作重心转移到提高质量上来。为此，提出了要在四个领域力求有新的突破、有大的进展：一是要优化高等教育结构，努力在强化特色优势上求突破；二是要深化教育教学改革，努力在创新人才培养模式求突破；三是要加强师资队伍建设，努力在提升教学水平上求突破；四是要完善高校内部管理，努力在规范高效运作上求突破。把管理作为提高教育质量的关键领域之一。要真正实现管理创新，首要的任务是教育思想、办学理念的创新。大学理念是指导大学实践的，大学理念决定一所大学的发展方向、人才培养、质量标准、学科专业设置以及大学内部的方方面面。管理创新就意味着我们对现行的大学制度要进行重新设计，而制度设计的灵魂就是大学理念。当年蔡元培任北大校长，要改造旧北大，就是从更新大学理念入手，成为中国历史上真正具有现代意义大学的接生者和拓荒者。前些年，北大提出人事分配制度改革方案，在校内遭到了很多人的反对，特别是来自人文学科、尤其是中国人文学科的一些知名教授的反对。改革方案有很多理念性的问题，指导思想之一就是要实现世界一流大学的目标，使北大尽早加入到世界一流大学的行列中去。其中在教师聘用上有一条举措，提出不能按照传统的模式引进师资，而是要面向全球，引进有国际学术背景、在国外有学术经历的师资。在一次座谈会上，北大一位知名的中文教授提出反对意见。他认为，一所大学并不是所有学科都是一流的，而北大的中文学科就是世界一流的，难道说中国文化的研究、中国语言文学的研究在国外还有比北大更强的吗？凭什么需要从国外引进教师呢？至于留校的问题，他认为，在中国传统人文学科里可以留北大自己培养的学生，不能搞一刀切。

我们应该办成一所什么样的大学？这样的大学我们应该怎么来办？

这涉及很多管理问题、制度设计问题。今年我校的工作重点之一是要推进人事分配制度改革。这个方案经过了较长时间的调研，现在基本上酝酿得差不多了。但是要推开、要实施，还是会遇到不少问题。教师们会觉得这是切身利益的调整，是利益格局的调整。但深层次的问题不在这里，而在于以什么样的理念来设计改革方案。所以，要真正推进我们学校的管理创新，首要的任务是办学理念的创新。只有在先进办学理念的引领下，才能在学校整体制度的设计上有一个比较完整深入的思考。所以说，大学理念与管理创新是我们需要深思熟虑的重要而紧迫的课题。只有这样，才能通过管理创新来激发学校的活力，增强发展的潜力，这是我们思考问题的出发点和落脚点。

二、大学理念的基本内涵

“理念”这个词是翻译过来的，是西方人主要是德国人的观念，哲学意味比较浓。汉语中的理解从外延上看是小于思想，大于观念，是对大学的总的基本看法。大学的理念分西方经典大学理念和中国传统大学理念。西方经典的大学理念具有划时代意义，大家比较熟知的有学术自由、大学自治、教授治校、教学与科研相结合四条，这是19世纪初德国柏林大学的创办人洪堡确立的。中国传统的大学理念是在中国学问传统的基础上形成的。关于中国学问传统，国学大师钱穆在《中国学术通论》里概括指出，中国的学问传统向来有三大系统：第一是“人统”。中国人说“学者所以学做人也”，就是学做人，即一切学问主要用于如何做一个有理想有价值的人；第二是“事统”。以事业作为其学问系统的中心，即学以致用，和西方的实用主义相似；第三是“学统”。强调以学问本身作为系统，为学问而学问。现在我们许多大学的理念大致根源于西方和传统两方面，大学的功能角色和教育的终极价值也都有关系。大学理念是一个历史的范畴，随着时代的变迁而发展。举例来说：一个大学究竟具有怎样的功能？在整个社会系统里担任不可或缺的独特角色是什么？这是有发展有变化的。在洪堡之前，中世纪的大学就是教学、人才培养即育人，教师职能就是教学。当时的育人理念和现在不一样，特别是在英国，它主张人格教育，这类似于我们中国古代的书院。主张人格的养成，要做一个人格健全的人，英国叫绅士教育。从19世纪以后，洪堡主张教学与科研相结合的理念，就此提出大学的第二个职能：人才培养之外的知识创新职能，大学要搞科学研究。这个理念不仅影响了欧洲，也影响了整个的国际高等教育。到了19世纪末20世纪初，美国克尔提出了大学第三种理念——服务社会。现在我们讲人才培养、知识创新（科学研究）、社会服务是现代大学区别以往大学的三个基本职能。在最新的大学理念研究当中，官方和学术界都是比较认可的，从“北大讨论”中引发出来的，提出大学还要承担第四项职能——引领文化。我们从美国引进的三阶段理念比较清楚，第一阶段理念，教学就是一个教育机构，它的使命是为社会培养出绅士，培养有教养有趣味和懂得文明的基本价值规范的绅士。博雅教育就是那个时代最高的人才培养目标。博雅教育，要求知识面广博，为人举止高雅。第二阶段理念，大学不仅是一个教育机构，更应该是一个研究中心。第三阶段理念，提出大学还应该是一个服务的机构，要提供给社会各种各样的服务，特别是以知识创新为社会服务。在最近的讨论中，学者们普遍认为，现代大学还应具有文化传承引领的职能。这一理念的提出也是有深刻背景的。大家都在高校工作，能觉察到现在的高等教育理念已发生了深刻的变革。蔡元培任北大校长时，在第一次开学典礼上就讲，大学是研究高深学问的地方，而不是职业养成所。学法科的，千万别抱着出去以后一定要当官的念头；学商科的，千万别抱着我要去赚钱的念头。但是现在整个高等教育，随着大众化之后，日趋世俗化、功利化。这不是某个国家的个别现象，而是整个国际高等教育普遍面临的问题。这里边的功利化，就是前面讲到的学以致用。上次北大讨论中，有一知名学者在座谈会上就讲，现在学科的排名是按照功利价值来排名的。过去大学里文理都是第一位的，现在文科最后。最好的是搞应用物理的，第二位是搞生物的，最后是搞人文的，尤其是中国人文，因为它不能创造经济价值，既不能赚钱，又不能养业。在这种实用主义、功利主义主导的情况下，这样的现象正不断产生。在美国高等教育普及化过程中，基础类学科专业，逐年下调，而应用类特别是跟经济科技紧密相关的专业，成倍成倍地增长。这导致了一个问题，就是我们教育的宗旨——培养人，究竟要培养什么样的人？有人提出来，现在的大众化教育就是为了一个公司、一个市场，要生产出一批一批的公司机器上的螺丝钉，因为生产出来的螺丝钉，都是统一规格的，而人文的东西却失落了。现代大学发展到今天，如果说有弊端，那么大学精神的失落、迷茫就是一个。现在提出要加强文化建设，尤其是要大力创造大学校园文化建设，其中一个重要的背景就是由此而来。一个人如果没有理想，没有责任感，没有一些人文的东西，后果是很可怕的。文化引领的功能就是基于此提出的。观念、功能、角色是随着时代的变迁而变化的，这就是一个例子。第二个例子，比如“教授治校”是西方四条经典之一，而如今这个理念也在发生变化，我们去翻一翻北大的校史、西南联大的校史，学校治理机构第一个是“教授评议委员会”，学术性的事项，像教师的招聘、学术成果的评定等，必须经过教授评议委员会。还有一个行政委员会，由各个系主任组成，专门处理行政事务。现在大学变得如此巨大，功能如此之多，机构如此复杂，“教授治校”已经很难做到。因而高教界许多人认为，“教授治校”应改为“教授治教”或“教授治学”。其原因在于：一，现在学术的高度专业化、精细化，使得学术评价隔行如隔山，需要请校外的专家鉴定。只有与你同一领域，同一方向的专业人士、省内领先的甚至更高水平的人，才知道你的研究成果在省内是先进的，还是接近先进的。建设世界一流大学，需要有世界一流人才、大师。谁去鉴定呢？怎么去鉴定他是一流的呢？香港科技大学成立的时候，一开始就已经设计好教师人事的管理制度了，他的目标就是要进入世界一流，他的人才是怎么引进的呢？其中有个非常重要的环节就是，引进来的人要在国际知名或领先，并必须在全世界范围之内能找到这个学科里面顶尖的 5 到 7 位的人来做鉴定。如果他认为你的水平不到，那就不提名；水平到了以后，还有不少于五个人的候选人，再根据这些鉴定来讨论要还是不要。这个是学术的分化。二，现在事务管理很多。早些年，我们高校都存在这样一个问题，一些学问做得相当不错的教师，由于种种原因把他提起来当管理干部。但从气质、秉性、精力等方方面面来说，这个人并不一定适合做行政工作，或者说不是他的长处。认识到这点，有的学校开始借鉴西方的管理经验，实行政教分离。你要当二级学院的院长，那你就是搞行政管理，教师职称的评审、职称的晋升、学术成果的评定都不得参加。你是教授你就当好教授。这涉及行政权力和学术权力之间的协调与平衡问题。这两者之间的失衡问题在我们国家的高校是最突出的。为什么现在有一部分教师从政愿望非常强烈呢？原因有很多，其中一个与学术制度建设有关。这些教师他们讲得很实在：教授这些年压力大，每年要考核，要出成果，要出水平，不像过去教授评上就是终身的，要维持岗位就要出成果，而兼管了行政工作无论是拿课题、评奖，还是请专家吃饭，比一般教授的资源要多得多。现在高校里面所有的评教授职称都是由校长负责的，我觉得这个有些问题，应该按学科，由省里的学术权威人士来评定。

大学理念随着历史和时代的发展而发展。在我国，大学实行党委领导下的校长负责制，并设置了“学术委员会”，需要在行政和学术之间寻求一种新的平衡。这个学术委员会的组成大有讲究，有的学校已经推出“学术委员会定向公开招聘制度”，不是说自然而然的由院长、教务处长、科研处长简单合在一起组成的，而是要定向，按照某一学科（主要的学科），把该学科最高学术水平的人推到“学术委员会”。

现在大学的核心理念主要有以下几个：第一个理念是学术本位，以学术作为根本。大学作为一个组织区别于社会上许多组织的一个特质就是它的学术性，它是一个学术性组织。在这一点上，西方从中世纪到现在没有变化。大学应该以学术追求作为其核心价值。可能有些同志会问，这也适用于像我们学校这类教学型的普通高校吗？美国卡内基基金会主席博耶在《学术水平反思》一书中，把大学教授的学术水平分为四种：第一种叫知识发现的学术水平，即对知识的新发现。第二种叫知识综合的学术水平。第三种叫运用的学术水平。第四种叫教学的学术水平。据此，给大学的学者（学术人员）下的定义是：所谓学者就是从事研究，出版论文和著作，然后把他们的知识传授给学生，或者把研究成果加以运用的学术人员。其核心价值取向是崇尚学术、追求学术。大学的核心理念就是大学要以追求学术为本。你要培养高质量的人才，教师必须有相应的学术水准。科学研究是一种学术，把自己的知识服务于社会，这本身也是一种学术活动。确立这个理念，营造浓厚的学术氛围很重要，尤其是新建本科院校。我刚在湖州师院工作的时候，一开始也是这样，通过私人的关系，偶尔请博导或知名教授来作学术报告。后来我提出要在机制上做文章，把营造学术氛围的责任下到二级学院。二级学院作为一个学术性组织，你的功能定位是什么，你想干什么，干到什么程度，什么事情是该你干的。不仅仅是创收、分配的问题。要求教授、副教授每学期面向全校或所在学院作一次学术讲座或报告。这样一来，再加上外请的专家学者讲座，学生几乎每天都有学术报告可以听。如果是省级重点学科或是省级重点建设专业，必须每年至少组织一次高档次的学术研讨会，这是学院的责任。这样学校的学术氛围自然就浓了。遇到院士主讲的高档次学术讲座，学生很高兴，都很希望能和院士交流。当这个理念真正确定了，那么我们应设计怎样的制度，我们的管理当中怎么来做就很重要了。

第二个理念是服务社会。服务社会，在高校主要是通过知识来服务。我们培养人才，也有一个社会服务的问题。有效地服务于社会，高质量地服务于社会，提供多种服务产品，我觉得不管哪个大学，这个意识都要树立。我们学校如果按行业来分主要是服务于基础教育，我们提供的服务，服务的载体、方式应该是很多的。

三、培育大学精神

关于当前大学管理创新的重点领域，主要结合我们学校情况来说。第一，关于战略管理，主要是在学校的决策层。战略管理有一个理念，就是要以学校的发展定位、发展方向作为引领。我们的“十一五”规划纲领提出：到“十一五”期末，要把学校建设为以教师教育为主要特色，文理教经管多学科协调发展的普通型本科高校。同时，要着力培育服务浙江社会经济发展急需的外语、外经类新学科优势，为中长期发展奠定基础。根据这一定位，我们“十一五”期间的根本管理任务也要往这个方向去努力。这个理念决定了我们学校的资源配置。人力资源、物力资源应该怎么来配？学科结构怎么来调整？怎么来整合？这就是战略管理理念问题。今年人才招聘，35 个指标主要用在外语和经贸学科专业，就是按照战略目标要求来考虑。关于战略发展，我曾讲过，如果目标不明确不坚定，像海上航行的船一样，无论什么风都到不了彼岸。哪里都是目标，哪里都不是目标，也是这个道理。所以在管理工作中，首先一定要把握一个方向，要把实现学校的发展定位作为我们管理的主要目标，以这个目标为引领。前不久学校开了个人才工作领导小组会议，对于今年引进人才的质量，我们跟过去的做法有些不一样。35个指标分下去，按照资源配置，分到一个学院以后，要明确引进的这个老师主要担任什么课程的教学；如果是高级职称，他主要研究的是哪个学科领域，都要有一个明确的目标，才能达到资源优化配置。而不能是散兵游勇，各自单打独斗，像一盘散沙。那天初步审议讨论出的初步人选，今年招 14 个正教授，19 个博士，2 名博士后，这 19 个里面有博士学位的教授有 4 位，有博士学位的副教授大概是 5 位，外语学院教授就是 4 位，经贸也是 4 个。集聚人才当然就要发挥他的作用。而且干部的配置也要如此，要把能力强的、善于管理的、作风民主的干部选拔到这些岗位上去。

第二，基层的学术组织管理。大学是一个学术性组织，理所当然要把大学按照学术组织而不是行政组织来建设，这就是基层学术组织管理的理念。教育部今年把这项工作作为加强管理的第一条。根据知识创新组织的基本要求，要打破原有的学科组织结构和科研组织模式，整体思考设计学院、系、研究中心、研究所等学术组织的目标、定位、功能划分以及资源配置。鼓励推出新的教学科研组织模式，建立有利于学科交叉、融合和汇聚的科研体制，形成有利于增强自主创新能力和提高创新人才培养质量的基层学术组织结构，大力促进创新团队建设。这次酝酿方案当中有些可能现在一下子无法实现，像机构调整方面我们现在还只是考虑到学校的党政管理机构和二级学院的组织机构。现在学院想申请建立一个什么所很简单，只是写个报告通过科研处审批就可以成立，而且这样的所还很少。我们应该逐步往这个方向努力，就是说人人要进系进教研室，人人要进研究所，人人要进研究团队，这是我们接下来做好改制转型工作非常重要的一项内容。学校到底该设几个研究所，校一级的、学院一级的，这些研究所跟学校发展的整体目标关系是什么，该怎样定位，怎么来考核，这些都应有系统的考虑。二级学院的功能究竟要怎么来定位，我们的管理权限应该怎么来划分，这也要有一个整体的考虑。

二级学院作为基层学术组织，搞岗位聘任是按个体来聘任的。每个人都是一个个体，只要达到一定条件通过审核后就能得到相应的岗位。把大学作为学术组织来建设，以团队来设岗，比如给一个九级岗位，他下面负责的方向可能是八级岗位，再下面可能是博士。这个具体岗位的设置招聘由学科领军人物来决定。这很可能是未来大学学术组织聘任的一种方向。现在各学科交叉融合，要拿大型的项目，单凭一个人的力量就很难，需要依靠学术团队。另外，引进人才究竟谁说了算呢？我觉得可以大胆探索。当年我在湖州师院工作，湖州市一位人大副主任从实职岗位上退下来，他原先是浙江淡水研究所所长，最早研究人工基因鱼的体外繁殖，在 1982 年成为中国克隆第一人，取得过国家科技进步奖等重大奖项。我们把他请进湖州师院。当时生物学科在湖州师院是很弱的，有了这么个领军人物，你得让他发挥作用，怎么发挥作用？第一个就是人才特区。我当时就跟人事处讲，凡是张教授挑好的人，要就给。他不一定都要博士，他也不一定都要教授，按照他的学科整体认识与团队需要，这些人都要一个个盯着用。有一个硕士生当时我想不要，他说这个人在我的学科里必须由他来做这个实验，来管这个实验。现在，他领导的这个团队已获得国家科学基金项目两项、国家重大科技项目一项。团队是按照团队来评定，按照团队来引进来建设，教学的团队、科研的团队，是我们下一步要着力努力的方向，当然现在还不可能一步就跨到这个位置。

第三，人事分配制度与管理。人事分配制度主要涉及用人制度和薪酬制度。薪酬，这里主要涉及机制建设问题。教育部 2007 年工作要点是要深化人事制度改革，组织实施各级各类学校岗位设置和收入分配制度的改革。这个改革的价值取向是要尽量完善以岗位管理为基础的教师聘用制度，研究制定实行绩效工资分配的指导意见。绩效工资分配不是按人头，也不是按在岗不在岗来分配，而是按你的业绩、成效、效率来评定，用绩效工资分配的指导意见来完成高校编制管理制度。这里有三个注意点：第一，聘用制度要继续深化；第二，在分配制度上要有绩效工资；第三，编制管理。

实行全院的聘任制和岗位的津贴制，就是要形成充满活力的用人机制。我们学校的方案就体现了这么一个导向，要改革岗位津贴分配，建立起重实绩、重贡献，向高层次人才和重点岗位、关键岗位倾斜这样一个分配机制。我们现行的分配制度有两个弊端，一是单位与单位之间，部门与部门之间收入差距过大。同样是教授，在甲学院和乙学院年收入最高的比最低点可以达到 2—3 倍；同样是处长，在甲部门和乙部门收入比也是相差两倍多，这合理吗？第二个重要的问题：我们不是按照绩效来考虑收入分配。我们有的讲师 10 多年了也没有评上副教授，有的甚至 20 几年也没评上。在我们管理干部当中，有没有职称的，这当然有历史原因，也是导向机制上存在问题。作为教师没有学术本位的理念，我们的分配制度也没有这个理念，教师的整个经济分配政策还是看上课的多少，这样一个导向机制必须改革。

1999 年，大学搞第一轮效率管理改革的时候，我注意到，我们学校当时没有什么动静。重点大学有一条规定：6 年讲师非升即走。许多大学如厦门大学、武汉大学、北京大学都这样实行了，而我们学校没有动真格，讲师 20 年都可以留在这里。所以现在按岗位聘任，不是真正意义上的社会化劳动关系的聘任。这两年高校大规模扩招以后，教职工人员需求增大。下一步要搞人事管理制度改革，不合格的就中止劳动合同。几年前，我曾在湖州师院全校教职工会议上讲“人无远虑，必有近忧”，当时是有感而发。两所中专的老师，都是事业编制的，学校要专升本了，老师还是这些老师，如人事分配制度一改革，你怎么把握好自己的机遇。学校发展也是如此，没有考虑长远的目标，被眼前局部的利益所迷惑，那么即使有了很多机会都会抓不住，还可能会走弯路。个人也是这样。这个理念强调的就是要重绩效、重贡献、重关键岗位。

第四，关于文化建设管理。培育大学精神，引领社会的文化，是现代大学的新理念。我校举办这样一个论坛，也正是这个目的。如果理念精神、思想一点准备都没有，学校要实现改制发展就缺少精神文化基础。一种大学精神，一种好的风气，是学校发展根本的动力源泉。这方面我们应当加强，还有许多工作要做。这次机构改革就要按照战略管理的阶段性的目标来设计。我们教育学院为基础教育服务，做了那么多事情，我很感动。为革命老区、贫穷地区无偿培养教师坚持了11年，这很不容易。这里所说的文化建设包括学术文化、社团文化、制度文化、观念文化，我们要运用论坛、理论学习、专家讲座等形式，在宽松的环境里一起思考、一起探讨。只有我们同心协力、风雨同舟，才能实现改制转型的目标。

（2007年4月20日在浙江外国语学院
“管理创新，科学发展”论坛上的专题报告）

学科建设是高校发展的根本性建设

一、关于学科建设的几点认识

（一）学科是什么

对于学科，平时讲得很多，但许多时候往往说得似是而非、模糊不清。有时候把它和专业混为一谈，有时候把它与学科建设混为一谈，有时候又把它和学科水平搅在一起。实际上，学科就是学科，专业就是专业，学科建设就是学科建设，学科水平就是学科水平。所谓学科，就是在特定的研究领域里系统化了的知识体系，它的研究领域是特定的。从这一概念出发，学科的分类就有很多种。从学科研究的范围层次分，有一级学科、二级学科、三级学科；从学科的内容结构分，有人文学科、社会学科、理学学科等；从学科体系分，有核心学科、主干学科、支撑学科和相关学科；从学科性质分，有基础学科、应用学科；从学科形成发展时间分，有传统学科、新兴学科、交叉学科。这里，最容易混淆的就是学科与专业的关系。学科与专业之所以容易混起来是受到 20 世纪 50 年代苏联教育理论的影响，导致学科与专业不分。学科与专业有相关的地方，但却是两个不同的概念。学科，通俗地讲，是一个知识体系，是研究领域；而专业则是以学科为基础，是一个人才培养范畴。两者的交叉点在于专业设置必须以学科为基础，但同时要以社会需求为导向，两者都要兼顾。我们搞专业设置论证时，首先考虑的就是要培养什么样的人，这样的人是否有社会需求。没有社会需求，不管这一专业所依托的学科基础有多好、多前沿、多完备，通常就不设这一专业。所以在讲人才培养、讲本科教育的时候要区分清楚相关概念。如我们讲的复合型专业，像上海外国语大学，“十一五”期间建设15个复合型专业，培养复合型国际化人才。这说明了专业和学科不是同一个概念。专业人才培养里可以有复合型的人才培养。《国家中长期教育改革和发展规划纲要》里讲人才培养强调专业教育的多样化，指专业之间可以复合，形成复合型、双语型、交叉型人才培养的新专业。实际上现在专业教学计划中，开设的课程除了专业课，还有通识教育课、体育课等。而现在有一些属于新兴产业所需求的人才培养，跨度涉及好几个学科。比如前几天《光明日报》上有专家在讨论的文化产业。文化产业涉及计算机科学、符号学、审美学、艺术设计学等学科，只有复合这些学科，才能培养出合格的文化产业人才，尤其是在文化传媒等领域。

（二）高校学科建设的内涵和基本要求

学科建设要遵循学科规律与特点，这样才能提高学科建设的科学化水平。高校的学科规律包括学科外部规律和学科发展规律。高校学科建设的本质要求或者说关键要素，主要有：适应性要求、交叉创新要求、重点突破要求、以人为本要求。所谓适应性要求，就是指要适应国家和所在地区发展的需要。所谓重点突破要求，就是首先要在一两个领域重点突破。像打仗一样，重重包围中只能选择一两个突破口才能有生路，突围不出去则坐以待毙。以人为本要求主要讲的是学科队伍建设的重要性。综合而言，学科建设的基本要求有三条：凝练学科方向、汇聚学科队伍、构筑学科基地。

要正确处理学科建设与教学建设的关系。专业建设、人才培养要以学科为基础和依托，学科建设要把本科教学纳入建设内容，以促进本科教学。我们的学科建设与研究性机构的学科建设不一样，我们第一位的职责是培养人才，是为培养人才服务。要及时地把学科建设的成果转化为本科教育的优质资源，促进两者真正良性互动。今后品牌专业建设、精品课程建设包括名师培养，都应结合学科建设考虑。学科建设的成果要及时转化为教育的优质资源才会使专业有实质内容。不要抽象地去讨论教学与科研谁最重要，那样没有任何意义。

（三）学科建设对高校发展的意义与价值

学科是大学赖以生存和发展的基础，没有学科就没有高校。国际上近代大学的发展，都是由专业学院发展成综合性大学的。但无论是专业学院还是综合性乃至巨型大学，都是以学科为发展基础。平常我们对学校发展定位所讲的多科性、综合性，也是以学科来区分的。学科水平是一所大学水平的主要标志，是大学整体实力的核心，是竞争力的标志。一流大学就必须有一流学科，拥有一流学科才能产生一流大学。因此，学科建设是高校发展的龙头。从建设的任务讲，高校有很多，比如人才队伍建设、信息化建设等等，而学科建设则是高校基础性、战略性的根本建设。学科建设这一龙头，对于学校的教学、科研、社会服务等起着核心作用、人才集聚作用和支撑作用。

二、关于学科建设应走有自身特色之路

基于校情，我校的学科建设，不能走那些学科水平已经很高的老大学的建设路子，而应该走有自身特色的路子。

（一）走有自身特色之路，是主动适应迅速变化的学科建设环境的客观要求

我国的高教发展正处在重大变革时期。未来十年我国的高校发展将发生深刻变革，办出特色、提高质量已成为主旋律。正因为处在这样的变革时期，学科建设才成为高校之间激烈竞争的焦点。对于高教界、研究界议论纷纷的高校升本、申硕、申博等现象，其产生的原因很复杂。其中很重要的一个外在原因是政府，不能过多地责备这些学校的领导。在现有的制度和政策导向下，资源分配包括经费分配是因学校层次不同而不同的。今年全省本科院校书记、校长读书会上，省教育厅印发了《浙江本科高校科研师资学科 2010 年度报告》。这份报告反映了各校的核心竞争力。在几百项数据中，我校寥寥无几，只有在省级 A 类重点学科等很少几个项目中有所显现。现在，政府实行新的“游戏规则”，政府把需要的重点学科、重点项目公开，让各高校来竞争，这加剧了各校间学科建设的竞争。这种情况，在欧美国家三四十年前就出现了，即政府出钱买服务。在新的游戏规则下，没有实力、没有前期成果，就拿不到这些资源和项目。这有可能进一步拉开高校的两极分化。正如美国密歇根大学前校长詹姆斯·杜德斯达在《21 世纪的大学》一书中所说的那样，尽管密歇根大学是美国旗帜性的州立大学，但从 20 世纪 80 年代开始政府性的支持越来越少，办学成本则越来越高。密歇根大学的发展经历了从州政府支持的大学到州政府帮助的大学，再到州政府所在的大学。资助政策的导向发生变化，要钱只能通过获取政府购买的服务。胡锦涛总书记在清华大学建校一百周年校庆大会上提出要增强协同创新能力，教育部为此正在筹备推出“2011 计划”。这项工程将面向全国各类高校开放，但总的导向是要鼓励强强联合，加强战略联盟。像我们学校，最多只能融入到北外等强校，通过协作分得些许项目。围绕学科建设，政府的游戏新规则更加加剧了高校之间的竞争。

（二）走有自身特色之路，是快速提升学科建设水平的理性选择与内在要求

浙江外国语学院的远景、使命与校情特点是什么？学校的使命是要培养国际化应用人才，在科学研究上主要面向现代服务业这个领域提供研究成果。学校的远景目标已经确立，是要建设外语特色鲜明、教育品质一流的多科性普通高校。其中的关键是“特色鲜明、品质一流”，这也是学校“十二五”规划的战略核心。学校的校情特点是“新建的”“地方的”“以师范类成人院校为基础改制更名而来的”。我校的学科建设现状如何？应该说这几年学校的学科建设基础有所加强，在“十一五”期间增加了一个A类学科。但同时还存在许多问题和差距，主要体现在：（1）对学科建设的认识不到位、不透彻；（2）学科建设的基础比较薄弱；（3）体制机制的障碍很严重，学科组织的管理体制和运作机制滞后；（4）支撑学科建设的能力明显不足。

辩证地、全面地看，我校的学科建设存在很大的建设空间和创新空间。我国作为崛起中的大国，在走向世界的大背景下，要坚持改革开放，进一步增强国际竞争力。这不仅与我校的使命紧密相关，而且也为学校实现新使命提供了难得的机遇。在省内，政府购买服务的需求很大，而且这种需求将是持续的。从全国外语类院校来讲，我校和广东外语外贸大学、上海外国语大学等校所处的地域优势差不多，地域对外开放的需求和发展程度在其他有些外语类院校之上。因此，如何把握这一机遇非常重要。现在很多学校都提出要推进教育国际化。与其他外语类院校相比，我们有一个多学科的建设资源。比如与广东外语外贸大学相比，人文类学科我校有一定的比较优势。再比如国际金融方面，我校有数学这一基础学科优势。但这些目前仅仅还只是资源优势而已。资源如何利用取决于我们的水平。

（三）走有自身特色之路的本质要求

学校走有特色的学科建设之路，其本质要求，或称之为建设方针，归纳而言就是“三有九字方针”，即“有重点、有特色、有所为”。“有重点”，即突出重点，以点带面，分层建设。优势特色学科尤其是品牌学科建设需要高强度的投入。密歇根大学前校长认为，哈佛大学的成功主要靠挖人，学校自身从来没有培养出一个诺贝尔奖获得者，都是高薪聘来的。苏州大学引进一个“千人计划”人才，费用不少于一个亿，年薪不少于100万元。建设一流学科要有高强度的资金投入，才有一流的人才。所以重点学科建设要有选择，尤其是我们这样新建的尚处在创新创业的学校必须要有重点、有遴选地建设。在学科建设的目标定位上，要有梯度、分层次。哪个学科首先要达到省内领先、国内进入前一百两百名，哪些学科进入省内先进行列，哪些学科要培育成为省内的什么层次，梯度要清晰。不能所有学科齐头并进一样建设，否则只能造成所有学科都无法出线。“有特色”，即要在知己知彼的前提下扬长避短，搞差异化建设。要寻找学科建设内容、方向的异质性，把“体现特色”作为学科建设的切入点和突破口，这样才能取得比较优势。“有所为”，即提升学科实力和竞争力，为履行学校使命、实现学校远景目标提供学科支撑，为服务国家战略需要和地方经济社会文化发展需要作出我校独特的贡献。

三、关于提升学科竞争力和建设水平的几点想法

目前，我校学科建设的目标已经明确。应该怎样建、如何建，这是我们学科规划要考虑的，也是所有学院要考虑的。

（一）如何规划建设重点学科

建设优势特色学科是高校学科建设的战略重点，也是新形势下高校

提升核心竞争力的根本途径。规划建设重点学科首先要着眼于学科体系建设。要培育形成学科群，建设良好的学科生态。学校“十二五”规划中提出学校发展的主线是学科转型，主题是特色发展，核心是提高教育质量。学科转型不是一个线性的过程，它包括了一系列同时发生又相互作用的各种因素。如我们的人才队伍如何支撑，我们的观念怎么跟上去，我们的管理体制如何围绕学科进行转型等等。但是重点学科建设是实现学科转型的重点。形成学科群应该是做强核心带头学科，着力培育支撑学科，扶持相关学科。学科建设不是单一的学科建设，更不是齐头并进的平衡建设，要像一个团队一样，这样才能形成一个学科群。正如“十二五”规划里所要求的那样，要形成“结构合理、特色明显、优势突出”的学科群。其次，要注重充实丰富学科内涵。按照学科建设规律，不断提高外语学科的规模化、集约化水平；要充实一级学科，做强二级学科。二级学科很多，如正在或将要申报的商务英语专业、翻译专业、非通用语种等等。

根据学校“十二五”规划要求，外语类专业要达到10—11个，外语类教师则要达到学校教师总量的三分之一，这些都是充实一级学科建设的重要基础。其三，要突出学科特色的凝练。学科建设特色的凝练，可以从地域特色、交叉融合特色、综合性特色和国际化特色等方面考虑。地方高校的学科建设，应主动适应所在地方经济社会文化发展的需求，地域特色很重要。如安徽大学设立中国传统文化研究院，深入研究安徽的地域文化，出了一批国家级的成果。如老庄哲学、安徽思想家研究、桐城派研究、皖南青铜文明研究、黄梅戏研究，等等。湖州师范学院立足太湖，搞学科特区，水生生物学学科建设近年成绩显著。21世纪科学发展的多学科交叉融合趋势越来越明显，学科建设应体现交叉融合特色，以拓展新学科的发展方向。如上海外国语大学的跨文化研究是国家级重点学科，是语言、文学、文化研究三者结合，出了许多国家级项目和成果。其四，要着力提高学科创新的能力。科研项目是学科建设的载体，要多争取科研项目，通过项目集聚相关教师。

（二）如何规划建设学科基地

规划建设学科基地，首先要着眼于适应需求导向。突出问题意识，有效服务地方。第二要凝练主攻方向，注重协同创新。要树立“大学科”理念，重视开展跨学科的研究，加强学科整合和优势集成，增强学科的聚合性。现在高校尤其是新建本科高校学科建设的最大问题是学科的离散性，学科建设的碎片化现象较严重，学术研究多为单兵作战，各自为战，各搞各的，要坚决避免这种情况。第三要创新学科体制与运作机制。大学发展到现在，大学本身越来越成为学院与行政机构的集合体，而不是原本意义上的学科共同体。目前学院之间存在壁垒，要搞学科基地建设，必须打破学科壁垒特别是学院之间的壁垒，必须创新学科的体制及其运作机制。像南京大学，以“大师＋团队”的形式，组建了人文社会科学高等研究院，形成跨学科研究基地。研究人员推行驻院模式，大师不动，科研骨干流动，跨学科团队全校招聘，相当于高层次的开放实验室。团队在研究的讨论和碰撞中形成火花，最大的收获是培养了一支眼界非常开阔的教师队伍。这在原有学院制下是很难实现的。因此，要适当调整二级学院的设置，以促进学科建设。

（三）如何培养造就学科队伍

作为地方性新建本科高校，最困难的是队伍建设。高校间、学科间的竞争关键是人才竞争。学校“十二五”规划里所指的3—5名学科领军人才是有特定含义和层次要求的，至少要“钱江学者”这样的层次。这是大学文化的特有现象，这里关键是要有学科领军人才，同时学科梯队的建设结构要合理，必须做到优化人才结构，有一种良好的学科文化，即有一种团结合作的团队精神。

（四）如何增强学科建设驱动力

增强学科建设驱动力，应从以下几方面入手：（1）实行学科建设的目标责任制。校一级的、学院一级的研究机构，所长这一级的，包括学科负责人这一级的都要有明确的学科建设责任，不是文件下了就放任自流，项目拿来就不管出不出成果。（2）适当强化激励机制。不仅仅是给多少钱，包括岗位设置与聘任，以后省一级的重点学科，校一级的扶植学科、培育学科，学院级的学科，如果按照三级来建设的话，可以按照团队来设岗。（3）引进适当的竞争机制。（4）建立绩效评价机制，包括完善学术的评价机制。没有学科评价体系就没有导向。国家教育部现在实行新的评价标准，将以质量为导向，以创新能力为导向，以影响因子、引用率、对生产力的贡献、社会经济文化效益、形成学派、是否传世等为主要指标。我们的评价机制也应作相应的完善。

（2011 年 9 月 15 日在浙江外国语学院党委理论学习中心组扩大会议中心发言，载《浙江外国语学院学报》2011 年第 5 期）

改革人才培养模式

今天是我校成功改制为浙江外国语学院后召开的第一次教学工作会议，会议的主要任务是：认真贯彻落实全国教育工作会议和《国家中长期教育改革和发展规划纲要》精神，深入学习实践科学发展观，紧紧围绕学校办学定位和发展目标，深化人才培养特色，推进人才培养模式改革，全面提高人才培养质量。这次会议将回顾总结近几年我校的教学工作，研究部署今后几年的教学工作任务，是一次十分重要的会议。对于学校站在新的历史起点上，着力提升人才培养质量，加快实现学校办学定位，推动学校科学发展，都具有十分重要的意义。

一、认清新形势，深刻认识人才培养模式改革的重要性和紧迫性

（一）改革人才培养模式是我校贯彻落实《国家中长期教育改革与发展规划纲要》的一个重要任务。《国家中长期教育改革与发展规划纲要》把全面提高人才培养质量作为今后十年我国高等教育发展的一个核心任务，这是建设人力资源强国和创新性国家的重要战略决策，也是实现高等教育科学发展、建设高等教育强国的必然要求。提高人才培养

质量，是今后十年我国高等教育发展最鲜明的特征。

如何全面提高高等教育质量，《纲要》赋予了其新的时代内涵，其中，提高人才培养质量是首要的任务。人才培养是高校的根本使命和首要职责，我国的高等教育已经到了大众化的中后期，在人才培养方面存在明显的问题是，人才培养模式陈旧单一。为了提高人才培养质量，《纲要》提出了新的要求，明确提出要创新人才培养模式，创新人才培养模式是我国深化高等教育教学改革的新任务、新指向。

（二）改革人才培养模式是加快学校办学定位的迫切需要。表现在以下两个方面：第一，改革人才培养模式是落实我校办学定位的内在要求。我们真正要建成办学特色鲜明、教育品质一流的多科性本科高校，必须通过人才培养模式改革来提高人才培养质量，凸显办学特色，提升教育品质；第二，改革人才培养模式是落实我校第一次党代会提出的"五大战略"的首要要求。"五大战略"的首要战略是质量立校，改革人才培养模式是一个突破口和重要抓手。虽然我们一直强调质量问题，但在实际工作中，我们的部门和单位包括一些领导的质量意识还比较薄弱。主要表现在，改革的理念没有转化为具体的措施，没有把握规律，缺乏有力的抓手和保障。我们应该清醒地认识到，现在的高中毕业生不是有没有大学上的问题，而是上什么样的大学的问题，生源大战已经拉开了帷幕。人才培养模式改革是早改早主动，早改早受益。

二、抓好顶层设计，扎实推进人才培养模式的改革

改革人才培养模式是个系统工程，首先需要做好整体设计，特别是学校层面的顶层设计。顶层设计应力求科学性、前瞻性和可操作性。要以宽广的视野、科学的态度和务实的精神，来考虑我们的人才培养模式。要树立科学的人才质量观，要有新的整体而系统的思路，而不是对原有培养方案进行修修补补。要彰显学校的办学特色，必须明确改革的

目标和实现的路径，要特别克服人才培养的同质化现象，要凝练出自己的特点和特色，突出重点，抓住几个关键要素。

（一）切实更新教育思想观念。《纲要》关于改革人才培养模式、转变人才培养观念，强调更加注重"五个性"，第一是创新性，要培养学生的创新精神和创新能力，发展学生的跨学科思维和批判性思维；第二是综合性，要改变学生单一的知识结构，拓展学生知识的广度，注重学生个性的发展；第三是实践性，要改变学生动手能力不强的现象，着重提高学生的实践能力；第四是开放性，要改变高校现有较封闭的人才培养方式，培育学生的国际视野；第五是选择性，要改变学生学习渠道过窄、教学管理僵化的现状，为学生创造更加灵活多样的学习机会。

（二）重新审视设计人才培养的质量标准和规格要求。

（三）重新设计人才培养方案和教学计划。

（四）加快教育国际化步伐。

（五）加强质量保障，健全主要教学环节的质量标准和保障体系。

同时，我们的人才培养模式改革一定要与教学建设紧密结合，坚持一手抓建设，一手抓改革。

三、加强领导，务求人才培养模式改革取得实效

（一）要进一步牢固树立人才培养在学校工作中的中心地位。人才培养模式改革从2011年开始，各级领导首先要肩负起历史使命，不断增强自身领导教学工作的新本领，要有新视野、新观念、新举措。机关各职能部门、教辅部门、后勤部门，要牢固树立服务教学、服务师生的管理理念，做好本职工作。学校今后要在政策导向、资源分配、评价考核、投入保障等方面确保教学的中心地位。

（二）要上下互动形成整体合力。人才培养模式改革是个系统工程，没有上下互动形成整体合力，效果就要大打折扣。有了顶层设计还

要向下延伸，各个学院应根据自己发展定位，将有关措施落实到具体的专业和教师。同时，迫切需要不同院系、学科、教师之间加强合作，尤其是今后的课程选修要面向全体学生开放，要有整体的考虑设计。

（三）要大力提高教师教书育人的能力和水平。提高人才质量，主体力量是教师，没有高水平的教师队伍，就没有高水平的人才培养质量。要按照胡锦涛总书记对教师提出的希望和要求加强师资队伍建设。我们的教师要做到爱岗敬业、关爱学生、刻苦钻研、严谨笃学、勇于创新、奋发进取、淡泊名利、志存高远，要努力做受人民爱戴让学生满意的教师。当今时代，对教师的要求，不可能再是传统意义上的知识丰富，也不可能都是注入式的满堂灌的教学，而是要求教师在转变教育思想观念的同时，努力提高教书育人的能力和水平。要健全完善教学工作的激励机制，在职称晋升、岗位评定方面加大改革力度。要充分发挥教师的积极性、主动性和创造性，凝聚全体教师的智慧和力量，没有广大教师的热情和投入，任何的教学改革都很难收到成效。

改革人才培养模式，提高人才培养质量，任重道远。改革需要我们敢于探索，勇于实践，紧紧抓住并用好难得的历史性机遇，不失时机地深化教学模式改革，奋起直追，开创人才培养模式改革新局面。要通过几年时间的努力，使我校的人才培养质量、社会知名度和认同度有显著提升，为浙江经济社会的发展和转型升级作出应有的贡献。

（2010 年 10 月 15 日在浙江外国语学院
第一次教学工作会议上的讲话）

人才培养是学校一切工作的核心

为贯彻落实《国家中长期教育改革和发展规划纲要》和全国教育工作会议精神，夯实学校特色发展的思想基础，进一步深化学校特色发展战略。人才培养是学校一切工作的核心，2010 年 6 月至 11 月，学校开展了“人才培养”教育思想大讨论活动。这次以“培养什么样的人”和“怎样培养人”为中心的“人才培养”教育思想大讨论活动既是学校认真贯彻实施国家和省《教育规划纲要》的具体行动，也是学校在全新启航之年推进学校转型发展、切实提高育人质量的内在需要。在为期半年的活动中，全校各学院、各部门、各直属单位全面动员、精心部署、紧扣主题、突出重点，通过深入学习讨论和广泛调查研究，进一步解放思想，找出差距，明确了努力方向，为学校下一步加快推进特色发展、深化教育教学改革、提升人才培养质量打下了坚实的基础。

一、本次教育思想大讨论活动的鲜明特点

（一）领导重视、周密部署，确保大讨论活动顺利开展

为了在新的起点上实现学校跨越式发展奠定扎实的思想基础，进一步强化党员干部和广大教职工的育人质量意识和特色发展意识，学校将

"人才培养"教育思想大讨论活动列入了年度重点工作，制定了《关于开展"人才培养"教育思想大讨论的实施意见》，成立了领导小组，召开了全校动员大会。我在动员大会上提出要求，全校各学院、部门、直属单位要深入思考学校发展新形势下"培养什么样的人"和"怎样培养人"这一重大而紧迫的发展命题，在认真学习领会《国家中长期教育改革和发展规划纲要》精神的基础上，抓住新一轮发展机遇，通过更新教育思想观念、改革人才培养模式，努力提高人才培养质量，加快推进特色发展。在暑期校领导读书会和中层干部读书会上，又要求各级领导干部先行一步，做好表率，切实承担起作为大讨论组织者、引导者和实施者的重任。活动期间，学校领导小组通过总支书记例会、转段动员小结等途径，定期了解各学院、部门、直属单位大讨论开展的有关情况，及时总结推广活动中的好经验，提出指导性意见，推动大讨论活动层层深入。校党委宣传部编印了《学习与思考》《高等教育：发展趋势与前沿探索》等材料。校园网开辟了大讨论活动专题网。校报设置了专题栏目，及时宣传报道大讨论活动的进展情况。按照学校的统一部署和要求，各部门、学院、直属单位加强领导，认真筹划，结合各自实际制定了详细的活动计划，精心部署大讨论活动不同阶段的各项工作。活动期间，各单位党政领导班子充分发挥引领作用，紧扣活动主题，通过党支部学习会、专家报告会、教职工讨论会、学生干部会等形式，发动教职工积极思考学校改制转型后人才培养的目标规划、模式特色、途径方法，找准本单位在新的历史起点上的发展目标与定位，引导教职工认真思考如何做好学校发展、学院（部门）发展与个人发展相结合这篇文章。国际工商管理学院按照管理、学工、商务国贸、工商营销、会计、旅游管理等类别分成五个小组，分别由学院相关领导负责，广泛开展适合学院自身实际的"人才培养"模式专题调研。英文、欧亚学院认真传达贯彻学校有关精神，以系、学科专项组为单位，紧密结合学院实际，设置了 8 个方面的问题进行思考研讨。各学院还充分运用二级网站，及时发布讨论活动的进展情况，营造活动氛围。

（二）明确重点、深入调研，突出针对性和务实性

如何紧紧把握高等教育发展趋势，围绕浙江省外向型经济与战略性支柱产业发展实际，提升办学质量，形成人才培养特色是学校当前的发展主题。为了认真学习兄弟院校办学治校的先进理念和经验，10 月 24 日至 11 月 4 日，我和鲁院长带领由相关职能部门和学院负责人组成的调研组，分赴广东外语外贸大学、四川外国语学院、西安外国语大学、大连外国语学院、北京第二外国语学院等兄弟外语类院校进行学习调研。学校党政班子其他成员和各学院、部门也组建了专项考察组，分别走访了浙江大学、南京大学、广东外语外贸大学、西安外国语大学、厦门大学、山东大学、集美大学、广东工业大学、广东药学院、浙江工业大学、浙江师范大学、宁波大学、温州大学、浙江财经学院、杭州师范大学、嘉兴学院、湖州师范学院等省内外高校，就人才培养模式的改革、学科专业建设、后勤管理等方面进行了考察调研。不少学院还深入企业考察，了解人才市场需求，调校自身定位。通过校院两级的多领域多角度调研，开阔了视野，提升了理念，找到了差距，增强了信心。

是否突出重点、联系实际，将有关调研成果转化为工作思路和具体举措，是大讨论活动能否真正取得实效的关键。围绕大讨论的主题，校党委理论学习中心组多次组织专题学习，加强理论武装，进一步优化学校发展的顶层设计。并邀请《中国高等教育》总编辑陈浩来校作“改革创新与提振高等教育发展质量”的专题辅导报告。各学院各单位围绕如何做好人才培养的“涉外”“复合”和“实用”三篇“文章”，从学科专业、体制机制、教育国际化、学生竞争力等方面入手，查摆问题，探求思路。新设立的英文、欧亚学院针对涉外人才培养特色、专业建设合力、语言学科课程建设、教师传帮带和师生互动等方面的问题进行积极探索。先后邀请北京外国语大学英语学院首任院长杜学增教授，国内知名翻译理论家、上海外国语大学高级翻译学院翻译研究所所长谢

天振教授来校作专题报告，就学科专业建设寻求专家建议。国际工商管理学院围绕如何带动学科建设、整合学术资源、激活科研机制等问题，提出从构建校企合作教育平台、中外合作教育平台和跨学院合作教育平台入手，优化和改革学生实践能力、涉外能力和复合知识能力的培养。理工学院针对学校改制转型后学院教职工中不同程度存在的“理工学院明天在哪里”的困惑，组织教职工认真学习探讨，认清学院和自己面临的机遇和挑战，提出了符合学校发展定位以及学院自身发展实际的学科和专业建设目标。教务处将大讨论活动贯穿于专业建设、日常教学教务管理、教学改革与研究、教学业绩考核、实验室建设与管理等各个环节，转变思想观念与做好日常工作紧密结合、互相促进。

（三）紧扣实际、注重结合，体现了理论探讨与推进工作的统一

一是与“育人成才先锋”创先争优活动相结合。在大讨论活动中，全校上下紧密结合正在开展的“育人成才”创先争优活动，充分发挥基层党组织和党员在“育人”中心工作中的战斗堡垒和先锋模范作用，进一步落实“教育以育人为本，以学生为主体”和“办学以人才为本，以教师为主体”的科学理念。在教职工党员中开展的“关爱学生、助推发展”行动，在学生党员中开展的“求真知、强责任、作奉献”行动，在基层党组织中开展的“三化四有”创建行动，积极营造全员育人、全过程育人、全方位育人的浓厚氛围，努力提升学校的人才培养质量。

二是与“十二五”发展规划编制工作相结合。科学谋划学校发展，精心编制“十二五”发展规划，事关学校的未来发展。大讨论活动期间，各单位根据学校“十二五”规划编制的总体要求，结合本部门实际，组织广大教职员工就“十二五”时期全面深化特色发展、优化人才培养方案、积极探索和实践复合型涉外应用人才培养途径等方面进行了重点讨论和深入调研，为学校在新的起点上深化特色发展战略，科学制定“十二五”发展规划，提升服务区域经济社会发展水平打下了良

好的基础；同时也有力地促进了学校教育思想大讨论的深化。

三是与学习型党组织建设相结合。在大讨论活动期间，学校结合学习型党组织建设活动，建立健全学习制度，构建信息化网络化的学习平台，在党员和广大教职工中营造“重视学习、崇尚学习、坚持学习”的浓厚氛围。倡导用中国特色社会主义理论体系武装头脑，深入学习实践科学发展观，践行社会主义核心价值体系，学习掌握教学、管理、服务等岗位所必需的各方面知识，从而提升育人的能力和水平。

四是与“深化作风建设年”活动相结合。结合学校“深化作风建设年”活动，各学院、部门进一步深化机关效能建设，切实改进工作作风，切实把教书育人、管理育人和服务育人贯穿日常工作之中。以认真负责的工作精神、高效有序的工作质量、务实创新的工作作风，努力做好各项工作，服务学校发展，服务教育教学，服务学生成长。

二、本次教育思想大讨论的主要收获

大讨论活动期间，全校上下围绕“人才培养”主题开展了一系列思想教育、专题研讨和调研实践活动，进一步统一了思想，凝聚了共识，明确了方向，谋划了思路，为在新的起点上深化学校特色发展战略创建了更加扎实的思想和工作基础。

（一）进一步解放思想、更新观念，深化了对学校特色发展核心战略的认识

特色发展是学校的核心战略，是促进学校全面、协调、可持续发展的关键途径。通过人才培养教育思想大讨论，全校上下进一步认清了高等教育发展的宏观走向，认清了学校在区域经济发展中的新使命、新要求，认清了学校发展的阶段性特征和主要任务，认清了学校与相关兄弟高校之间的差距，进一步明确了在学校特色发展总体框架下学院、部门

和教职工个人的发展定位。通过大讨论活动，广大党员干部和师生员工在思想交流和观点碰撞中，思想得到进一步解放、观念得到进一步更新、认识得到进一步统一、信心得到进一步增强，广大党员干部和教职员工投身学校改革发展实践的自觉性、责任感、创造力得到了进一步的激发。

（二）进一步凝聚了创新人才培养模式的改革共识，初步找到了符合学校目标定位的人才培养模式改革路径

《国家中长期教育发展与改革规划纲要》提出要把提高质量作为高等教育发展的核心任务。要体现办学特色，提高人才培养的质量，关键是改革人才培养模式。通过大讨论活动，全校上下认识到：改制更名为“浙江外国语学院”后，学校发展面临着新机遇和新挑战，提高质量、办出特色是学校改革发展的首要任务；必须在科学的教学观、质量观、人才观引领下，认真思考和探索实践人才培养模式的改革；要以更新教育理念为先导，遵循教育规律和人才成长规律，尽快确定符合学校定位的人才培养目标和培养规格，不断优化人才培养方案以及培养途径。

大讨论活动期间，学校召开了以“改革人才培养模式　提高人才培养质量”为主题的浙江外国语学院第一次教学工作会议，印发了《关于深化本科人才培养模式改革的意见》《普通本科学生学分制实施办法》等材料。学校着手调整人才培养方案以及相关教学计划和课程体系，启动了以拓展国际视野、提高跨文化交流能力为目的的全校性特色平台课程建设。在前期试点基础上，学校制定了具有“英语技能模块”的非师范类专业人才培养方案，增加英语课时，强化学生英语基本技能，进一步彰显学校人才培养特色。在部分专业试点推行本科生导师制，从思想品德、专业学习、科研能力等方面教育指导学生，提升学生的综合素质和创新能力。修订了《全日制学生学籍管理规定（试行）》《学生综合素质测评办法》等管理制度，学校科研部门制定了《科研奖励办法》《科研绩效考核办法》《科研诚信和学风建设工作实施

意见》等征求意见稿，强化引导，为人才培养搭建平台。人文学院围绕“如何引导和帮助学生构建协调统一的知识、能力和素质结构，如何推进学生人文精神和科学精神培养，如何强化实践环节”等环节，开展学习探讨，出台了学院导师制施行办法。

（三）进一步理清了工作思路，形成了一批有价值的调研成果

大讨论活动期间，全校教职员工在发展定位、发展战略、人才培养模式、学科专业布局、师资队伍建设、国际交流合作、校园文化建设等方面进行了深入研讨，直面现实，破解难题，形成了一批有价值的调研成果。本次大讨论活动共收到来自各单位的总结性材料26篇，《外语类高校学科特色建设研究及启示》《“化学＋外贸”复合型人才培养暨应用化学专业发展调研报告》《适应教育国际化进程　培养具有国际视野的复合型应用人才》《外语类院校学报办刊特色研究》《外语类高校科研管理政策比较研究及借鉴》《外语类高校图书馆数字资源建设调查与思考》《2011—2015年校园文化建设发展规划（征求意见稿）》《校园文化品牌评选办法（征求意见稿）》《关于在全校深入开展建设“教工小家”活动的意见（征求意见稿）》等高质量调研报告和制度性成果共30余项。很多教职工个人结合工作实际，撰写了对本学院、本部门、本专业人才培养的建议书。这些特色成果，必将对学校深化特色发展战略、强化人才培养工作产生积极的影响。

（四）进一步振奋了精神，促进了学校各项工作再上新台阶

理念的更新进一步推动了实践的发展，通过教育思想大讨论，全校上下凝心聚力、共谋发展，有力地推动了学校各项工作上台阶、上水平。大讨论活动期间，学校在原外国语学院的基础上，分设了英语语言文化学院和欧亚语言文化学院。增设了发展规划处。申报了日语、对外汉语、国际经济与贸易、旅游管理、会计学、教育学、美术学7个本科

新专业。学生参加各类学科竞赛成绩喜人，先后获得“2010 年全国大学生数学建模竞赛”二等奖以及浙江省二等奖、三等奖；省大学生高等数学竞赛一、二、三等奖；省第三届大学生电子设计竞赛本科组二、三等奖，高职高专组一等奖、二等奖；省第五届大学生电子商务竞赛报告类二等奖、综合类三等奖等奖项。学校涉外人才培训学院被省商务厅认定为省级服务外包人才培育基地。教师多项科研课题获国家级、省部级立项，特别是在外语类课题的申报立项上有新的突破。课题《英语评价性词汇使用特点的语料库考察与多视角分析》获准 2010 年国家社科基金年度项目立项。《中小学校园环境艺术设计的教育寓意性研究》获全国教育科学规划 2010 年度学校体、卫、艺专项研究立项；《基于学生满意度的高校软环境指数化评价研究》获全国教育科学“十一五”规划 2010 年度教育部青年专项课题立项。《中国哲学典籍翻译研究》《全球化环境下翻译伦理模式研究》等 4 项课题获 2010 年度浙江省哲学社会科学规划课题立项。《浙江外国语学院学报》在第四届全国高校社科期刊评优活动中被评为“全国高校优秀社科期刊”。学校大力拓展对外交流合作新领域。与宁波华茂教育集团签署了合作办学协议。与澳大利亚昆士兰科技大学商学院等签订了合作协议，在师生交换、学分互认、课程合作、科学研究等方面进行合作交流。有 13 名学生赴港开展了学习交流活动。来自非洲和大洋洲 12 国的“发展中国家政府官员教育研修班”成员以及法国巴黎第九大学、芬兰奥卢大学等代表先后访问我校。实验室建设迈出新步伐。外语模拟测试与能力实训中心和教育虚拟现实技术实验室获得了 2010 年度中央财政支持地方高校发展专项资金实验室项目资助，外语语言实验教学中心、国际商务实验中心通过了本科院校省级合格教学实验室评估。

三、存在的主要问题和今后努力的方向

人才培养教育思想大讨论活动是学校在新的起点上贯彻落实省委、

省政府指示精神，认真实施《国家中长期教育规划纲要》、深化特色发展战略的关键时期进行的一次解放思想、更新观念、凝聚共识、探索人才培养模式改革的重要活动。经过全校教职工的积极参与，本次大讨论活动圆满完成了预定的任务，达到了预期目的，其成果必将对学校创新人才培养模式、提升育人质量、加快特色发展产生积极影响。但是，我们也应当看到，本次大讨论活动还存在着一些不足。主要表现为：由于各单位对活动开展的重视程度不一，组织实施力度有差异，导致大讨论活动开展和收效存在不平衡性；一些单位和部门还存在讨论问题不深、时间保证不够、调研参与面偏窄等现象，在一定程度上影响了大讨论的质量；大讨论期间，有部分学院、部门班子成员出现更换，客观上使得学习大讨论活动的延续性受到了一定的影响。这些都有待于我们在今后的工作中引起重视，进一步加以改进。

人才培养教育思想大讨论虽然暂告一段落，但提高质量、强化特色是高等教育改革发展永恒的主题。大讨论活动的成果还需要我们在实际工作中不断实践、不断深化。展望未来，我们任重道远，我们要以国家及省《教育规划纲要》为指导，把握学校发展面临的新机遇，紧紧围绕“培养什么样的人才”和“怎样培养人才”这两个根本问题，继续解放思想、转变观念，突出重点，夯实基础，凝练特色，提升内涵，巩固和扩大教育思想大讨论活动的成果，加快推进特色发展，不断提高人才培养质量，为把学校建设成为办学特色鲜明、教育品质一流的普通本科院校而加倍努力奋斗。

（2010 年 12 月 20 日在浙江外国语学院“人才培养”
教育思想大讨论活动总结交流会上的讲话）

做好改制迎评这件大事

今天，我们召开学校改制迎评动员大会，目的是要全校教职工进一步凝聚共识，形成强大合力，抓紧做好改制迎评的各项工作，打好这场关乎学校生存与发展的攻坚战。以十足信心应对挑战，以百倍功夫迎评促建，为顺利通过教育部普通本科高校准入性评估而努力奋斗。这里，我讲四点意见，即提高一个认识，抓住两个重点，做到三个明确，把握四个利弊。

一、提高一个认识，切实增强工作的责任感和使命感

要进一步提高对改制迎评工作重要意义的认识。随着社会的发展，我国成人教育近年来陷入办学困境，我校作为成人本科院校，也陷入了生存和发展上的困境。实现改制是我校“十一五”期间最重要的发展目标，是贯彻落实科学发展观、推进学校科学发展最重要的具体实践，是全校师生员工多年来的最大期盼，体现了广大师生员工的根本利益。不改制，就没有出路，别说发展问题，就连生存问题也解决不了。只有改制，才能拓展办学空间，增强办学优势，优化办学资源，才能从根本上化解当前我校面临的困境和矛盾，实现可持续发展。改制迎评工作直

接关系着我校的生存与发展，关系着每位教职工的切身利益。

为此，广大师生员工要切实提高对做好改制迎评工作极端重要性的认识，进一步统一思想，增强做好改制迎评各项工作的责任感和使命感，牢固树立“校兴我荣、校衰我耻”的思想，迅速形成合力，责无旁贷地投身到改制迎评工作中，克服一切困难，勇夺改制迎评这场攻坚战的胜利。

二、抓住两个重点，准确把握工作的目标和方向

平时工作千头万绪，但有轻重缓急之分。今年重点要着力做好开展深入学习实践科学发展观活动和改制迎评这两件大事。我们的一切工作，都要围绕这两个重点、这两件大事来做。开展深入学习实践科学发展观活动是推动学校科学发展的重大机遇，改制迎评是促进学校科学发展的最重要的具体实践。科学发展观指导、贯穿改制迎评工作的整个进程，改制迎评工作又有力地推进学校科学发展，两者是紧密联系，相互促进的关系。要坚持以科学发展观统领全局，继续深入推进特色发展的核心战略，积极促进校园和谐稳定。要按照“党员干部受教育、科学发展上水平、人民群众得实惠”这一总要求，以“迎评促建上水平，改制转型创特色”为实践载体，扎实开展学习实践活动，切实取得效果。要把全校师生员工的思想行动统一到改制迎评和学校的科学发展上来，全力以赴高质量做好改制迎评工作，实现“硬件指标达标，软件指标良好”的目标，力争评估顺利通过。

三、做到三个明确，扎实推进改制迎评的各项工作

第一，明确我们改制迎评的主要任务。各单位、各改制迎评专项工作组，要认真学习《普通本科学校设置暂行规定》《普通高等学校本科

教学工作水平评估方案（试行）》和《浙江教育学院改制迎评实施方案》，进一步明确本单位、本专项组的工作任务，按照学校的工作部署，扎实开展工作，及时保质保量完成相关任务。

第二，明确改制迎评的时间进度。现距迎接教育部评估只有短短几个月，时间紧迫、任务繁重。我们要充分认识到改制迎评工作的极端紧迫性，进一步强化时间观念和增强工作紧迫感。面对改制迎评的各项工作任务和指标要求，学校进行了迎评阶段划分，全校上下务必要根据学校的统一部署，明确改制迎评整体工作和任务的时间进度，制定具体的实施进度表，珍惜时间，只争朝夕地全身心投入到工作中去，集全校师生员工的智慧和力量打好改制迎评的这场硬仗。

第三，明确改制迎评的工作要求。要振奋精神，切实增强实现目标的动力和信心。全校上下务必要克服安逸思想，增强奉献意识，发扬艰苦奋斗和连续作战的精神，勤奋工作、不辞辛劳，攻坚克难、奋发有为，以充沛的精力、高昂的斗志投入到改制迎评的各项工作中去。要增强信心，勇敢地在困境中奋起，坚持科学发展不动摇，坚持改制转型不畏难，坚持创新创业不退缩，不断战胜前进道路上的种种困难，力争改制成功。

要齐心协力，努力形成人人参与、团结奋进的良好局面。改制迎评是一项复杂而系统的工程，是事关全校生存与发展的大事。它与全校每个师生都息息相关。完成艰巨而繁重的各项迎评工作任务，需要我们充分宣传发动，进一步调动和激发广大师生员工参与迎评工作的积极性，在全校上上下下、方方面面形成一个积极迎评促建的良好氛围，做到人人关心、全员参与。只有人人都行动起来，这项工作才能取得实实在在的成果。完成艰巨而繁重的各项迎评工作任务，更需要我们牢固树立“全校一盘棋”的大局观念和“同舟共济”的集体观念，团结一心，齐心协力，通力合作。希望大家把思想和行动统一到评估指标上，统一到学校的各项要求和部署上，更新观念，抛弃一切不利于学校发展的思想、言论和行为，心往一处想，劲往一处使，一切为了改制，一切围绕改制，一切服从改制，把我们的精力集中到改制工作上来。只要我们同心同德，群策群力，我们的目标就一定能够早日实现。

要加强领导，充分发挥各级组织的领导作用。改制迎评工作领导小组要统筹部署各项工作，扎实推进整体工作。各专项工作组组长要按照改制迎评工作的要求，统筹安排本组的工作，当好领导，做好协调，抓好落实。各单位要进一步加强对改制迎评工作的领导，结合本单位实际，做好改制迎评的相关工作，党政主要负责人要亲自抓，班子成员要明确分工，各司其职，各负其责。各级党组织要加强思想领导，认真做好党员干部和广大师生的思想政治工作，充分发挥党组织的政治核心作用。各级领导干部要身先士卒，率先垂范。

要狠抓落实，务必确保各项工作任务的完成。改制迎评工作综合性强、涉及面广，相关各项任务标准高、要求严、时效性强，是对我们的一次严峻考验。各单位、各专项工作小组和相关责任人，要进一步着力在“落实”二字上下功夫，工作中做到认识到位、组织到位、落实到位，脚踏实地，求真务实，按要求不折不扣地完成相关任务，认真细致地把改制迎评各项工作做到实处。

要严明纪律，不断强化广大教职工的组织性。必须严明纪律，强化组织。广大教职工、全体党员和各级领导干部，要牢记自己责任，严格自身要求，以改制迎评大局为重，服从组织调配和指挥。要制定有关纪律和责任追究制度，规范要求，加强对改制迎评工作的检查和督促，以阶段督查、专项督查、重点督查为抓手，定期、不定期地进行督促检查，并及时通报。对工作拖拉而影响工作进度和工作效果的，要严肃批评、及时处理。对在改制迎评工作中不顾全大局，不服从指挥，或因玩忽职守、敷衍塞责，严重影响改制迎评工作、造成严重后果的，坚决追究当事人和相关领导的责任。同时，由相关部门制定奖励办法，对作出突出贡献的单位和个人进行表彰、奖励。

四、把握四个利弊，最大争取改制迎评一举成功

这里说的利弊，不是指一个事物的两个方面，而是指改制迎评的条件面临着有利和不利两方面。概括起来说，我们分别面临着四个有利条件和四个不利条件。

先说有利条件：

第一，省政府和教育主管部门对我校改制工作高度重视、大力支持。学校的办学定位得到了省政府的认可并列入《浙江省高等学校设置“十一五”规划》，于前年上报了教育部，明确要求我校“按全日制本科院校要求建设新校区”。去年，省委书记赵洪祝亲切接见了学校党政主要领导；省长吕祖善多次对我校的接管工作和新校区建设工作做出批示；副省长郑继伟就我校改制工作多次专题听取省教育厅的汇报并亲临小和山校区视察；省政府办公厅及省教育厅领导先后走访我校小和山校区，协调相关事项。年底，省政府办公厅正式发文明确了我校小和山校区建设的相关问题，指出浙江教育学院争取改制转型为全日制本科高校，是我省高等教育工作的一件大事，并对省市有关部门的工作提出了要求。

第二，从浙江省转变经济发展方式、推进经济转型升级、建设教育强省、优化高校布局的要求出发，从高校立足服务地方社会经济的角度出发，我校改制转型的目标符合浙江经济社会发展大局和高等教育发展规划，前途是光明的。同时，2009 年是全国各省级教育学院申请改制的高峰期，又正好是教育部高校设置评估轮到中东部地区的一年，我们应该乘势而上。

第三，美国的次贷危机正在一步步演化和扩大为一场全球金融危机，在国家实施扩内需保增长的经济刺激计划下，政府的主导性投资和宽松的金融政策有利于我们新校区建设相关审批手续的从快从简、资金

筹措的多渠道、建设成本的降低。

第四，从自身来看，经过这几年全校上下的不懈努力，我校办学空间基本得到了解决，教学、科研、管理、教学队伍建设等各方面工作不断取得新成绩，并在某些方面形成了自己的特色和优势，改制所需的软硬件已具备了一定的基础。

再讲不利条件：

第一，严峻的经济形势也会带来政府财政补助政策的从紧和非产业性开支的压缩。学校财务压力加大，尽管经过努力我们度过了去年比较困难的一年，但今年将面临财政经常性经费拨付减少、各方面支出将继续增加尤其是新校区建设资金压力巨大等更为困难的一年。

第二，新校区建设工作牵涉面广，变数和客观制约因素多，有些甚至超出了我们的预期，尚有不少难题需要破解，因而总体进展不够快，需要进一步加快推进。对照改制评估中基础设施建设和办学条件的指标体系，我校在实验室建设、图书馆和基本办学条件上，需要很大的投入和更快的建设，才能达到标准。

第三，良好的工作作风需要进一步培育。改制迎评已迫在眉睫，但还有少数人存在集体意识淡薄，发展意识不够，主人翁意识不强，以及不思进取、贪图安逸、事不关己、软弱涣散的思想作风问题；还存在工作漂浮、办事拖沓、相互推诿、效率低下的工作作风问题；还存在漠视群众、忽视师生、形式主义、官僚主义的领导作风问题。这些都与改制迎评的要求格格不入，影响着改制迎评工作。

第四，离教育部评估只有半年多的时间，时间紧，任务重。面对有着科学、复杂、庞大的指标体系的迎评工作，许多材料亟待收集、整理、完善，许多制度还需要建立、完善，许多改革还需要抓紧推进，许多工作还要进一步落实。这些工作千头万绪又十分紧急，来不得半点马虎、懈怠，给我们提出了严格的要求。

以上是对我们改制迎评有利和不利条件的分析，也是对机遇与挑战的分析。广大师生员工一方面要充分认识和总结我们的优势条件，倍加珍惜目前良好的外部环境，紧紧抓住难得的机遇；另一方面也要正视不足，清醒地认识严峻的挑战，化挑战为机遇，变压力为动力。只有这样，在推进改制迎评的过程中我们才能做到心中有数，更好地扬长避短、有的放矢、突出重点、补缺补差，力争更加顺利地通过改制评估。

这次动员大会的召开，标志着浙江教育学院改制迎评的战役正式打响了。现在已是3月份，还有7个月左右的时间就要迎来教育部专家组的进校评估了。当前已经到了“箭在弦上，不得不发”的阶段，形势逼人，时不我待，任何的犹豫彷徨、患得患失，任何的不思进取、光说不干都不行。校党委号召全校干部和师生员工立即行动起来，以十足信心应对挑战，以百倍功夫迎评促建，以高昂的士气、无畏的勇气、宏伟的志气迅速投入这场战斗。我相信：只要我们坚定信心、齐心协力、真抓实干、奋力拼搏，我校的改制就一定能早日实现！

（2009年3月20日在浙江教育学院改制迎评动员大会上的讲话）

教师要认认真真搞科研

时值“十二五”规划起步开局之年，今天学校召开浙江外国语学院成立后的第一次科研工作会议。这次会议的主要任务是：在认真总结近年来我们学校科研完成情况的基础上，研究、部署今后几年学校的科研工作，努力开创新形势下科学事业发展的新局面。下面我先谈三点意见：

一、统一思想、进一步提高对科研工作的认识

我们国家高等教育发展进入了一个新的阶段，这一阶段最显著的特征就是要以提高质量为核心。胡锦涛总书记在庆祝清华大学建校100周年大会上的重要讲话中，提出“全面提高高等教育质量”要“四个大力”：“大力提升人才培养水平，大力增强科学研究能力，大力服务经济社会发展，大力推进文化传承创新。”加强科研工作是全面提高教育质量的重大任务和内在要求。加强科研工作，也是学校推进特色发展，加快建设外语特色鲜明、教育品质一流的多科性普通本科高校的迫切需要。

首先，科研工作是提高教师自身业务水平的重要途径，也是实现教

学质量提高的一个前提基础。学术性是大学很显著的一个特征，但大学学术性的成果体现和应用不同于科研机构，主要是在人才培养上面。科研和教学是辩证的统一体关系。高水平的教师，必须有很强的科研能力和较高的科研水平。教学内容的改革，没有科研作支撑，那就是拼凑式的，不可能有高质量的成果。

其次，科研工作主要的一个内容就是促进学科建设。而学科建设是高校可持续发展的一个战略支撑，是保证和提高人才培养质量坚实的学科支撑。总之，科学研究是提高高等教育质量的重要支撑点，是推进学科建设的助力器，也是培养造就高素质创新人才的根本途径，所以从这个意义上讲，我们必须高度重视科研工作。

近年来，学校的科研水平不断提升，也取得了一批质量较好的科研成果，但是按照国家技术创新要求和学校建设目标，科研的能力与水平迫切需要进一步提高。尽管从自身纵向比，学校科研的提升很显著。但从横向比，作为普通本科高校，哪怕是应用类普通本科高校，与其他建校时期比较长的普通本科高校比，差距很大。这次会议正好是在《浙江外国语学院“十二五”发展规划纲要》（以下简称《纲要》）通过时召开，怎么来围绕《纲要》认真组织实施科研工作是我们现在面临的一项重要工作。

二、要大力增强科学研究能力，努力开创学校科研工作新局面

《纲要》明确了总体目标和具体目标。无论总体目标还是具体目标关于科研工作都提出了具体的要求。要怎样来实现这些目标，我具体谈以下几点：

（一）增强科研能力，要努力突出学科导向，要以学科建设为龙头，来加强和促进科研工作。学科特色是决定大学特色最主要、最深刻

的因素，加强优势特色学科建设，是新形势下高校提升核心竞争力的根本途径。增强科研能力要突出学科导向，不是为搞科研而搞科研。我们要采取措施，倾力打造优势特色学科，以此引领和提高我校整体学科实力。在优势特色学科打造方面，还要明确优势特色学科建设的重点领域和方向，把《纲要》里提出的目标和任务具体化，怎么打造？有几点还是有必要把握。

要努力实现局部跨越。学科建设要坚持“有所为有所不为”。一流、优质学科建设必须先要“有所不为”。要强调比较优势，要与全国同类高校、省内高校相比较之后，选准发展的着力点和切入点，要抓局部突破，这是学校深入开展特色发展的战略举措。我们现在、哪怕未来五年，甚至更长时间内，尽管与省内普通本科高校相比、与全国同类高校相比，我们的整体实力差距可能还是明显的，但在学科建设、学科建设的局部和某些领域上实现跨越，这是应该做到，也必须做到的！只有这样局部的突破才能整体上提升我们学校的核心竞争力。《纲要》具体目标里提到了外国语言文学学科要达到一级学科硕士点和浙江省人文社会科学研究重点基地的建设水平，这是重大任务，也是一项艰巨任务。外语类院校迫切需要外国语言文学成为强势的特色学科，没有这个，我们外语院校外语特色鲜明、教育品质一流的目标是缺少学科支撑的。当然，集中力量建设优势强势学科，是要“有所为、有所不为、有所先为”，是要先形成领先优势，然后带动多学科协调发展。

要形成一批有鲜明特色的重点学科。现有传统学科要找准新方向，要在学科交叉中获得生机。传统学科，包括我们现有的省级、校级重点学科等，这些我们经过几十年建设发展的学科，如何在学科发展中找准新的方向，我认为还是应该依靠学科交叉才能获得生机，很重要一条是与外语学科交叉融合。外语学科如果单兵突进，优势无法持久。传统优势学科要考虑怎么与主体学科交叉融合，才能培育新的学科增长点，才能真正形成有特色、层次分明的学科建设群。

（二）增强科研能力，要以需求为导向，以创新平台和项目为抓手来推进科研工作。高校科研已经从过去以个人、集体兴趣爱好为特征，转变到以积极适应国家战略、区域经济社会发展的战略需求作为一个导向，要以此为导向，就必须以创新平台和项目为抓手来推进科研工作。特别是我们提到重点研究基地建设，要真正建设好一个人文社科的重点研究基地，首先要凝练主攻方向，形成特色优势。基地需要主攻方向，主攻方向要选准。《纲要》里面提到几大研究领域，其中一个是国际区域经济研究。我们的国际区域经济研究主攻方向就是拉美和阿拉伯研究，以拉美和阿拉伯语国家和地区作为国际经济研究的区域。我们的国际经济研究在整体上无法与中国人民大学、厦门大学等相比，但我们就集中到这一地区，因为我们有许多自己的比较基础优势、资源优势和区位优势。

（三）增强科研能力，要以积极推进、协同创新为动力。校内要协同创新，校外要与科研机构、企业建立战略联盟，要推进我们的科学研究进入国际的交流与合作。从基础做起，推进校内的协同创新就是不能你搞你的，我搞我的。基地建设必须要强调跨学科、推进协同创新为动力。

（四）增强科研能力，要抓好学术队伍建设。在打造优势特色学科上，一定要以引进和培养、造就学科领军人物为核心来建设高水平的创新团队。今年要推出的《浙江外国语学院“十二五”人才发展规划》计划要引进“3到5名”省部级学科领军人才，这些人才是有质量要求的，要社会公认的，我们要优先放在打造强势优势学科，放到省级重点学科里来考虑。

三、加强组织领导、认真落实这次科研工作提出的各项任务

（一）进一步提升各级领导干部引导科研发展的能力。各级领导干

部，包括校领导班子在内，都要重视学习、善于学习。我们不能再仅靠过去成人师范类高校经验来抓外语类普通本科高校建设，提高人才质量、增强科学研究能力、开创为社会服务，都需要学习、熟悉很多东西，这是增强执行力里面很重要的一条。要树立全校一盘棋思想，要顾全大局、服务大局。高等教育历史上有很多典型的成功案例说明，学科建设要“有所为有所不为”。当为的就应该为，特别是优势学科建设方面，全校一定要有大局意识、全校一盘棋。为什么我们要重点倾力打造外语学科？主体学科没有特色没有竞争力，就不可能有核心竞争力。重点学科负责人制度要创新。重点学科负责人机制要推进、要完善。重点学科负责人一要组建团队，二要明确主攻方向，三要抓平台建设。给他们责任和任务的同时，人才引进、经费的使用也要与之一致，不能搞多头的形式管理。要把科研工作摆到更加突出的位置，要着力营造浓厚的科研学术氛围。

（二）要切实抓好《浙江外国语学院“十二五”学科建设和科研事业发展规划》的编制与组织实施工作。规划的编制尤其是要在重点领域、重大项目、重大的科研成果以及体制机制方面作一些具体的明确。特别是重大项目的设立，项目不在多，组织实施要按照学科建设和科研事业发展规划的具体目标任务，细分到各学院包括研究机构中去。

（三）进一步完善科研体制机制，要促进资源的优化配置。今年一项重点工作之一就是实施以二级学院体制机制改革为重点的校院两级管理制度改革。目前已经在调研，二级学院的设置究竟按照什么标准，按学科门类、一级学科还是跨学科？还是按人才培养单位？这与科研机制有很大关系。真正要协同创新，还有许多工作要做。

（四）加大政策引导，加大政策扶持力度。人才的政策、项目经费政策等等，要优先考虑事关学校一些核心的、关键性的学科和科研项目。

随着改制成功，学校科研发展步入成长、上升期，我们要坚定信心、明确目标、脚踏实地地推动我校科研工作迈上新台阶，为把我校建成“外语特色鲜明、教育品质一流的多科性教学型普通本科高校”而努力奋斗。

（2011 年 6 月 24 日在浙江外国语学院第一次科研工作会议上的讲话）

深化人事制度改革

一、关于凝聚改革共识的问题

改革首先需要凝聚共识。这次的人事制度改革是自上而下的改革，中层干部作为组织实施改革的中坚力量，首先需要凝聚共识，只有凝聚共识，改革才能取得成功。应该凝聚的共识：

（一）凝聚对深化人事制度改革重要性的共识。深化人事制度改革是加快推进学校治理体系、治理能力现代化的一项重要任务，是全面深化改革的重要领域和突破口。当前，高等教育综合改革有三大重点：一是完善内部治理结构。重点解决教授治学的问题及学校与社会、政府的关系问题。二是人才培养机制改革。三是人事制度改革。为什么说人事制度改革是改革的突破口？对于我校而言，学校与先进的外语类院校主要差距是师资队伍的差距。人事制度是其主要的制约因素。所以要把人事制度改革作为突破口，这是改革思路中很重要的一条。

（二）凝聚对人事制度改革理念的共识。深化人事制度改革必须有科学的理念为指引，这是人事制度改革取得成功的基本前提。没有这个前提很难取得真正的成功。人事制度改革的核心要素是“人”和

“事”。浙外深化人事制度改革的目标，在价值取向上是：建立适应“外语特色鲜明　教育品质一流”的多科性普通本科高校建设需要的现代大学人事制度，学校实现办学使命和办学定位。中央对于综合改革非常强调坚持以重大问题为导向，十八届三中全会作为基本要求提出来。就高等教育领域看，要深化改革，要着力解决的重大问题是什么？

要解决高等教育适应经济社会发展需要的重大问题；解决高等教育的规模、结构、质量、效益不够协调的问题；解决高等教育大而不强的问题。改革开放以来，高等教育快速发展，但高等教育的质量特别是人才培养的质量与经济社会不相适应的问题日益突出，制约高等教育发展和人才培养的深层次矛盾逐渐显现，解决提升高等教育质量的深层次矛盾成为高等教育改革的主题。深化人事制度改革是高等教育改革的重点领域、重要任务。过去，主要服务于数量的增长和规模的扩张，在新一轮高等教育改革中，人事制度改革主要服务于办出特色、争创一流，实现内涵式发展。

结合我校实际，适应新形势、新任务，浙外要解决的重大问题是特色与质量问题。7 月中旬，学校邀请校外专家对专业建设五年规划进行论证，比较集中的意见有三条：一是专业建设集中度问题（集群发展），专业有点散，缺少应有的学科支撑，有些专业是否符合学校发展值得商榷；二是投入经费问题；三是集中的是专业特色问题，凝练专业建设特色，人才培养的特色不够突出，学生的跨文化沟通能力、非外语专业中的外语特色、语言类专业中的复合型人才培养、专业国际化问题、比较视角等等，都需要进一步加强师资队伍建设力度。所以，质量与特色是重大问题。

深化人事制度改革要在目标导向和价值取向上确立这样的目标定位：通过改革，进一步激发教师和管理人员、主要是教师的潜力和活力，有力促进特色发展和人才培养的质量。这也是衡量人事制度改革的根本尺度。去年召开的改制更名后第一次党代会，进一步明确了学校的办学使命、奋斗目标和五年的主要任务。我校现行的人事制度与办学使命和要求，还存在适应问题，可以说适应度不高，只有通过深化改革来解决。

（三）凝聚对深化人事制度改革信心的共识。从本质上说，改革是一项创新的事业，改革创新是新时期浙外发展的鲜明特征，也是实现改制更名后学校发展的关键所在。2007 年至今，第三轮以岗位聘任制度为核心的人事制度改革为学校特色发展注入了动力。在发规处牵头实施的“十二五”规划中期评估中，有些指标已经超预期完成，但是不平衡的现象仍然存在，有些是政策累积效应在逐步发挥作用。

当前，我校的改革也进入了攻坚期和深水区，新一轮改革必然涉及突破思想观念的束缚、利益固化的藩篱、一些部门单位的权力掣肘。“触动利益比触动灵魂还难”，既要对深化改革的艰巨性和复杂性有更清醒的认识，更要增强对深化改革的信心。要以改革来解决发展中的新问题，学校才能更好更快地发展。

国家陆续出台的重要改革举措，为学校深化改革提供了条件和契机。如 2013 年出台了高校教学评估的新型评估模式，核心是对人才培养目标和培养效果状况进行评价。评估方式发生了重要变化，为学校办学的多样化和特色发展提供了空间。如今年暑期，国家教育部下放了重点学科审批权、远程教育网络审批权、第二学士学位审批权、教授职称评审权四项权力。同时，近年来学校的改革实践也为这次的改革提供了实践基础。2007 年学校进行首轮岗位聘任时，遇到的阻力比现在大得多。当时为了推进改革，举办了管理创新论坛等。当时除了与利益相关外，还有思想观念的问题，观念与利益（双重矛盾）交织在一起。我们现在的改革有了实践基础，这也是增强信心的理由之一。

二、突出改革重点的问题

深化人事制度改革必须突出改革重点，特别是重点领域和关键环节。从改革的全局看，重要领域“牵一发而动全身”，关系到改革成败，是改革的重中之重；关键环节“一子落而满盘活”，关系到改革成效，是改革的有力支点。

我校改革的重点是：着力抓好制度设计。基本思路是：围绕建立“外语特色鲜明　教育品质一流”的多科性普通本科高校需要的现代化人事制度；坚持目标导向，打通人事制度与学校发展定位目标任务指标的落实环节；以健全岗位聘任管理制度为重点，以评价考核制度为关键，抓好制度设计。

（一）完善评价考核制度体系。从学校整体改革而言，人事制度改革是子系统，评价是人事制度改革的“牛鼻子”。重点是：把推动落实学校建设目标任务纳入评价考核体系。评价指标、标准要尽可能深化、细化、具体化。现行岗位聘任制度仍带有服务于数量增长、规模扩张的痕迹。这个问题要解决。还有以前三年业绩确定后三年绩效工资、岗位等级的做法要改变。前三年的业绩职能表明有履行现岗位的资格。要按需设岗、按需聘岗。我们现在还是需要淡化侧重身份管理而非岗位管理的做法。这种做法在学校科研领域发挥效应，但在人才培养特别是国际化专业、跨学科专业培养等领域作用不大。主要是标准没有具体化，因此要细化，最后实现契约管理。

（二）体现分类分序列评价。这次的改革要该表“一把尺子衡量所有单位”的做法。

（三）把握好改革的进度与节奏。渐进与突破相促进，处理好存量改革与增量改革的问题。职称评审权下放高校，这里就有存量和增量的问题（现有教授和新进教师）。

三、同步推进配套改革问题

目前单项改革难以奏效，综合改革成了新一轮改革的特征。深化人事制度改革，把它作为推进同步配套改革的重要改革，作为子系统，要配套相关领域的改革。

人事制度改革：岗位聘任与职务评审配套，与分配制度改革相配套（绩效），与机构编制改革相配套。相关举措配套：人事制度改革与人才培养改革、与二级管理体制改革、与科研制度改革、与资源配置体制改革等相配套。要多措并举、多措并施才有效。上次的中心组扩大会议，专题就教育国际化进行研究，其中涉及很多配套举措。

关于怎么培养国际化师资的有：改革教师职务评审办法，中青年教师申报高一级职称必须具有半年以上出国经历；岗位聘期考核，提高教学改革、国际化课程、全英、双语课程、国际化专业建设等的权重和分值；今年开始将国际化任务作为考核指标，专业教师引进中的国外背景教师、国际化专业、国际化课程、国际合作办学、留学生数、毕业生考入国内外大学等都纳入考核指标；国际中外合作办学，不仅仅是国际处，还涉及其他职能处室，包括设计鼓励政策、鼓励教师出国境进修，鼓励教师与外籍教师同上一门课；人才复合培养，现在主要是非语言类专业开语言类课程，接下来是“小语种 + 专业”。

深化人事制度改革，需要凝聚改革共识，抓住问题关键，找出症结所在，拿出解决办法，需要群策群力，希望大家增强改革的使命感和担当意识；希望通过学习讨论，深化认识，深入思考解答好人事制度领域哪些必须改、怎么改的问题；希望进一步解放思想、踊跃发言、畅所欲言，提出符合学校实际的意见和建议；希望通过本次学习会，为进一步推进人事制度改革做好思想舆论准备。

（2014 年 8 月 28 日在浙江外国语学院暑期中层干部学习会上的讲话）

认识新常态　改革促发展

去年，全校党员干部、师生员工团结协作、努力奋斗，较好地完成了年度目标任务，各项事业有了发展，归结到一点，就是落实学校第一次党代会精神实现了良好开局，为下一步发展奠定了良好基础。2015年是学校发展的关键之年，是全面推进综合改革、推进依法治校之年，是“十二五”规划收官之年，也是学校迎来60周年校庆之年。做好今年的工作，对实现学校第一次党代会提出的“三步走”战略目标的“第一步”具有十分重要的意义。学校2015年的工作要点已经印发。做好今年的工作，着重要把握工作的总体要求。与去年不同的是，今年提出了要“协同推进‘品牌化、国际化、集群化’三大战略，紧紧围绕立德树人根本任务，着力向改革要动力、用特色创优势，推进依法治校，落实从严治党要求”。为何提这样的总体要求？首先要认清形势、把握大局，即把握高等教育发展的新趋势新要求、新阶段新特征（即新常态）。

一、认真认识和把握我国高等教育发展的新常态

去年召开的中央经济工作会议，对经济发展新常态进行了阐述：增

长速度正从高速增长转向中高速增长；发展方式正从规模速度型粗放增长转向质量效率型集约增长；经济结构正从增量扩能为主转向调整存量、做优增量并举的深度调整；发展动力正从要素驱动、投资驱动转向创新驱动。习总书记强调，要更加注重加强教育和提升人力资本素质，更加注重科技进步和全面创新。刘延东副总理明确提出，认识新常态、适应新常态、引领新常态，是当前和今后一个时期经济发展的主旋律，也是教育工作的大逻辑。

20 世纪，我国高等教育快速发展。2014 年年底，全国普通高校 2000 多所，毛入学率 37.5%，而我省提前进入高等教育普及化阶段，毛入学率超过 50%。与此同时，人才培养质量与经济社会发展不相适应的问题日益突出。原因是多方面的，涉及发展的理念、机制、方式等。

如何认识和把握我国高等教育发展的新常态？最近，教育部党组副书记、副部长杜玉波发表文章认为，最主要的是四个特征：一是从发展环境看，随着国家产业转型升级进程的加快，人才市场的供需关系正由高校为主导的供给驱动变为行业企业为主导的需求驱动。这就要求高校必须树立起市场竞争的意识和优胜劣汰的危机感，主动对接行业产业需求，在优化调整人才培养结构、加强创新创业教育和职业引导上主动作为、有所作为。（中央要在全国高校中建成一批技术应用型本科高校）二是从发展定位看，随着创新驱动战略的实施，特别是全社会对先进科技和高素质人才需求日益增加，高等教育正在走向社会的中心，角色定位从过去的支持服务逐步转向服务和引领同步。这就要求高校必须坚持需求导向、合理定位，与国家“五位一体”总体布局和“四化同步”发展的新要求贴紧靠实，通过拓展服务能力和提升贡献力实现与经济社会的深度融合。三是从发展方式看，随着多年来的快速发展，我国高等教育正在从以规模扩张为特征的外延式发展转向以质量提升为核心的内涵式发展。这就要求高校把发展重点从过去的拼规模、拼数量转向在稳定规模的基础上拼质量、拼内涵，提高优质高等教育资源的供给能力和水平，实现由“以量谋大”到“以质图强”的战略转变。四是从发展动力看，随着教育改革进入深水区，越来越涉及复杂的内部关系和利益格局的重大调整，容易改的都改了，剩下的都是硬骨头。这就要求高校不能再依靠零敲碎打、缝缝补补过日子，必须下决心通过深化体制机制综合改革理顺内部关系、释放发展活力、调动各方面积极性。

去年年底，浙江省政府召开了全省高等教育工作会议，李强省长提出，要向改革要动力，用特色创优势。提出了三个战略方向：分类改革，特色发展；引领创新，内涵发展；融入地方，协调发展。

联系我校实际，学校改制更名已有五年了，当前改革发展也呈现一些新特征——“三期”叠加，即办学特色的培育形成期、转型发展的深度调整期、质量提升的爬坡攻坚期。在这次班子民主生活会前，我主持召开了两个座谈会，有教授提出来，是否学校特色发展的步伐缓下来了。寒假里，网上有全国大学的学生四六级考试平均分排名，我们排在46名，在省内仅次于浙江大学和浙财经，我觉得很高兴。因为学校的外语特色不仅体现在外语专业，还体现在非外语类专业学生的外语水平，这与公共外语教学是分不开的，与这几年生源改善分不开，也与这几年抓学风建设是分不开的。

在新常态背景下，推进学校的改革发展，我们必须坚持特色办学，增强战略定力。要更加注重内涵发展，把教育质量的提升作为核心任务、学校的生命线。改制更名后，有的专业招不到学生了，深入特色发展，敢于有所不为，才有可能大有作为。郑继伟副省长对学校作出批示后，《中国教育报》记者来校采访，刊出了《做好“加减法”特色亮起来》的报道。我校只能是特色型大学，李强省长所说的高校“瘦身”，要更加注意创新发展，不是拘泥于传统格局和模式、套路，观念、思维不改变，从干部到教师，还是过去学术型高校的上课，干部也是过去的管理套路，与学校办学定位和发展方向不符。要更加注重需求导向，融入地方，主动适应浙江经济社会发展，同时积极服务国家战略需求，我们不是关起门来培养学生。

基于这样的考虑，今年工作的总体要求是：高举中国特色社会主义伟大旗帜，以邓小平理论、“三个代表”重要思想、科学发展观为指导，全面贯彻党的十八大和十八届三中、四中全会精神，深入学习贯彻习近平总书记系列重要讲话精神，认真学习贯彻全省高等教育工作会议精神，坚持以特色发展为主题，以学科转型为主线，以提高质量为核心，协同推进“品牌化、国际化、集群化”三大战略，紧紧围绕立德树人根本任务，着力向改革要动力、用特色创优势，推进依法治校，落实从严治党要求，为加快建成外语特色鲜明、教育品质一流的多科性普通本科高校奠定更加坚实的基础。

二、着力做好今年工作的重点任务

今年的学校工作主要是6个方面，按照改进文风的要求，不再是“老三块”，六大块内容按照其内在逻辑分别是：一、“强化思想引领，统筹推进立德树人工作”，立德树人是高校的根本任务；二、“强化优势特色，推进内涵发展”，我校发展的主攻方向、重点领域；三、“深化综合改革，推进创新发展”，推进发展的动力保障；四、“推进依法治校，建立健全现代大学制度”，推进发展的法治制度保障；五、“切实改善办学条件，增强服务保障能力”，推进发展的条件服务支撑；六、“落实从严治党要求，切实加强党的建设”，推进发展的政治组织保障。

要点下发后，各单位要认真学习。下面我就着力抓好的9项重点工作说一说。

立德树人工作有两项：一是“美丽浙外”建设。校园搬迁后，环境文化要及时跟上，任务很重，楼宇等要重新命名，反映校训精神和学校的特色。省教育厅正在推进“五室”文化建设，包括寝室、实验室、会议室、办公室、食堂，要结合起来。要注重营造体现外语、国际化的育人氛围，要让校园文化氛围像阳光、空气一样无处不在，发挥浸润的作用。二是校庆，主要是庆典大会和系列活动。校庆的主要价值是精神价值，除了展示学校 60 年办学成就外，要进一步凝聚全校师生员工、全体校友的智慧和力量，提高信心，这比提高知名度更重要。我们从成人高校改制而来，工作非常艰难，我们要对历史负责。校志的编纂也已进入第三稿修改，主要领导要把好关，各单位主要领导要认真审阅，体现责任担当，按照修改意见抓好质量，要抓紧时间，要出成效。

强化优势特色有两项：一是开展优势特色专业建设。我们已有省级优势特色专业 1 个（英语）、省级新兴特色专业 4 个。要一以贯之持续抓好这些专业的建设。二是推动优势特色学科发展。聚焦办出外语特色，做大做强“大外语”，打造特色学科。外语特色不仅体现在外语专业，非外语专业、交叉学科、相关学科也要辐射。协同推进三大战略，聚焦外语特色，主要是省级重点学科，协同创新平台建设。

关于动力保障有两项：一是加强顶层设计，推进体制机制创新。制定《深化综合改革实施方案》，近几年都是单项改革，如二级管理体制，如人事制度改革，所以在整体协调配合性上经常打架，今年要加强整体协调配合。二是做好“十三五”规划的调研起草工作，开展学校改革发展重大问题研究。

推进依法治校一项：推进章程建设。这项工作去年也写进去了，工作小组开过两次会。今年要完成修订核准工作，修订后还要开展阐释、宣传、教育、引导工作，以《章程》治校。

改善办学条件一项：校园置换与搬迁工作，代建的杭外校园任务不轻，杭外 7 月 10 日以后搬迁，我们要排出时间表，做好室内整修和办公室分配工作。

落实从严治党要求一项：开展处级以上领导干部“三严三实”专题教育。

三、要崇尚实干，狠抓落实

各级领导要充分认识到，抓落实是做好一切工作的生命线。今年要把抓落实放到更加突出的位置，促进各级领导干部主动谋事、勇于担当、一抓到底，确保工作部署落地见效。我们召开民主生活会，就是要改善“抓落实不力”的现象。夏宝龙书记提出的抓落实不力的“九种表现”，在我们领导干部中不同程度地存在。要根据年度工作要点，细化任务，明确分工，分解任务。部、处、所要明确主管领导，落实责任，确保责任到人，高效推动。学院也可根据学校重点工作，确立学院重点工作，要建立重点工作立项机制，建立落实情况的报告机制，推动层层落实。各部门主要负责人要抓具体、具体抓。自己首先要抓什么工作要明确。

健全督查机制。建立党委督查工作办公室，去年对重点工作，包括责任单位和协同单位的工作作了重点工作报告。严格责任考核有几条举措：党建责任考核，各党总支（直支）采取述职评议，向党委述职；院长抓教学工作述职评议，立德树人是根本任务，教学是中心任务，学院、部门要对照工作要点，交出成绩单，要有干货。从严管理干部是从严治党的重点，学校工作要点能否见效，一分谋划，九分落实。

学校改革发展的任务繁重而艰巨，希望我们上下同欲，以真抓实干的工作作风，奋发有为，完成年度工作任务，为实现学校“三步走”战略目标的第一步奠定坚实基础，为助力实现“两富”“两美”浙江贡献我们学校应有的力量。

（2015 年 3 月 6 日在浙江外国语学院 2015 年度工作会议上的讲话）

第三编

立德树人与大学精神

把握社会主义核心价值观的实质是“德”。德分为大德、公德和私德。养大德者，方能成大业。

追逐成才梦想，第一位的是要学会做人，上好立德修身这一门人生重要的必修课。

立德修身应从固本强基做起。潜心修炼重责任、守诚信、讲礼仪三种基本品质。

优秀的校训应是大学的育人之纲，是培养学生成长成才的价值取向与精神导向，体现的是一所大学的品格和精神气质，也承担着民族文化的历史底蕴和价值追求。

要让校训精神成为社会主义核心价值观落小、落实、落细的重要载体。要以校训为重要载体，传播、涵养社会主义核心价值观，突出固化、融化和融入。

要扎扎实实做好“融入”这篇大文章，把社会主义核心价值观融入人才培养的全过程，融入校园生活的方方面面。培养具有家国情怀的国际化应用人才，涵养优雅气质，修炼高尚品格。

扎实有效地推进 高校意识形态阵地建设

近日，国家印发《关于进一步加强和改进新形势下高校宣传思想工作的意见》。这是深入贯彻总书记关于宣传思想工作重要指示精神的纲领性文件，为高校更好地开展宣传思想工作提供了基本遵循。浙江外国语学院党委认真学习贯彻“四个全面”战略布局和习近平总书记系列重要讲话精神，切实增强政治意识、政权意识、阵地意识，增强道路自信、理论自信、制度自信，构建学校宣传思想文化工作大格局。

一、认真落实责任，加强党委对意识形态工作的领导

成立宣传思想文化工作领导小组。校党委书记担任组长，建立“党委书记亲自抓、分管领导具体抓、宣传部负责组织协调、二级单位贯彻实施”的意识形态工作新格局。每月编印《舆情参考》，做好对理论动态及社会思潮的研判，强化舆情咨政功能。同时，把党建与思想政治工作、廉政与作风建设纳入二级单位年度考核目标，在对中层干部年度考核中突出德的考核。

二、加强理论武装，深入学习贯彻总书记系列重要讲话精神

重点抓好校院两级理论中心组学习。仅2014年，党委理论中心组就总书记系列重要讲话精神以及全国全省宣传思想工作会议精神等组织专题学习会15次、专题报告会3场。落实《关于进一步加强和改进校、院两级中心组理论学习的意见》，严格落实理论学习中心组发言人学习制度。

三、坚持一元指导，推动思想政治教育的多样化发展

丰富教育形式，增强思想政治教育感染力。出台并落实《关于加强和改进大学生教育引导工作“双十”举措的实施意见》，组织开展大学生形势与政策教育课程改革，探索具有外语院校特色的思想政治理论课教学模式。积极响应“百校联百镇”活动，推进思政课程实践教学基地建设，探索“学校+基地”的教学模式。落实《领导干部听课制度》，密切关注教师意识形态动态，书记、校长开讲“新生第一课”。切实抓好学生寝室思想政治教育阵地，即时发现和解决学生实际困难和问题。弘扬师风师德，提高思想政治教育的传承力。严格执行《本科专业建设评估方案》等制度，确保选用的教材符合社会主义核心价值观的正确导向。

四、注重思想引领，积极推进特色校园文化建设

学校以弘扬“明德弘毅　博雅通达”校训精神为涵养社会主义核心价值观的载体，以立德树人为核心，以《“美丽浙外”建设行动计划》等制度建设为纲领，以浙江人文大讲堂浙外分讲堂、德雅讲堂、弘毅讲坛、博达论坛为主讲堂，开辟多样化的“浙外表达”渠道，培

养具有“国际视野 家国情怀”的浙外人。以“一院一品”为主要平台，发挥外语院校优势，积极打造“外”字招牌社会实践项目和志愿者服务活动。开展“重责任、守诚信、讲礼仪”的养成教育，以“最美师生”等先进典型引路，建设“柏舟文化交流厅”为重点诚信教育基地。打造具有浙外特色的典礼文化，将大学生活动中心命名为“追梦堂”，使之成为师生典礼集会的标志性建筑。创设“博学雅行·礼敬中华优秀传统文化”校园文化新品牌，组织创作校歌，开展“咏唱美丽浙外”活动。

五、增强阵地意识，主动有效地建设、管理和使用宣传文化阵地

学校在不断壮大传统宣传阵地的同时，充分认识加强网络建设与管理的重要性。学校着力打造全新中文门户网站，建立具有鲜明外语特色的英文网站，充分利用网络资源搭建各类新媒体平台 30 余个。整合阵地资源，网上网下联动，把好舆论引导的时、度、效，确保主流意识形态阵地。完善宣传队伍的管理和激励机制，开展宣传能力提升活动。学校出台《校内报告会、研讨会、讲座、论坛等活动管理办法》《校园宣传品管理办法（试行）》等，增设网络舆情监管中心，宣传部长兼任中心主任，制定实施《加强网络安全与网络舆情管理工作方案（试行）》。以浙外微信公众平台等一批校内新媒体矩阵为网上评论的主力军，围绕热点问题主动撰写、转发微信、博文，唱响网络主旋律。

构建高校宣传思想工作大格局，扎实有效地推进高校意识形态阵地建设，意义深远、责任重大、使命光荣。浙江外国语学院要勇做宣传思想工作的“先锋”，锐意进取、奋发有为，做好宣传思想的“大文章”。

（载 2015 年 4 月 22 日《中国教育报》第 4 版）

明德弘毅　博雅通达

校训的作用在于大学师生的精神塑造和价值观的形成。"明德弘毅　博雅通达"作为浙江外国语学院的校训精神是去年召开的改制更名后第一次党代会所确立的。一年来，校训已为绝大多数学生所耳熟能详、深入人心，同时对培育和践行社会主义核心价值观起到了积极促进作用。今天，校党委理论学习中心组深入学习习近平总书记关于立德树人的重要论述，坚持把培育和践行社会主义核心价值观作为教育第一位的要求，结合校训精神、涵养社会主义核心价值观，作一次专题讨论。我认为，我们在理论层面上，要进一步深化对浙外校训凝聚的社会主义核心价值观的认识；在实践层面上，要进一步思考如何把弘扬校训精神与涵养核心价值观结合起来，在推动社会主义核心价值观落小、落实、落细上有新谋划、新举措和新成效。就此，我谈几点认识和思考，作为学习体会与大家交流。

一、校训的释义

从词义来看，中国最权威的第一部字典——东汉许慎的《说文解字》说："训，说教也"。训诂学大家、清代段玉裁在《说文解字·注》

中对“训，说教也”的理解和注释是：“说教者，说释而教之，必顺其理”。引申为“凡顺皆曰训”。“训诂”是一门学问，是对古书中的字句作解释。“训词”是上对下的教导和告诫的话。过去的大学设置有“训导处”也就是现在的学工部，就是做学生思想政治工作的。所以，“训”有“教导、教诲”的意思，也有“准则”的含义。所谓“校训”就是一所学校告诫学生应该遵守的原则性准则，校训表达的形式可以是一句话，也可以是几个词组。校训是大学师生的共同价值追求，但其重点一定是对学生的，是上对下的训词。中国近代大学的校训是舶来品，和现代大学一样，是近代从西方引入中国的。上海的教会大学——圣约翰大学是近代中国最早命定校训的学校。他们的校训是英文表述的，翻译成中文是“光与真理”。这所学校培养了荣毅仁等一大批知名人士。民国时代诞生的各类大学、包括北大纷纷仿效。这就是近代中国大学校训的由来。

大学校训是一所学校办学育人理念的集中表述，也是一所学校所坚持追求的核心价值观的凝练。

二、浙外的精神特质与价值追求

大学校训是大学的一种文化符号。优秀的校训应是什么样的？优秀的校训应是大学的育人之纲，是培养学生成长成才的价值取向与精神导向，体现的是一所大学的品格和精神气质，也承担着民族文化的历史底蕴和价值追求。

如何阐释“明德弘毅　博雅通达”的浙外校训。要阐释校训精神，首先要弄清楚它的本意和原义、出典和释义。对于我校校训的出典，大家都没有什么疑义。“明德”出自《礼记·大学》“大学之道在明明德，在亲民，在止于至善”。“明德”本意为彰显美好、光明的德行。“弘毅”出自《论语·泰伯篇》，“曾子曰：士不可以不弘毅，任重而道远”。“士”可以翻译为“知识分子”或“读书人”，“弘”意为“大”，“毅”意为“坚毅、刚毅”。章太炎认为，“弘”是“刚”的假借字，“弘”就是“刚”；杨伯峻《论语译注》引用章太炎说，“士不可以不弘毅”是“读书人要刚毅”。“博雅”出自《楚辞·招隐士序》“昔淮南王安，博雅好古，招怀天下俊伟之士”。“博雅”本义为“学识、学问端正”。雅者，正也，“雅”就是“正”的意思，“博雅”就是“博学雅正、博学纯正”。“通达”出自《礼记·学记》“九年知类通达，强立而不反，谓之大成”，是指学问在九年后达到知类通达。“通达”本义为“融会贯通”。要解释校训的本义不难，但校训倡导的是一种文化精神，重点是解释它的引申义、新意，要对校训的文化精神作阐释。

如何阐释浙外校训的精神特质和价值追求。浙外校训是告诫学生立身、立业、为人、为学的原则性准则。浙外校训的特质是：一是有民族文化的基因，植根于中华民族文化的沃土，是从中华优秀传统文化中汲取的营养。我校的校训出自于三部儒学经典、一部文学经典。作为一种文化符号，大学校训体现的是民族文化的特性，与西方的校训在价值来源上存在本质的差异，西方的大多数校训来自于圣经，而中国的校训根植于中华民族传统文化的土壤，来源于国学经典。如清华的校训就来自于《周易》。只有根扎得深，文化力量才会更深厚；借助经典的力量，校训能传播得很广。

二是我校的校训赋予了新的时代元素和新意。时代精神，就是社会主义核心价值观，浙外校训应成为核心价值观的浙外表达。注入了新时代元素的学校校训应理解为：“明德”——信念坚定、道德高尚；“弘毅”——志向远大、意志坚韧；“博雅”——知识渊博、学问端正，也可理解为“学贯中外、学问端正”；“通达”——融会贯通、兼济天下，不仅要把知识融会贯通，实践也要融会贯通，所以去年解释为“勇于实践”，现在的“兼济天下”更有感染力。

我们校训的精神特质、价值追求非常有个性，既根植于中华文化的沃土，又承载了社会主义核心价值观，同时包含了对高等教育规律的理解，所提出的立身、立业、为人、为学的原则性准则，要求学生德才兼备，首先就要学会做人，树人先立德，包括思想、道德品格、人格。这里的“德”是“大德”。习近平总书记讲，社会主义核心价值观也是一种德。只有这样阐释，才能真正使我们的校训精神起到涵养社会主义核心价值观的作用。

三、要把笃实力行浙外校训工作不断引向深入

习近平总书记强调指出，“青年一代有理想、有担当，国家就有前途，民族就有希望”。高校师生培育和践行社会主义核心价值观，其根本目的是立德树人，要培养和造就中国特色社会主义事业的合格建设者和可靠接班人。

我们要把弘扬校训精神放到学校人才培养工作全局中的重要位置来统筹谋划，认真总结近年来学校在这方面的经验、做法和成效，积极探索、不断深化完善弘扬校训精神的途径、内容和形式，着力进一步打通校训与社会主义核心价值观的知行环节，让校训既外化于行、又内化于心，成为浙外落实立德树人根本任务、建立校园文化品牌的一道亮丽的风景线。

下一步工作的重点是：要统筹谋划，着力打通校训与核心价值观的知行环节，弘扬校训精神，涵养社会主义核心价值观。下一步具体要做的有：

要让校训精神成为社会主义核心价值观落小、落实、落细的重要载体。要以校训为重要载体，传播、涵养社会主义核心价值观，突出固化、融化和融入。要把校训正式写入学校《章程》，融入校歌，镌刻于石碑，写在重要的公共场所、特别是礼堂；要以校训精神命名楼宇、道路等；要进入校园网主页；写入新生录取通知书、教师手册、学生手

册；融入到重要的文化设施场馆，如图书馆、档案馆、校史馆、陈列馆等。

要以校训精神为抓手，笃行社会主义核心价值观。要进一步抓好校训教育，对每届新生做好集中宣传、阐释工作，把校训精神融入到开学典礼、新生始业教育和毕业典礼，要广泛征求意见，将体现校训精神的入学誓词和毕业誓词固化下来，成为浙外学子铭记一辈子的记忆。要组织力量开设优秀传统文化课程，习近平总书记一再强调，践行社会主义核心价值观必须从优秀传统文化中汲取营养。学校要在校训精神指导下开设此类课程，我主张，作为文科院校，学生要有一定的国学经典阅读量，没有学习经典，做学问就像浮萍一样没有根基，有了根基才有明辨能力，经典阅读不仅是涵养民族气质的举措，更是涵养一个人文化底蕴、培养家国情怀的有效途径，希望各学院办的读书节活动要真正读经典著作，请著名的专家学者作讲座，认认真真写读后感。要将校训精神融入到学生守则、学生行为规范。要开展对校训精神的理论研究，发挥学科优势，组织相关专家、教授深入研究，力求对校训作出更加全面、深刻、准确的阐释。

（2014 年 9 月 23 日在浙江外国语学院
党委理论学习中心组第六次集中学习会上的发言摘要）

重责任　守诚信　讲礼仪

梦想是一种志向、一种愿景，是一种追求、一种动力。有梦想的青春才精彩。这里取名“追梦堂”，主要有两层含义：一是为国家培养“追梦人”是中国大学崇高而神圣的使命。实现中华民族伟大复兴的中国梦，归根结底是靠人才，靠教育。二是每一位浙外学子也应该在追逐梦想中度过大学四年的学习生活，这也是浙外教育办学的价值追求。人生在不同阶段会有不同的梦想。对许多同学来说，在高中阶段，考上大学是自己的梦想；上了大学，成才成为新的梦想。大学阶段是人生非常重要的阶段，很大程度上决定了一个人未来的发展。

2014 级新同学即将翻开大学生活的第一页，如何实现未来成才的梦想是每位新浙外人要考虑的首要问题。

追逐成才梦想，第一位的是要学会做人，上好立德修身这一门人生重要的必修课。立德树人是教育的根本任务，树人须先立德，人无德不立，立德修身是处事立业之本。一个人能否实现梦想，毕业后能否成功，不仅取决于专业知识能力，还取决于道德品行、道德修养是否高尚。

立德修身应从固基强本做起，潜心修炼重责任、守诚信、讲礼仪等三种基本品质。首先，要重责任。有没有责任感，有没有担当精神是决定一个人能走多远的决定性因素。大学生正处于学习的黄金时期，应该把勤奋学习和实现中国梦作为一种责任。在勤奋学习的同时，要关心国家、关心人民、关心世界，要有报效祖国、服务人民的家国情怀，要有“天下兴亡、匹夫有责”的担当精神。其次，要守诚信。守诚信是立德之基、立人之本。“人无信不立”，诚信缺失是当今经济社会发展中的突出问题，作为新一代大学生要引领守诚信的社会风气，要培养诚信自觉，诚信学习。

“不学礼，无以立。”礼是指符合道德要求的行为规范；礼仪多指礼节、仪式。我们学校相当一部分学生以后要进行国际交流与合作，不仅要熟知中国传统的基本礼仪，还要了解外国的礼仪。

砥砺品行应从日常生活自律做起。“君子以成德为行，日可见之行也。”有没有养成品行、德行，不仅要听其言，还要观其行。砥砺品行要做到知行合一，从小事、细节做起；要锻炼定力，耐得住寂寞，抵得住诱惑。

同学们生逢盛世，幸运地赶上了实现中国梦的历史黄金时期。伟大的时代为青年一代放飞理想、追逐梦想创造了千载难逢的好时机。“千里之行，始于足下。”希望同学们既要有远大理想，又能从当下做起，付诸行动。到大学毕业之时，都能实现自己的成才梦想，成为品德高尚、气质优雅的人，成为国家建设的有用之才、栋梁之才。

（2014 年 9 月 21 日在浙江外国语学院弘毅讲堂第一讲摘要）

国际视野　家国情怀

深入学习习近平总书记五四重要讲话精神，培育和践行社会主义核心价值观，落实立德树人根本任务。把握社会主义核心价值观的实质是“德”，德分为大德、公德和私德，养大德者，方能成大业。培育和践行社会主义核心价值观，要把学习、宣传、贯彻习近平总书记“五四”重要讲话精神作为学校当前首要政治任务，用讲话精神指导学校工作；要扎扎实实做好融入这篇大文章，把社会主义核心价值观融入人才培养的全过程，融入校园生活的方方面面；要努力提高各级党组织和各级领导班子的引领能力。近期学校落实社会主义核心价值观，主要着眼于精心谋划、整体设计，进一步加强体制机制保障，强化问题导向意识；培养具有家国情怀的国际化应用人才，涵养优雅气质，修炼高尚品格。培育和践行社会主义核心价值观，要着力做好“三德”“五行动”。所谓“三德”是指，强责任教育、守诚信之德、明礼仪之德。所谓“五行动”是指，在第一课堂开国学辅修课，抓实践养成教育，涵养校园人文环境，铸造师德师风，提升各级党组织的引领能力，做到融入促深化，浸润促内化，载体促转化，机制促固化。

（2015 年 6 月 6 日在浙江外国语学院
党委理论学习中心组专题学习会发言摘要）

加强和改进思想政治工作

这次思想政治工作会议，是在全党深入学习贯彻党的十七大和十七届三中全会精神、深入开展学习实践科学发展观活动，学校改革发展处在关键时期，改制迎评工作全面启动的背景下召开的一次重要会议。这次会议的主要任务是：高举中国特色社会主义伟大旗帜，以科学发展观为指导，大力加强社会主义核心价值体系建设，深入学习贯彻学校第一次党代会精神，认真总结近年来我校的教职工思想政治工作，研究部署当前以及今后一段时期的任务，为学校实现改制转型和特色发展提供强大的精神动力和思想保障。

一、近年来学校教职工思想政治工作的回顾

这些年来，学校党委和行政高度重视教职工思想政治工作，充分发挥了思想政治工作在学校改革发展中的重要作用。

（一）突出思想政治工作的重要地位，围绕中心，服务大局

学校坚持“育人为本”，积极倡导和推进“教书育人、管理育人、服务育人”的工作。紧密围绕学校各个时期的中心工作和重要任务，

服务大局，有效地推动了学校各项工作。尤其是学校第一次党代会以来，学校发展定位明确、办学空间有所拓展、育人能力逐步提升、内涵建设成效初显、人才队伍建设长足进步，各项事业健康发展。到目前为止，获省级“教学名师”两人、省级“教坛新秀”两人，获得“新世纪教改项目”两项，45 人次进入省“151 人才工程”“省高校中青年学科带头人”及“省高校青年教师资助计划对象”，获各类课题立项 77 项，科研项目、科研经费、成果获奖、论著发表等方面均有了的提高和改善。尤其是学校发挥 50 多年办学的特色优势，主动积极服务于我省的基础教育，为全省广大中小学培养和培训了数以万计的管理骨干和教学骨干，受到了社会各界的广泛好评。

（二）加强政治理论武装，重视思想建设

坚持“科学发展”的正确导向，在学校 2008 年党代会精神的指引下，成功举办了“办学思想大讨论”教育活动。通过大讨论，全校上下“凝心聚力谋发展、一心一意创特色”的共识已基本形成，解放了思想，统一了认识，增强了走特色发展之路的信心，有力地推动了学校各项工作的顺利开展。坚持和完善校院两级理论中心组学习制度，为推进学校的改革发展奠定了良好的思想基础。学校相继举办了干部教育论坛、科学发展论坛、管理创新论坛。通过组织专题报告、读书活动、开展调查研究、进行交流讨论，更新了办学理念，明确了学校发展方向，提高了党员干部特别是领导干部的思想理论水平和办学治校能力。认真学习、积极贯彻中央和省委的有关精神，有计划、有步骤、有针对性地组织开展教职工的政治理论学习和各项专题教育活动。根据上级的要求和学校的实际情况，党委提出了各时期师生开展理论学习、教育活动的安排意见，理论学习内容丰富，学习形式丰富多样，教育活动开展有声有色。

（三）积极推进“三育人”工作，师德师风建设成效明显

学校高度重视师德师风建设工作，始终把它作为学校各个时期工作的重要任务。围绕师德师风建设和学生成长成才目标，积极探索思想政治工作的新思路、新载体、新方法。加强师德师风宣传教育工作，“铸造师魂、提高师能、关心师情”已成为共识。近年来，已有 1 人获“全国优秀教师”荣誉称号，4 人次获“省优秀教师”荣誉称号，有 8 人次获得省级“三育人”荣誉称号、3 个二级学院先后获省级“三育人先进集体”荣誉称号。

（四）重视党风廉政建设和法制教育工作，坚持从严治党

党委始终把党风廉政建设作为重要工作任务，深入开展党风廉政教育。积极从思想上、制度上、行为上推进党风廉政工作。先后邀请了省教育厅纪工委书记、西湖区人民检察院副检察长来校作了关于反腐倡廉警示教育的专题报告。同时，组织党员干部学习参观反腐倡廉成果展览，警钟长鸣。制定和完善了多项规章制度。积极开展“普法”教育工作。

（五）努力维护学校安全稳定，积极创建平安校园

重视学校安全稳定工作，构建了较为完善有效的管理机制和工作系统，制订了多项安全工作预案。获得了全省首批省级“平安校园”称号并且连续三年通过了省“平安校园”的评估验收。加强和改善了安全管理。认真调解各类矛盾，妥善处理了多起突发事件，保证了校园安全，维护了学校的稳定。特别是广大干部、教职员工以高度的政治责任感和大局意识，通过两年多的艰苦努力，出色地全面完成了接管原求是应用技术学院的政治任务，小和山校区实现了较为平稳的过渡，为维护我省高等教育的稳定作出了重要贡献，受到了广泛的好评。这其中也包

含了充分发挥思想政治工作的优势，是各部门周密部署、通力协作、齐抓共管的成功范例。

（六）坚持民主办学，充分发挥教职员工的积极性

积极发挥教代会和工会的作用，充分调动教职工的积极性和主动性，引导教职工积极参加学校的改革与发展。坚持教职工参与民主管理、民主决策、民主监督。认真维护教职工的合法权益，建立了教职工申诉制度，重大事项听取意见和情况通报制度。努力服务教职工，切实解决教职工的实际问题，坚持“四必访”，把党组织和学校的温暖送到困难群众之中。积极组织多种健康有益的文体活动，寓思想政治教育于生动活泼的活动之中。加强与无党派人士、各民主党派组织的联系和交流，充分发挥他们在学校改革、发展、稳定和各项工作中的作用。支持、帮助各民主党派组织加强自身建设；重视非党干部、民主党派干部的推荐、培养和选拔任用，全校民主党派、无党派人士代表中有省政协委员1人、区人大代表1人，担任学校处级领导8人。离退休工作深入扎实。关心离退休老同志，认真听取老同志的意见和建议，重大事项及时通报，积极帮助老同志解决具体困难。离退休老同志老有所学、老有所乐。

（七）积极开展精神文明建设，努力建设和谐校园

一方面，积极倡导和谐校园建设与学校校园文化建设有机融合，我校的“爱心助残服务工程”获得了“全省首届大学校园文化品牌”。另一方面，各级党组织和工会注重人文关怀，积极主动关怀教职工，帮助教职工排忧解难，努力营造充满人文关怀的校园氛围。此外，积极响应上级的号召，努力弘扬“一方有难八方支援”民族友爱精神，尤其是在汶川大地震发生后，学校党员、干部、教职工积极捐资，总额达2.85万余元。充分反映了我校广大教职员工良好的精神风貌。

（八）加强宣传舆论阵地建设，为学校改革发展营造良好氛围

校报、广播台、网络、宣传栏等校内媒体牢牢把握正确的舆论导向，积极宣传党的路线、方针、政策和学校的教育教学科研、管理与改革发展，坚持以正确的舆论引导人、教育人、鼓舞人。在对外宣传中，主动加强与主流媒体的沟通，为学校的改革发展营造了良好的舆论氛围。

总结我校教职工的思想政治工作，我们的主要体会是：

坚持围绕中心，服务大局。始终以“育人”为己任，把人才队伍建设、学科专业发展、教育教学工作、后勤服务管理、平安校园建设等工作作为教职工思想政治工作的载体和落脚点，把促进学校的科学发展、学生的全面发展作为教职工思想政治工作的目标，为学校的“创新创业、特色发展”提供了坚强的思想保障。

坚持理论武装和正确导向。工作中始终坚持以科学的理论为指导，及时地宣传和坚定地贯彻党的理论、路线、方针、政策，坚持用先进的理论、先进的思想、先进的文化来武装、教育、引导广大师生。

坚持党政齐抓共管，全员育人。坚持将教职工思想政治工作纳入党委和行政的重要议事日程，坚持党委领导，行政协调，做到统一领导，统一规划，统一部署，努力克服“两支队伍两张皮、两种工作两股道”的现象。积极构建工作拉力，主动形成部门合力，深入推动全员努力。

坚持师德师风建设常抓不懈。注重言教与身教结合，积极发扬严于律己、以身作则的优良作风。在广大教职工中积极认真地开展学习和教育，涌现了不少受到学生尊敬、同事赞赏、社会公认的可亲、可信、可敬的先进典型。

坚持结合学校实际，以人为本。注重在工作中增强“渗透”意识，提高“结合”本领，坚持“贴近实际、贴近生活、贴近师生”，关注教职工的切身利益，把教职工思想政治工作渗透到实际问题的解决和人才

培养的实践活动之中。

我们应当看到我校教职工思想政治工作在学校教书育人、服务社会、改革发展中发挥了重要作用。这些经验的取得来之不易，凝聚着全校各级组织、广大共产党员和教职工的辛勤劳动。在此，我代表学校党委、行政，向广大党员干部和全校师生员工，表示崇高的敬意和衷心的感谢！

在总结经验、肯定成绩的同时，我们也应当清醒地看到教职工思想政治工作还存在着不少问题和不足。主要有四个方面：一是有的部门和同志对教职工思想政治工作的重要性紧迫性认识还不够到位。“一手硬、一手软”的问题没有得到根本解决，存在“说起来重要，干起来次要，忙起来不要”的现象和弱、散、浅等问题。二是齐抓共管、全员育人的师德师风建设长效机制还需要进一步完善。工作的保障体系尚需强化。三是思想政治工作的针对性、实效性还有待增强。对新形势下教职工思想政治工作中出现的新情况、新问题研究不够、新举措不多，在一定程度上存在单纯以依靠行政手段搞活动、作报告、读文件替代深入细致的思想政治工作的现象。思想政治工作的创造力、活动的吸引力、思想的穿透力有待进一步提高。四是对思想政治工作基本规律、基本经验的深入研究总结有待加强，理论水平有待提高。对于这些问题，必须引起高度重视，要采取切实有效的措施加以解决。

二、学校教职工思想政治工作面临的新形势、新任务

（一）宏观形势依然严峻，思想政治工作任重道远

当前意识形态斗争依然尖锐复杂，各种社会热点难点逐步显现，各种消极因素的影响也常常带来人们思想的波动。同时，今年大事要事多、政治敏感日子多，各种敌对势力还在寻机发难、捣乱破坏。加之全球性金融危机所带来的负面作用已经影响到大学校园。部分困难学生的

学业维持、毕业生的就业、创业都面临一些新的困难。如何在困难的情况下坚定政治信念，保持清醒的政治头脑，如何在学生遇到这些困难的时候指导和帮助他们，给学生以温暖和关怀，解疑释难，考验着我们的教职工，同时也检验着我们的工作水平。

（二）学校以“育人”为本，这是我们始终必须坚守的天职

“学校无小事，处处皆育人”。教职工是学生的一面镜子，是学生的表率。教职工的一言一行、一举一动都会对学生产生潜移默化的影响。我们应当看到绝大多数教职员工严于律已、以身作则、为人师表，可敬可亲。但也有少数教职工过分看重个人价值和个人利益，把自己所从事的工作当成是一种单纯的谋生手段，没有很好地把它看作是承担着传播科学文化知识、传播崇高理想、培养社会主义接班人的一项事业，没有将身心投入到本职工作中去，无心钻研业务，工作时间注意力不集中，热心“第二职业”；少数教师师表意识淡薄，对自身对学生要求不严，有时自身仪表不整，举止欠妥，言语有失分寸，甚至在讲台上发泄不满情绪，把一些个人成见、怨气带进课堂，给学生做了不好的导向，在学生心目中造成不良的影响。

爱岗敬业是我们的职业道德要求。应当肯定我校全体教职员工在教书育人过程中所付出的辛勤劳动和取得的感人业绩，但仍有的教职工爱岗敬业精神不强，使命感、责任感淡薄，对教育、教学和管理工作精力投入不够。有的教师缺乏对教学内容、教学方法、教学效果、教育创新的探索与研究。备课不够认真，教学内容陈旧，上课缺乏激情，教学方法单调，课堂气氛沉闷，照本宣科，泛泛而谈，缺乏开拓和创新意识，缺乏有针对性的因材施教，缺乏对学生的研究和了解，脱离实际、收效不佳。

提高服务水平是重要的育人途径。胡锦涛同志提出，要办好让人民满意的教育。对于我们来说，就是要努力办好让学生、家长、社会满意

的学校。我们应当看到，我们的教学、管理、服务工作离学生和广大群众的要求尚存在较大的差距。调查中反映出来的问题还相当突出，有些环节必须引起我们高度的重视。尽管目前学校处在改制转型的艰难时期，还存在着这样或者那样的困难，但是在努力拓展办学空间、改善办学条件的同时如何增强服务意识、改进服务质量、提高服务效率，“硬件不足软件补”，以我们真诚的服务、真心的帮助、真情的关怀，努力提高学生的满意度，为学生的成长提供良好的环境，始终是摆在我们每一位教职工面前的重要任务。

（三）进一步增强大局意识，坚定走特色发展之路的信心

从我校的总体情况来看，“创新创业、特色发展”的战略已经深入人心，广大教职工已经达成了基本的共识。但是，我们还需要进一步凝聚共识，还需要继续将“办学思想大讨论”引向深入。从思想的层面来看，一些党员干部、教职员工在如何将学校特色发展的战略目标主动转化为自己的自觉行动以及努力方向尚存在一定的差距。有的同志心存疑虑、信心不足，有的对工作要求不高、起色不大。有的观望等待、缺乏紧迫感，在主动响应改革、顺应改革、适应改革上还存在“等、看、慢”的现象。在主动寻找服务地方经济社会，促进“转型升级”的结合点上办法还不多，成效还不够明显。我们应当很好地结合开展深入学习实践科学发展观活动的重大机遇，认真学习，深刻查找与学校特色发展、创新创业不相适应的思想观念、工作作风、精神状态、行为习惯等方面的问题并加以整改。要真正将学习活动的成果转化为我们实际工作中的正确思路、有效策略和具体办法。

（四）努力维护校园的和谐稳定是我们重要的政治任务

校园平安是校园和谐稳定的基石。我们的事业发展需要平安稳定的校园，没有平安的校园环境，学校的改革发展就失去了基础和保障。我

们的校园安全管理、突发事件应对以及有关安全稳定工作都取得了长足的进步，但防患于未然，努力消除各类安全隐患依然是我们长期的工作任务。

工作和谐是校园和谐稳定的重要条件。按照学校第一次党代会提出的要求，要充分发挥教职员工的主动性、积极性，激发教职工的创新创业激情，努力营造全校上下心齐、气顺、劲足、实干的和谐氛围。影响氛围和谐的因素很多。从管理的角度来分析，我们的一些工作还不能很好地适应新形势的要求，运转还存在一些问题，系统思考与整合还做得不够，基础管理还较为薄弱，制度建设还需加强。在有关教职工的各项考核评价制度和人事聘用制度等方面还需要作进一步的完善。一些教职工在科学规范和人性化的协调统一、个人利益与集体利益的协调统一、局部利益与整体利益的协调统一、眼前利益与长远利益的协调统一等方面还有一些模糊的认识。这些都是我们今后一段时间里需要认真研究着力解决的问题。

师生和谐是校园和谐稳定的关键。我们倡导建立各层面的、健康和谐的人际关系，但更重要的是要建立和谐的师生关系。师生关系既是育人成效的重要标志，同时也是育人过程中重要的条件。师生关系是各种教育关系中最重要的关系，师生关系的和谐是学校和谐的关键，建立融洽、健康、和谐的师生关系仍然是需要我们长期努力的目标。应当看到，在师生关系上有的教师与学生还缺少交流，缺乏爱心、耐心和关心，育人意识淡薄，学生敬而远之。有的教师只满足于课堂教学，只顾完成教学任务，对学生的思想道德教育及人生规划、能力培养问之甚少。抽样调查显示，教师在日常的教学及与学生的交流过程中存在一定的问题和障碍，如有近46%的学生认为在自己的大学老师中没有可以崇拜的对象，仅有不到10%的学生会在遇到困难时第一时间想到向自己的老师求助，近50%的学生认为专业课教师很少与学生在课下讨论专业课以外的内容，有56%的学生认为我校教职工在关心学生方面表现一般或不理想。这在一定程度反映了师生关系的疏远和师生之间交流的平台存在问题，这些都在一定程度上影响着和谐校园的建设。

三、学校教职工思想政治工作的总体要求和主要任务

根据中央和省委的要求，结合我校的实际，当前和今后一个时期我校教职工思想政治工作的总体要求是：以邓小平理论和“三个代表”重要思想为指导，以科学发展观为统领，全面落实党的十七大精神、省委“两创”总战略和学校第一次党代会精神，围绕学校改制转型、特色发展这个目标和“育人”这一根本任务，把社会主义核心价值体系融入教育教学管理服务的全过程，以热爱祖国、热爱学校、热爱学生、爱岗敬业、教书育人、管理育人、服务育人为核心，以“学为人师、行为世范”为准则，以提高教职工思想政治素质、职业理想和职业道德为重点，以创新思想政治工作的内容、方法、手段、机制为基础，进一步解放思想、与时俱进，努力增强思想政治工作的时代感、针对性、实效性和吸引力、感染力，推进全员育人、全方位育人、全过程育人；弘扬新风、力行规范、强化教育、健全制度，不断提高教职工队伍的综合素质，为学校的全面协调可持续发展提供强大的精神动力和思想保障。

围绕以上的总体要求，我校进一步加强和改进教职工思想政治工作要着重做好以下工作。

（一）进一步提高对加强和改进教职工思想政治工作的重要性和紧迫性的认识

通过一段时间的努力，学校第一次党代会确定的“五大战略”都已经取得了明显的阶段性成效。但是，我们还应当看到，作为艰难发展中的浙江教育学院，大转折时期遇到的矛盾和困难还很多。要求我们必

须进一步统一思想、坚定信心、振奋精神，要求我们必须进一步理顺情绪、化解矛盾、同舟共济、共克时艰。要求我们必须进一步把党员干部、师生员工的思想统一到党的十七大精神和省委“两创”总战略上来，主动为我省的经济转型升级服务。要求充分发挥思想政治工作的优势，大力宣传党的路线方针政策，宣传学校的决策和工作部署，抢抓机遇、开拓创新，把智慧和力量奉献到实现学校第一次党代会提出的发展战略和奋斗目标的实践中去，把信念和热情汇集到倾力完成改制迎评的各项任务中去。

（二）坚持以科学发展观为指导，以建设社会主义核心价值体系为主线，凝魂聚气，固本强基

建设社会主义核心价值体系是党的十七大提出的一项重大战略任务，是深入贯彻落实科学发展观的重要举措，是社会主义意识形态的本质体现，是有效抵御西方意识形态渗透、维护国家安全的主要战略举措。同时，也是全党全国各族人民团结奋斗的共同思想基础，是当代中国人民的主心骨，是思想政治工作的灵魂。

我们要把社会主义核心价值体系建设作为思想政治工作的主线，坚持不懈地用马克思主义中国化的最新成果武装全党、教育广大师生员工，用中国特色社会主义共同理想凝聚力量，用民族精神和时代精神鼓舞斗志，用社会主义荣辱观引领风尚。我们要坚持用“一面旗帜、一条道路、一个理论体系”武装我们的头脑。在学校的重大转折时期和发展的关键时刻，需要我们在社会主义核心价值体系的引领下，努力构建我们的核心价值体系，凝练我们的学校精神，涵养我们的校园文化。要树立共同理想和价值观，增强全校师生员工的认同感，并以认同感和归属感凝聚全校师生员工的力量，共同提升我们学校的办学水平。

（三）紧密围绕学校的发展目标和中心任务，积极推进师德师风建设和“三育人”工作

要把师德师风教育摆在教师队伍建设的突出位置，引导教师教书育人、敬业爱生、遵纪守法、为人师表。师德师风“重在建设，贵在坚持”，要创新师德建设的形式、内容与载体，不断提高师德建设的水平。根据新形势新任务的要求，积极促进师德师风建设的理论创新、制度创新和管理创新，推动师德建设工作实现科学化、制度化。要建立和完善教师评价、考核、奖惩机制，通过科学管理促进教师思想政治素质、道德修养和业务水平的提高。要从制度上逐步完善教职工师德师风的日常管理和考核；要针对教职员工在育人过程中存在的各种问题加强教育，持续改进。

要切实开展理想、信念、信仰教育，要把胡锦涛总书记对教师提出的“四点要求”作为师德建设的核心和主要内容，引导教职工依法执教、廉洁从教，自觉遵守纪律，反对极端民主化和无政府主义思潮，提高教职工的公民意识和法制观念。把教书育人、管理育人和服务育人作为自己的神圣使命。要坚持正面引导，大力树立和宣传“三育人”先进典型，注重挖掘师生员工身边的师德师风建设的真人、真事、真情，充分发挥先进典型的榜样示范作用。

（四）坚持“以人为本”，强化教职工思想政治工作的基础

思想政治工作的主体是人，对象是人，其出发点和归宿也是人。要尊重人、理解人、关心人、帮助人，这是思想政治工作的基础。教职工是学校的主人，要从教职工最现实、最关心、最直接的利益入手，维护教职工的利益，贴近教职工的需求，切实解决教职工的突出问题。要推进思想政治工作的人性化，注重思想互动和思想互助，加强沟通理解，完善信息沟通和交流制度。要因人制宜、因地制宜、因时制宜，坚持一把钥匙开一把锁，把思想疏导与强化管理有机结合起来，以理沟通，以

情交融，以法规范。

要把思想政治工作同学校具体的教育、教学、科研、管理、服务等各项工作结合起来；要把工作的点和面结合起来，既要有重点，也要提高覆盖面，既要拓宽领域，也要消除“盲区”，既要变换视角，也要扩展载体，既要加大信息，也要直观形象。力求教育影响有合力、活动开展有引力、文化建设有张力、传媒运用有活力、防微杜渐有定力。

（五）坚持改革创新，积极探索教职工思想政治工作的新途径、新方法

“观念引导全局、思路决定胜负”。首先要着力转变不适应不符合科学发展观的思想观念，着力解决影响和制约发展的突出问题，清醒认识思想观念的差距，准确把握体制机制方面存在的弊端，及时发现方式方法上的不足。要积极创新和充分利用以各种载体，积极探索报纸、广播、互联网开展思想政治工作的方式方法，依托新闻、专题、讲座及各类活动提高思想政治工作的实效，提高思想政治工作的引导能力。

要认真研究我校教职工思想政治工作的规律，加强舆情分析，主动设置议题，进一步解放思想，开拓工作思路。紧密围绕学校改制转型的阶段性任务的要求，增强思想政治工作的针对性、实效性，坚持“三贴近”，针对师生员工关注的热点、难点、疑点问题，正面引导，释疑解惑，平衡心理，理顺情绪，弘扬正气，压制邪气。

在继承和发扬党的优良传统和有效经验的基础上，积极探索新形式，开辟新途径。一要充分发挥校园媒体的作用，高扬主旋律，打好主动仗，坚持团结、稳定、鼓劲和正面宣传为主的方针。二要积极创新载体，通过各种形式，增强思想政治工作的亲和力、感染力、吸引力。着力提升精神风貌，增强精神力量，筑造精神家园。

（六）进一步加强思想政治工作长效机制的建设

高举理论大旗，大力加强理论武装工作。要按照学校第一次党代会

提出的要求，坚持不懈地抓好理论武装工作。要进一步坚持和完善校、院（处）两级中心组学习制度，积极探索教职工政治理论学习的有效形式。要努力使教职工政治理论学习内容充实、形式活泼、学研结合、富有成效。要通过学习，使广大党员干部深刻领会科学发展观的精神实质，切实转变不适应、不符合科学发展观的思想观念，增强在学校工作中贯彻落实科学发展观的自觉性和坚定性。学习教育中要明确目标任务、把握要点，要努力增进教职工的认同感、使命感。做到真学、真懂、真用，努力用科学理论武装头脑、指导实践、推动工作，自觉服务发展大局。

切实加强和改进对思想政治工作的领导。要进一步完善思想政治工作的体制机制。各级领导班子和党员干部要站在战略和全局的高度，牢牢把握思想政治工作的主动权。强化责任意识，切实加强组织领导，坚持“三个文明”一起抓，从决策目标、执行责任、考核监督上确立和保证思想政治工作的地位和作用的发挥，实现管人、管事、管思想的统一。各部门“一把手”要切实履行“第一责任人”的职责，负总责、亲自抓，其他领导成员也要明确任务，抓业务从思想政治工作入手，抓思想政治工作从业务出发，实行“一岗双责”。要树立“大工作”观念，营造优良的思想政治工作生态。努力做到人人肩上有思想政治工作任务，人人关心思想政治工作，人人都会做思想政治工作，人人都受益于思想政治工作的局面。

加强思想政治工作队伍建设。要做到组织落实、人员落实。要从政治上、思想上、工作上、学习上、生活上和使用上关心思想政治工作干部，充分调动他们的积极性和创造性。要加强专门人才建设，造就一批思想政治工作业务骨干，使思想政治工作队伍充满活力、充满生机。要按照“高起点选配、高标准培养、高要求使用”的原则，加强对党务工作者、政治辅导员、班主任的选聘配备、培养培训，切实提高他们的素养和能力。要不断改善思想政治工作的条件，切实解决工作中存在的各种困难。

进一步加强思想政治工作规律的探索。一是思想政治工作的科学化、规范化要求我们一要坚持科学理论指导；二是要精心安排教育内容；三是要科学选用工作方法；四是要注重提高工作实效。教职工思想政治工作要积极引入科学元素，积极借鉴和运用成功的经验与理论成果。要结合我校的实际，组织力量，对涉及教职工思想政治工作的重大问题以及热点、难点和疑点问题开展研究，把握新形势下我校教职工思想政治工作的规律和特点，为学校加强和改进教职工思想政治工作提供理论支持和决策依据。要积极撰写研究论文，汇集成果，推广运用。要以研究推动工作，以研究提升水平。

加强思想政治工作的规范化建设。要使教职工思想政治工作制度化、规范化。按照上级的统一部署，制定教职工思想政治工作的指导意见，逐步建立和完善师德师风建设、辅导员和班主任队伍建设、管理的有关制度。要建立和完善教职工思想状况分析和研判制度。要坚持和改进各种政治理论学习制度，落实责任，加强规划，确保时间，探索方法，创新形式，提高实效。要建立不定期的时事报告会制度，介绍国内外形势，传达党和国家的方针政策。及时开展世情、国情、省情、校情教育。

进一步加强领导干部的作风建设，建立健全领导干部深入群众，调查研究，开展谈心交流和思想互动的制度。思想政治工作要延伸到学校教学、科研、管理、服务系统中去，延伸到各项实际工作中去。各级领导要经常深入基层、深入到教职员工中去，围绕教职工思想政治层面的重大问题、热点问题有针对性地开展调查研究和谈心活动，切实掌握教职工的思想动态，力争把存在的问题解决在萌芽状态。

进一步加强校园宣传思想文化阵地的建设与管理，增强政治意识、责任意识和阵地意识。加大宣传思想文化阵地硬件的建设投入，进一步办好校报、广播、网络、橱窗专栏和板报。切实加强新闻舆论阵地、思想文化阵地、网络阵地的建设和管理。学校的各种宣传媒体要坚持党性原则，坚持团结、稳定、鼓劲和正面宣传为主的方针，牢牢把握正确的舆论导向，发挥主动性、增强贴近性。要紧密配合学校的中心工作，积极引导广大师生员工关心和参与学校的改革发展。对热点和敏感问题多做正面引导和团结教育工作，多做疏情理气、提高认识的工作，多做统一思想、凝聚人心的工作。

不断完善教职工思想政治工作的保障机制。学校要逐步加大对教职工思想政治工作的经费投入力度，要将教职工思想政治工作方面的必要经费列入预算，切实保证经费投入，逐步改善工作条件，以确保各项思想教育活动的顺利开展。各二级单位也应当积极筹措经费，安排一定的经费用于教职工思想政治工作。

（七）进一步加强和谐校园建设，确保校园安全稳定

要加强校园精神文明建设，大力营造健康和谐的软环境。以创建优良的校风、教风、学风和工作作风为目标，以搞好文明言行、优美环境、优良秩序、优质服务为切入点，以敬业、爱校、爱岗为主题，增强广大教职工的服务意识和育人意识，提高教职工的整体素质和精神文明水平。

要加强特色校园文化建设。按照学校第一次党代会提出的目标和要求，按照“内容丰富、创新载体、挖掘资源、提高层次”的思路，在弘扬优良传统文化的同时，以学校特色彰显文化特色，以文化特色强化学校特色。大力培育和建设形式多样、内容丰富、特色鲜明的校园文化。一是要加强对“全省首届大学校园文化品牌”的维护和建设；二是要以学科主要发展方向和人才培养主要目标为切入口，努力培植富有特色的校园文化，以特色专业培植特色文化，以特色文化增强特色专业；三是要注重对网络文化、寝室文化等新的校园文化现象的引导和管理。

要积极推进依法治校和民主办学，进一步完善校务公开制度、二级教代会制度，维护教职工的知情权、参与权、监督权。关注教职工的困难、关注教职工的诉求。推进管理创新，深化校内管理体制改革，完善各项管理制度，充分调动教职员工的积极性和主动性。继续开展“助困解难”“送温暖”等活动。

要进一步完善学校安全稳定的体制机制。加强安全工作的科学管理，加强安全信息的研判，明确工作重点、落实工作责任，完善各项预案，提高突发事件的管理水平，巩固和深化“平安校园”创建成果，提高安全的品质，确保校园安全稳定。

要不断丰富校园生活，活跃校园气氛。各级组织和工会、共青团要有计划、有组织地开展各项教职员工喜闻乐见、内容丰富、参与面广、健康向上、品位高雅的节日庆祝活动、读书活动、艺术欣赏活动、体育活动等，不断丰富教职工的文化生活，提高教职工的文化品位。

今年是学校改革发展至关重要的一年。深入学习实践科学发展观的活动正在顺利进行，迎评促建工作已经全面展开，重大的责任历史地落到了我们的肩上。我们唯有同心同德、凝心聚力，紧紧把握历史性机遇、积极创新发展理念、努力破解发展难题方能迎来学校美好的明天，实现第一次党代会提出的战略目标任务。在这充满机遇和挑战的历史时刻，需要我们更强势地发挥思想政治工作的作用，充分调动每一位师生员工的积极性、主动性、创造性。需要我们认清自己的责任和使命，着力增强凝聚力，积极提高贡献率，为推动我校整体事业又好又快的发展，顺利实现我们的奋斗目标再立新功。

（2009 年 4 月 3 日在浙江外国语学院思想政治工作会议上的讲话）

强化立德树人　推进协同育人

今天，学校党委召开思想政治工作会议。这是我们学校改制更名以来的第一次全校性的思想政治工作会议。这次会议的主要任务是：深入学习贯彻习近平总书记对教育工作的系列重要讲话精神和对全国高校党建工作会议重要批示精神，贯彻落实全省高校思想政治工作会议精神，研究部署新形势下进一步加强和改进学校思想政治工作。学校党委对开好这次会议非常重视。4 月，全省高校思想政治工作会议结束，校党委第一时间传达学习了会议精神，研究了初步的贯彻意见。同时，就这次会议的召开成立了会议筹备工作小组，认真开展各项筹备工作。从开始筹备到今天开会，已经有一个月的时间了。在这一个月里，学校先后组织了 4 次不同类型的座谈会，摸实情、找问题、作调研，形成了一个代表学校党委的讲话稿，还有即将出台的四个具体的实施意见和方案。下面我就进一步做好学校思想政治工作讲三点意见：

一、统一思想认识，强化责任担当

学校党委始终高度重视思想政治工作，不断加强对思想政治工作的领导。2010 年，改制更名以来，学校紧紧围绕立德树人的根本任务，扎实推进思想政治工作，取得了明显成效。我校广大师生对以习近平同志为总书记的党中央充分信赖，对实现中华民族伟大复兴的中国梦充满信心，对中国特色社会主义的道路自信、理论自信、制度自信更加坚定。回顾这几年学校加强思想政治工作，取得了显著成绩，主要表现在，一是教学工作中，育人工作的重要作用进一步突出。强化对教师课堂教学中的育人要求，严把教学内容和课堂讲授关。在制定教师岗位、绩效考核相关制度时，进一步突出育人业绩点考核，将学生导师工作、社团指导工作、班主任工作等思想政治工作纳入教师业绩考核范围。学校重视师德师风教育，开展了在毕业生中评选“我最喜爱的老师”、优秀教师、师德标兵、“浙外最美”等人物，并进行表彰、宣传活动，积极引导广大教师肩负起教书育人的光荣职责。加强思政理论课建设，实施“一课一品”教学模式初见成效，增加了思政理论课实践教学的学分比例，建立了实践教学基地，开展了“我们的价值观”演讲、“读经典、讲经典”、社会调查、红色文化之旅等主题实践教学活动，取得较好反响，教学成果已汇编成《探美浙江》一书并正式出版。二是第二、三课堂育人平台不断拓展。学校扎实推进校园文化建设，重视网络舆情，建立了校园网、官方微博、微信公众平台等新媒体矩阵，打好意识形态领域主动仗。建立了一支学生网络舆论队伍，围绕热点问题主动“发声”，正面引导舆论。强化校园文化的涵养作用，发挥文化育人的作用。组织开展了“建党 90 周年”“我的中国梦”主题教育等系列活动，引领大学生把实现个人梦想融入中国梦。大力践行“明德弘毅、博雅通达”的校训精神，开展了一系列富有成效的教育实践活动。确定了校歌歌词，并将校训、校歌写入了学校章程。举办人文大讲堂浙外分讲堂、博达论坛、德雅讲堂、弘毅讲坛共 100 余场，吸引 22000 余人次参加。初步打响了浙外典礼文化、“博学雅行 · 礼敬中华优秀传统文化”等校园文化品牌。进一步加强学生社团建设力度，选聘教职工担任社团指导老师。学校花艺社获第三届中国（杭州）大学生创意生活节“精英社团奖”，一厘米公益社获香港环境保护协会颁发的“社团管理优秀奖”。同时，学校积极开拓第三课堂育人平台。组织学生参加国际志愿服务，学校获“首届世界互联网大会志愿服务先进集体”荣誉称号，学校国际志愿者协会也被评为浙江志愿者服务优秀集体。学生社会实践成果连续两届获省“挑战杯”大学生课外学术科技作品竞赛一等奖。三是思想政治工作体制机制逐步完善。学校制定并实施了《关于加强和改进大学生教育引导工作“双十”举措的实施意见》。建立并实施党委、行政定期研判校园意识形态领域工作制度和学生思想政治工作会议制度，定期开展稳定隐患排查化解和校园意识形态领域动向与对策研析。坚持“立德树人，重在养成；文化育人，重在熏陶”的工作理念，制定实施了《文化建设纲要》《“美丽浙外”建设行动计划》。制定实施了《进一步加强和改进校院（处）两级中心组理论学习的意见》《校内报告会、研讨会、讲座、论坛等活动管理办法》《加强网络安全与网络舆情管理工作方案（试行）》《学校学术道德规范》《教师教学育人工作规程》《领导干部听课制度》《领导干部与党员教师联系学生寝室制度》等一系列规章制度。初步形成了党委统一领导、党群部门齐抓共管、各职能部门各司其职的工作格局。

同时，我们也应该清醒地看到，新形势下学校思想政治工作还面临着一些新问题、新挑战：一是少数教师理想信念模糊、育人意识淡薄、教学敷衍、学风浮躁。有的教师上完课就拍拍屁股走人，对学生的诉求不闻不问，只上课，不育人；有的教师不愿意花精力时间担任班主任、学生导师、甚至连学生毕业典礼也不愿意参加。二是有的思政理论课脱离实际，内容枯燥、形式呆板，针对性、时效性有待于进一步加强。授课方式陈旧、载体单一。主要靠说教、填鸭式灌输，缺乏更多的人文关怀。三是有些党务政工干部总认为做思想政治工作低人一等，没有自信，也缺乏底气。四是推动协同育人体制机制还不够健全。有些管理干部认为，学生思想政治工作仅仅是辅导员、党总支的事情，自己从来不去教室听课，不去学生寝室找学生谈心。五是师德师风建设的考核还不够实，还不够细，还不够精准。六是有的基层党组织在做好教师思想政治工作、协同育人方面的战斗堡垒作用还不够明显。教师、教职工的政治理论学习意识较淡薄，政治功能有弱化的倾向。党员教师在立德树人方面的先锋模范作用发挥得不够好。这些问题都迫切需要学校在进一步推进思想政治工作中加以解决。

党的十八大以来，习近平总书记就加强高校意识形态工作和思想政治工作作出了一系列重要讲话和批示，提出了许多新要求，为学校做好思想政治工作指明了方向，提供了遵循。今年4月，省委书记夏宝龙同志在全省高校思想政治工作会议上强调，高校是意识形态工作的前沿阵地，是培养中国特色社会主义事业建设者和接班人的重要阵地，这块阵地必须牢牢守住。

进一步做好新形势下学校思想政治工作，首先必须把思想认识统一到习近平总书记系列重要讲话精神上来，统一到全省高校思想政治工作会议的工作部署要求上来，思想上真正重视起来，把思想政治工作作为大事、要事来抓，切实做到守土有责、守土负责、守土尽责。要深刻把握习近平总书记系列重要讲话精神和这次全省高校思想政治工作会议精神实质。一是要强化阵地意识，把加强思想政治工作从守好意识形态的前沿阵地、从培养中国特色社会主义事业建设者和接班人的战略高度来认识。高等教育既具有生产力的属性，同时具有上层建筑的属性。在我国，高等教育的根本任务是要培养造就中国特色社会主义合格建设者和可靠接班人，这是高校首要的重大使命。“培养什么人”事关我们伟大的事业薪火相传、江山永不变色，事关中国特色社会主义事业进一步开拓发展。高校坚持立德树人既是由高等教育的属性所决定的，也是坚持社会主义办学方向的重要保障。二是要突出价值引领，把培育和践行社会主义核心价值观作为学校思想政治工作的根本任务来抓，要融入到教育教学全过程。三是要坚持问题导向和效果导向，大力推进协同育人，形成思想政治工作的整体合力，构筑学校思想政治工作新格局。

二、突出价值引领，明确工作重点

第一，要扎实推进师德师风建设，着力增强教师教书育人的责任感和使命感。

唐代韩愈讲，“师者，所以传道授业解惑也”。把“传道”放到首位，“授业”放到第二位，“解惑”是要解决传道、授业两者之间的迷惑，达到明辨是非的教育效果。教师是育人的主体。正如习近平总书记所指出的那样，“教师的工作是塑造灵魂、塑造生命、塑造人的工作”。高校教师的思想政治素质和道德情操直接影响着青年学生世界观、人生观、价值观的形成，决定着人才培养的质量，也关系着国家、民族的未来。我们要弘扬高尚师德，突出师德师风的价值导向，着力培养造就一支“有理想信念、有道德情操、有扎实学识、有仁爱之心”的“四有”教师队伍。要创新师德教育，将师德教育摆在教师培养的首位，并且贯穿于教师职业生涯的全过程。要强化典型引领，构建多形式的示范载体。要把培育良好师德师风作为文化校园建设的重要内容，努力营造崇尚师德的良好舆论环境。要加强师德师风考核，将师德表现作为教师年度考核、聘用、职务聘任、派出进修和评优奖励的重要依据。要建立教师师德考核档案，把思想政治素质及其表现作为人才引进的首要条件。要把好课堂教学的政治纪律关，坚持正确的政治方向，按照“学术研究无禁区，课堂讲授有纪律”的原则，引导教师遵守课堂教学的政治纪律。要建立健全教学督查制度，注重从经验丰富、师德高尚的退休教师中选聘督导员。同时要建立健全教师违反师德行为的惩处机制。

第二，要增强吸引力和实效性，着力深化思想政治理论课教学改革。

思想政治理论课是对大学生进行思想政治教育的主渠道，也是落实立德树人根本任务的重要环节。要认真贯彻落实习近平总书记“把教材编好、把教师队伍建设好、把课讲好”的要求，深化思想政治理论课的教学改革，增强思政理论课对青年学生的吸引力。一要把理论研究搞深搞透。作为思政课教师只有理论研究透彻了，教材和课本才能编得好、上课上得好。在当前，特别是要把习总书记提出的“四个全面”战略思想战略布局认真学习好、领悟好、研究好。加强学科建设，不断提升马克思主义理论研究水平。二要深化思想政治理论课综合改革。按照全省高校思想政治工作会议的部署，做好“三个着力于”，即着力于拓展教学内容体系，结合国际国内时事背景，立足世情、省情、校情，构建结构合理、功能互补、贴近学生的教学内容体系；着力于强化课程改革，推动理论教学和实践教学与专业教育的有机结合，优化教学组织，以人才培养目标为指导，以辩论式、问题式融入教学当中去，切实保证教学实践学分，并要建设好教学实践基地；着力于改革课程评价方式，建立多样化的课程评价体系。三要增强课堂教学的吸引力。不断创新方式方法，变说教为说理，变灌输为互动，不拘一格、别出心裁、灵活多样，使思政理论课能适应“95 后”学生特点，能抓住眼球、打动心灵、震撼灵魂。

第三，发挥网络新媒体矩阵合力，着力拓展思想政治工作新阵地。

当下，网络已经成为传播思想文化的新途径、师生学习生活的新空间，也是维护高校稳定的新地带。高校师生思维活跃、接受新生事物的能力强，是网络等新媒体的主体受众之一。同时，网络也为做好学校思想政治工作开辟了新途径、新阵地。如何把校园网络建设好、管理好，把它的作用发挥好，这是我们要关注的重点。一要进一步深化思想政治教育进网络工作。打造高品质的思政教育主题网站，利用好已有的校园网、微信公众平台、官方微博、视频点播网等平台，做好资源整合，完善引领思政教育的矩阵核心，形成新媒体合力发声。同时要开展优秀二级单位网站评选和各职能部门网站自查整改工作，以评促建，进一步增强二级单位网站思政教育的功能性和引导力。要以校庆为契机，对网站整整容、上上妆。二要做好网络舆情工作。要继续编印好《舆情动态》，做好网络舆情研判分析工作，进一步加强网络舆论队伍建设。要把教师和更多学生吸纳到网络舆论队伍里来，逐步建立以学校官方微博、官方微信和思政教师、省高校优秀教师、师德标兵、三育人先进个人、“我最喜爱的老师”、优秀学生骨干等师生的微信微博为核心的媒体矩阵，牢牢把握意识形态工作主动权，壮大主流思想舆论，弘扬正能量。三要加强新媒体制度建设，要认真实施好即将出台的《网络新阵地建设与管理办法》。

第四，强化校园文化涵养功能，着力建设思想政治工作新载体。

校园文化对大学生的思想观念、价值取向和行为方式有着潜移默化的巨大作用。在思想政治工作领域，我们迫切需要这样“润物细无声”的工作载体。学校下一阶段要着力推进思想政治工作与校园文化建设的融合。要以弘扬和培育校训精神作为践行社会主义核心价值观的载体，以学校的《文化建设纲要》和《“美丽浙外”建设行动计划》为纲领，打造具有浙外特色、浙外风格的大学文化，着力打造思想政治教育的“高地”。一是要大力建设优秀校园文化，促进思想政治工作接地气。践行社会主义核心价值观要在落细、落小、落实上下功夫。要扎实推进校园的环境文化建设，使之成为建设特色鲜明、品质一流，培育有国际视野，更有家国情怀的国际化应用型人才的理想育人场所。要打造好典礼文化，凝练深化“博学雅行”校园文化品牌，弘扬中华民族优秀传统文化。继续开展日常养成教育，以诚信考场、文明寝室等活动为载体，锤炼学生“重责任、守诚信、讲礼仪”的做人的基本品质。同时，要着力打造具有浙外特色的国际志愿服务。二要进一步发挥先进典型激励作用，形成全员育人、全过程育人、全方位育人的合力。继续开展师德标兵、“我最喜爱的老师”等评选活动。我们浙外应该有一批让学生可敬可爱的老师，特别在教书育人方面有显著成绩、有社会影响的名师。要积极推进书院制建设的试点工作，将学生社团、社会实践、创新创业、养成教育、文化建设、寝室文化建设以及部分通识课程等纳入书院。要聘请、遴选教师担任书院的指导教师，并把指导工作纳入教师的育人考核。同时，要制定实施《本科生导师制管理意见》，完善本科生导师制度建设。三要加强规范管理，管好校园文化建设的各类载体。对各种形式的文化交流活动要严格落实报告制度和备案制度该审批的要审批，谁主管，谁负责。

三、加强组织领导，提供坚强保障

做好新形势下学校思想政治工作，一是要加强领导，推动形成大思政工作格局。高校思想政治工作不是少数人的事，也不是几个部门的事，而是所有从事教育工作的人的事。要坚持和完善党委统一领导，党政齐抓共管，院系具体落实的领导体制。要建立健全宣传部门牵头，组织部、纪检办、学工部、人事处、教务处、科研处等相关部门分工负责、协同配合的工作机制。学校的思想政治工作由宣传部门来牵头，是省委的意见，是全省高校思想政治工作会议提出的要求。在学校层面，做好思想政治工作的主体责任是学校党委。在二级学院层面，思想政治工作的责任主体是各二级党组织，书记院长是第一责任人。各党总支、直属党支部要把思想政治工作摆到重要位置，把这项工作真正贯彻到教书育人、管理育人、服务育人全过程。要发挥党员教师先锋模范作用，切实实施各级领导联系青年教师制度，帮助青年教师解决实际问题，在关心、关爱中增强教育效果。要以育人的理念抓教学，以法治的理念抓管理，以人文的理念抓服务。

二是要突出考核评价导向。没有具体、实在、精细的考核评价，责任担当往往就会成为一句空话。师德表现考核要具体、要实在，指标要考实，要具体精准。教工党支部要加强对教师师德的考核。人事部门设计教师考核表格时，要先经过教工党支部，师德评价要有区分度。有关部门要进一步建立健全考核的评价体系和考核办法，要把落实思想政治工作责任作为干部年度考核评价的重要内容，要把考核结果作为各类评先评优、选拔任用干部的重要依据。

三是要加大经费投入。合理调配经费本身需要一个价值导向。现在思想政治工作不仅是开开会，而是要有必需的经费作保障。要像抓实验室建设一样加大对校园文化建设、环境文化建设，特别是新媒体建设的经费投入。学校搬到新校区后，校园人文环境建设要一次规划，分步实施。要支持思想政治理论课建设与教学改革，确保必需的经费。思政骨干队伍的建设要有保障，党务干部、辅导员、两课教师在职业发展当中，要给予充分的重视，评职称要单列。

百舸争流千帆竞，借海扬帆勇者先。现在，我们处在一个和谐发展的时代，我们的人民有信仰、民族有精神、国家有力量。回顾过去，我们感到成绩显著；展望未来，我们感到信心满怀。新形势、新要求、新常态，在当前和今后的一段时间里，我们要以“四个全面”战略思想和布局为指导，牢牢把握意识形态工作的领导权、管理权，紧紧围绕立德树人根本任务，不断推进协同育人，构筑起学校思想政治工作的新格局。

（2015 年 6 月 17 日在浙江外国语学院
首届思想政治工作会议上的讲话）

深入学习实践科学发展观

今年年初以来，中央和省委、省政府对深入学习实践科学发展观活动做出了新的部署。2 月 27 日至 2 月 28 日，中央召开深入学习实践科学发展观活动第一批暨第二批动员会议，习近平、李源潮等中央领导同志发表了重要讲话。会前批准下发了《关于开展第二批深入学习实践科学发展观活动的指导意见》，进一步强调了开展第二批学习实践活动的重大意义、目标要求、指导思想和主要原则，具体部署了各个阶段的工作，并对加强领导和指导提出了明确要求。3 月 2 日，省委根据中央会议精神，召开了全省深入学习实践科学发展观活动第一批总结暨第二批动员电视电话会议，全面总结了我省第一批学习实践活动开展情况，研究部署了第二批学习实践活动相关工作。会议强调，在第二批开展活动时，要更加注重搞好思想发动，更加注重理论联系实际，更加注重突出实践、特色，更加注重作风建设，更加注重贯彻群众路线，更加注重分类指导。

作为第二批学习实践活动单位，校党委高度重视学习实践活动。按照中央和省委的要求，在开学初进行了专题研究，深入开展了前期调研工作，并将在近期印发学校开展学习实践活动的实施意见。下面，我就如何开展好这项活动讲几点意见。

一、充分认识开展学习实践科学发展观活动的重要意义

深入学习实践科学发展观活动，是党的十七大作出的重大战略，是各级党组织和广大党员政治生活中的一件大事，是学校年度首要政治任务。全校党员干部特别是两级领导干部必须从全局和战略的高度，充分认识开展学习实践科学发展观活动的重大意义，积极投入到活动中来。

（一）深入学习实践科学发展观活动，是用中国特色社会主义理论体系武装全党的重大举措

科学发展观是中国特色社会主义理论体系的重要组成部分，是深入推进改革开放、推动经济社会发展、促进社会和谐稳定的迫切需要，是提高党的执政能力、保持和发展党的先进性的必然要求。实践证明，科学发展观一旦被广大党员和干部群众所掌握，就会变成推动经济社会发展的巨大物质力量。同样对高等教育又快又好发展必将产生重大影响，必将不断推动高校在建设创新型国家、推动社会文明进步和实施科教兴国、人才强省战略中发挥重要作用。全校各级党组织、广大党员特别是党员干部要充分认识这次学习实践活动的重大现实意义和紧迫性，切实增强积极参与的主动性和责任感，深刻理解和全面把握科学发展观的科学内涵、精神实质和根本要求，把思想和行动统一到中央、省委的决策部署上来，统一到学校党委的具体要求上来，真学、真信、真懂、真用，确保学习实践活动取得实效。

（二）深入学习实践科学发展观活动，是实现学校改制转型、特色发展的迫切需要

2009 年是浙江省经济社会发展极富机遇与挑战的一年，也是加快推进学校改制转型、特色发展的攻坚之年。在省委省政府、省委教育工

委、省教育厅等上级部门的关心支持下，在学校党政领导班子的团结领导下，学校的办学定位进一步明确，新校区建设全面启动，全校师生凝心聚力，走特色发展之路的信念进一步坚定，学校各项事业发展进步显著。在新的阶段，党的十七大对当前形势作了“机遇前所未有，挑战也前所未有，机遇大于挑战”的科学判断。省委省政府根据中央有关会议精神提出了“加快转变经济发展方式，推进经济转型升级”的战略举措。经济社会环境的急剧变化对高校人才培养、科学研究、社会服务提出了新的要求，同时也给学校的改制转型提供了更为广阔的发展空间。在学校发展新的起点上，我们还有不少难题有待进一步解决：新校区建设需要进一步攻坚克难，办学特色和办学优势需要进一步培育，教育品质需要进一步提高，管理运行机制需要进一步理顺，党建、思想政治工作需要进一步创新。2009 年学校又将迎接国家教育部普通本科高校的准入性评估。破解这些难题，需要我们牢牢抓住学习实践科学发展观活动这一难得的机遇，进一步解放思想，清醒地认识当前经济社会发展的大势，从变化的形势中捕捉和把握发展机遇，在逆境中发现和培育有利因素，锐意进取，攻坚克难，创新体制机制，为更好更快地实现学校第一次党代会提出的目标奋斗。

（三）开展深入学习实践科学发展观活动，是提高党员领导干部领导科学发展能力，加强党性修养、树立和弘扬优良作风的内在要求

开展学习实践活动，“党员干部受教育”是基础，“科学发展上水平”是核心，“人民群众得实惠”是目的。胡锦涛总书记在十七届中央纪委三次全会上讲话指出，要把加强领导干部党性修养、树立和弘扬优良作风作为重要内容纳入学习实践活动。从现实的情况看，经过这些年坚持不懈地抓领导班子思想政治建设和干部队伍作风建设，领导班子的领导水平和党员干部队伍的能力素质有了大幅度提升。但我们也要清醒地看到，在经济社会转型升级，高等教育从量的扩张向质的需求转变的

今天，宗旨意识不强、理论实际脱节、纪律观念淡薄、深入群众不够，服务意识不强等作风问题，在一些党员干部身上仍有不同程度地存在。我们一定要通过这次学习实践活动，切实学会运用科学发展观指导实践，着力把科学发展观的要求转化为谋划发展的正确思路、促进发展的政策措施、领导发展的实际能力，着力查找和解决党员干部党性党风党纪方面群众反映强烈的突出问题，促使广大党员干部特别是领导干部加强党性修养，树立和弘扬优良作风，进一步保持和发展党的先进性，密切同群众的血肉联系，从而为学校的新一轮发展提供坚实的思想组织保证。

二、准确把握目标任务，扎实开展学习实践活动

（一）明确学习实践活动的指导思想和目标要求

我校这一次开展学习实践活动的指导思想是：全面贯彻党的十七大和十七届三中全会精神，高举中国特色社会主义伟大旗帜，以邓小平理论和“三个代表”重要思想为指导，紧紧围绕中央提出的“党员干部受教育、科学发展上水平、人民群众得实惠”的总要求，以“迎评促建上水平、改制转型创特色”为活动载体，以中层以上领导班子和党员领导干部为重点，组织全校广大党员认真学习实践科学发展观，进一步解放思想、深化认识，着力提高宗旨观念、增强责任意识，提升推进学校科学发展的实践能力。以改制迎评为契机，查摆问题，破解难题，努力将活动成果转化为切实落实省委“两创”总战略的自觉行动，转化为积极推动学校特色发展的强大动力，转化为认真贯彻学校党委行政重大决策的执行能力，转化为高质量完成“迎评促建”任务的实际举措。以人为本，注重实效，集中力量办好一批让师生员工满意的事情。

近年来，学校陆续开展了管理创新论坛和办学思想大讨论活动，经过这些多层次、全方位的调研探讨活动，全校上下逐步形成了改制转

型、特色发展的统一认识，初步提出了破解改革发展难题的思路与对策。学校的办学水平有了逐步提高，办学条件得到逐渐改善。如何在找准位置后，突出重点，强化特色，在服务浙江经济转型升级中做好与其他本科院校同台竞争的准备成为摆在我们面前的重大课题。如何突出亮点、优化指标，高质量完成改制迎评任务成为学校 2009 年最突出、最紧迫、最艰巨的任务。各级党组织和广大党员、干部一定要深刻认识开展学习实践活动的重要性和必要性，把开展学习实践活动作为我们凝心聚力、应对挑战、解决矛盾的重大契机，积极投入到学习实践活动中来。

通过学习实践活动，努力达到进一步提高思想认识、查找突出问题、破解发展难题、创新体制机制、加强党的建设、促进科学发展的目标。进一步增强学校各级党员领导干部和广大党员贯彻落实科学发展观的自觉性和坚定性，进一步增强把特色发展思想落到实处的大局意识、责任意识和创新意识，攻坚克难、锐意进取，在系统研究、总体设计的基础上，进一步结合本单位、本部门实情，理清发展思路、细化奋斗目标、分层分类建设，在扎实做好迎评促建工作中推动学校的科学发展上新台阶。

（二）明确学习实践活动的基本原则

坚持解放思想。以解放思想为先导，以改革创新为动力，特别要在我校管理创新论坛、办学思想大活动取得丰硕成果的基础上，进一步提高认识，进一步找准突出问题，更新发展观念、完善发展思路、破解发展难题、创新体制机制，使思想和行动更加符合实事求是的思想路线，更加符合高等教育发展规律、符合学校实际，使学校各项工作和事业建设更加符合科学发展观的要求。

突出实践特色。把开展学习实践活动与贯彻落实党的十七大、十七届三中全会和省委“两创”战略精神紧密结合起来，与贯彻落实校党委行政重大决策紧密结合起来，与加强领导班子自身建设紧密集合起来，与总结探索我校改制发展的经验结合起来，与推动学校各项工作结合起来，以学习实践科学发展观活动为总抓手，以迎接教育部普通本科高校准入性评估为总载体，以提高人才培养、科学研究、社会服务和校内管理为总目标，通过学习推动实践，在推进实践中深化学习。

贯彻群众路线。充分发扬民主，开门搞活动，发动师生员工广泛参与，主动接受监督，向师生员工问计完善发展思路，查找突出问题听取师生员工意见，制定工作措施向师生员工请教，落实整改措施靠师生员工努力，衡量活动成效由师生员工评判。要以党内的学习实践带动广大师生员工的学习实践，着力使科学发展观进头脑、现行动、结硕果。

正面教育为主。坚持高标准、严要求，组织党员、干部认真学习、深刻领会科学发展观，联系思想和工作实际，查找影响和制约学校教育事业科学发展的突出问题，深刻分析产生问题的原因，全面总结经验及教训，认真开展批评和自我批评，进一步明确努力方向。查找和分析问题不搞人人过关，注意保护党员、干部和群众的发展积极性。

（三）明确学习实践活动需解决的主要问题

要围绕“迎评促建上水平，改制转型创特色”这一学习实践载体，根据学校改制发展实际，重点在以下十个方面进行深入调研，查找存在的主要问题，提出解决问题的举措和思路。

以科学发展观为内在要求进一步解放思想。一些党员领导干部在思想认识和观念方面还存在一些不足，勤于和善于学习不够，联系实际、了解情况不够，还不能很好运用科学发展观指导实践，在根据学校发展的定位谋划本单位、本部门发展与工作时缺乏前瞻性和主动性。要进一步解放思想，对学校改制转型进程中“实现怎么样的特色发展，怎样实现特色发展”“培养什么样的人才，怎样培养特色人才”进一步结合实际工作进行深入、系统地调研论证，用科学发展观武装头脑，完善发展战略，更新发展观念，转变发展思路，使广大党员干部的思想和行动更加符合时代的要求、学校的发展、群众的期待。

以新校区建设和迎评促建工作为突破加快实现学校新发展。抢抓当前有利时机，加快实施小和山校区二期项目工程，力争上半年开工建设，年底主要项目结顶。科学规划新校区整体布局，以规划设计为主线，同步穿插实施各相关工作。妥善做好省优农中心迁建等相关地块置换工作。积极筹措建设资金，适时启动贷款程序，努力争取新校区建设项目列入省政府重点投资项目之列。健全完善基建、财务、设备等方面的管理规章。根据教育部《普通本科学校设置暂行规定》《普通高校本科教学工作水平评估方案》等文件要求，按照“以评促改、以评促建、以评促管、评建结合、重在建设”的方针和“总体设计、细化指标、分类建设、逐级评估”的工作思路，周密细致地做好迎接教育部普通本科院校准入性评估的各项准备。成立专项工作组，分解任务、明晰责任、突出亮点、强化特色，实现硬件指标达标，软件指标创优的目标，确保评估一次性通过。

以经济社会发展的战略需求为依据，进一步构筑和完善学科专业特色框架。按照学科专业建设的既定发展思路，优先发展特色型重点学科，创新发展传统优势型学科，推动建设支撑型学科，坚定不移地实施学科专业战略性调整。通盘考虑学科集群发展的总体路线，进一步整合校、院学科资源，引导跨学院、跨学科、跨专业的师资共享和学科力量整合，努力营造整体合力。尊重学科成长规律，充分认识新的重点学科建设的长期性和规划性。在学科专业调整过程中，注重对现有人才进行资源整合和潜力挖掘。注重打造学术团队组合，促进产学研有效结合，造就优势学科和学科优势同时，着力突现学科专业建设为我省经济转型升级服务的功能，打造面向浙江区域经济和社会发展的特色服务体系。以推进省级教师教育重点基地建设为核心做精做强继续教育，强化高端培训，拓展特色培训。

以人才培养模式改革为中心进一步推进教育创新。积极探索以提高学生综合素质、培养学生创新精神和实践能力为核心的复合型应用人才培养模式，推动教育创新，着力将复合型应用人才的培养目标和培养规格真正落实到具体的课堂教学和学生能力素质的培养上。进一步优化培养模式，改进教学内容、教学方法和评价方法，建立多元评价体系，完善教学质量评价激励机制，有效调动教师教育教学工作积极性。积极推进精品课程建设和教改项目建设，有效提升名师和精品课程的示范功能，提高教研效果。进一步实现育人模式上教书与育人环节的无缝对接，以学科竞赛和科研项目为载体，增强学生创新精神和创新能力。创造更多条件，促进师生交流。

以高素质的师资队伍建设为重点深入实施人才强校战略。坚持引进与培养并举的方针，以能力建设为核心，以"高层次人才梯队培养计划"和"创新团队建设计划"为重点，提高师资队伍整体素质，优化师资队伍结构，切实做好学校重点发展方向所需和评估达标所缺人才的引进工作，积极引进有海外学术背景的高层次人才。加强对教师成长规划的引导，充分挖掘现有教师潜力，鼓励年轻教师根据学校中长期发展需要加快转型提高。按照分类管理的原则，探讨加强机关、教辅、后勤队伍建设的新方法新途径。倡导优良的师德师风，加强培训、交流，完善符合大学特点和大学精神的质量评价体系。

以提高管理效率、增强办学活力为导向扎实推进校内管理体制改革。加强对在学校改制转型过程中学院、部门与教师个人如何准确定位、融入发展，学院与学科专业如何联动发展，校企如何合作发展等方面的规划性和指导性，建立和完善相关政策。进一步理顺管理体制，深化和完善学院制改革，明确部门工作职责，努力消除在"等待""应急"状态中仓促制定政策制度的现象，有效落实工作责任，推进效能考量，强化服务意识，提高办事效率。注重人性化管理，优化人员结构的学科背景和专业技能水平，逐步建立起更加科学的用人机制和工作评价考核体制。切实加强与北外在外文图书资源共享、科研指导、教师互动等方面的合作。进一步调试教学和科研业绩考核评价机制，坚持质、量并举，激发教师教学科研的积极性。着力改善教学、科研、实验室设备等办学条件，提升校园数字化建设和图书资料建设水平。进一步深化和完善学校后勤产业改革，提高综合保障能力水平。进一步深化和完善分配制度改革，充分调动教职员工的积极性、创造性，激发创新创业热情。

以构筑就业服务体系为着力点抓好大学生就业工作。省委省政府“重民生、促稳定”的工作主线上，充分认识做好大学生就业工作对确保校园和谐稳定的重要意义，知难而上，积极作为。按照“抓紧、抓早、抓落实”的原则，加强领导，全校动员，努力营造人人关心学生就业，处处帮助学生就业的工作氛围。主动掌握毕业生思想动态，广泛开展就业教育，及时提供就业指导，积极鼓励学生自主创业，大力开展形式多样、行之有效的毕业生推介活动，认真做好就业服务，为毕业生顺利就业创造良好条件。加强大学生实习、就业基地建设，增强校企合作，扩大学校的社会影响力，为毕业生增加就业机会。毕业生就业率达到或超过全省同类毕业生就业率的平均水平。

以增强校园安全稳定为目标加强和谐校园建设。坚持全心全意依靠教职工办学的理念，注重发挥合力，凝练新教院文化，促进校区间文化互溶和移植，提高大学生人文素质。进一步健全助困工作制度，加大困难师生的帮扶力度。深化“平安校园”创建成果，夯实学校安全稳定工作基础，加强对敏感时段、重点区域、重点人员的防范和监督，做好校园饮食、宿舍消防等容易引发群体性事件的安全环节管理，加强对学生住宿的管理，注重学生心理健康教育，切实提高处理各种复杂局面的应对能力。

以改革创新的精神加强学校党的建设。紧紧围绕学校“改制转型、特色发展”的战略目标，按照科学发展观的有关要求，切实抓好党的建设。全面贯彻全国高校十七次党建工作会议精神，把培养德智体美全面发展的中国特色社会主义合格建设者和可靠接班人作为学校党建的根本任务，不断提高各级党政领导班子和党员干部的政治理论素养、科学决策水平和办学治校能力。进一步落实干部队伍的教育和管理机制，积极探索建立学校基层党组织的民主管理制度，有效指导支部建设创新活动，修订党政管理人员行政职级评定办法，研究出台以实绩考核为重点的处级领导班子和领导干部考核评价办法。着眼学校长远发展，加强领导班子建设和后备干部培养，提高干部的能力与素质。加强党纪、党性、党风教育，以制度建设和廉政教育为抓手，落实党风廉政建设责任制，加强惩防体系建设。

以人为本重点解决几件师生员工最关心、最迫切希望解决的实事。落实“人民群众得实惠”的要求，在理论学习和前提摸底调研的基础上，根据学校改革发展实际，提出要重点深入调研的课题。由学校党政班子成员牵头，相关部门参加专题调研组，在面向干部和群众寻策问计和广泛听取师生员工意见的基础上，认真做好调研工作，并结合学院实际，对照科学发展的要求、学校第一次党代会精神和“迎评促建上水平，改制转型创特色”战略的总体部署，提出解决问题的思路、举措和意见建议，形成书面调研报告。

（四）明确学习实践活动的步骤安排

学习实践活动从2009年3月中旬正式开始，2009年8月下旬基本结束，时间跨度为5个月。学习实践活动在做好准备工作的基础上，重点分学习调研、分析检查和整改落实三个阶段进行。每一个阶段开始前要制订专门的工作计划，结束时要进行阶段总结。

学习调研阶段。这一阶段是整个学习实践活动的基础。主要从3月中旬开始，到4月下旬结束。主要任务是学好理论，提高认识，统一思想，转变观念。重点是抓好学习培训、深入调查研究、解放思想讨论3

个环节。在这一阶段，要根据科学发展观的要求，凝聚“迎评促建上水平，改制转型创特色”的共识。

一是搞好学习培训。通过各种形式的辅导报告和专题宣讲会，组织学校及中层领导班子成员和广大党员认真学习中央、省委的相关文件精神和省委规定的学习资料，并结合本单位、本部门发展实际，加深对科学发展观内涵的理解。校院两级党委中心组要组织专题学习，党员领导干部要带头作学习报告。

二是深入调查研究。开展对学校科学发展的“建言献策”活动。学校及中层领导班子和党员干部要深入基层和师生员工中间，就有关重大专题开展调查研究、广泛听取意见，准确把握影响和制约学校科学发展的突出问题并形成书面调研报告，及时交流调研成果。同时要带着问题到兄弟高校进行调研、比较。以更开阔的视野、更高的战略眼光和更强的大局观念，把学校的发展放到全国和浙江经济社会发展大局中去谋划，放到世界高等教育发展大格局中去定位。

三是开展解放思想讨论。组织全校党员干部围绕“迎评促建上水平，改制转型创特色”广泛开展大讨论大交流，切实做到“四破除四培育”，即：破除自满意识，培育进取精神；破除畏难情绪，培育攻坚勇气；破除封闭观念，培育开放眼光；破除僵化思想，培育时代理念。力争思想认识上新水平，考虑问题有新视角，推进发展有新举措，解决问题有新方法。

分析检查阶段。这一阶段从 4 月下旬开始，到 5 月下旬结束。这一阶段的主要任务是认真查找，分析贯彻落实科学发展观和学校改革发展实际中存在的问题。提出解决的新举措和新思路。主要抓好三个环节：

一是召开专题民主生活会和组织生活会。校院两级领导班子要在充分调研的基础上，召开专题民主生活会，领导班子成员要撰写发言材料，党员要参加以学习实践科学发展观为主题的支部组织生活会，分析问题，查找不足，交流思想。

二是形成领导班子分析检查报告。学校、各部门、各学院要形成本单位贯彻落实科学发展观情况和查找问题情况的分析检查报告。着重写清楚学习实践活动中形成的基本共识，贯彻落实科学发展观取得的成效、存在的问题和主客观原因，推动科学发展的主要思路和解决突出问题的对策，加强领导班子和队伍建设的措施等。

三是组织师生员工评议。通过召开会议和网络、书面征询意见等多种方式，对分析检查报告进行民主评议，着重从对科学发展观的认识深不深、查找的问题准不准、原因分析得透不透、发展思路清不清、工作措施可行不可行等方面进行师生评议。在此基础上，修改完善分析报告。分析检查报告和评议结果在校内公布、公开。

整改落实阶段。这一阶段是学习实践活动的关键阶段，从5月下旬开始，到7月上旬结束。重点围绕如何破解“迎评促建上水平，改制转型创特色”进程中的体制机制难题进行，主要抓好制定整改落实方案、集中解决突出问题、建立健全体制机制三个环节。

一是制定整改方案。学校、学院（各部门、直属单位）要以分析检查报告为依据，在全面梳理和分析本单位、本部门存在的突出问题上，明确列出哪些是在学习实践活动中可以立即解决的问题、哪些是经过一段时间的努力可以解决的问题，哪些是依靠自身力量难以解决的问题，分门别类提出整改意见。

二是注重整改方案落实。学校、学院（各部门、直属单位）要按照整改落实方案，突出重点，加强协调，集中精力解决几件影响和制约学校科学发展的突出问题，办几件师生员工迫切希望解决的实事。

三是建立健全体制机制。进一步理清推动科学发展的思路，制定和完善促进学校科学发展的政策、制度和规划，把解决问题与建立长效机制紧密结合起来，努力在建立健全体现科学发展要求的体制机制上取得新突破。

学习实践活动基本结束后，要把贯彻中央和省委部署要求、解决突出问题、促进科学发展、群众是否满意作为评价学习实践活动成效的重要内容。要采取适当方式向党员、群众通报情况；对学习实践活动进行满意度测评，测评结果在一定范围内公布，并根据测评情况，进一步完善整改措施，确保在学习实践活动中尚未解决的突出问题继续得到有效解决；召开学习实践活动总结会，巩固和扩大学习实践活动成果。

三、加强组织领导，确保学习实践活动取得实效

这次学习实践活动是学校年度首要政治任务，要高度重视，统筹安排，周密部署，精心组织，切实做到把深入学习实践科学发展观贯穿始终，把不断提高党员领导干部的思想认识和领导能力贯穿始终，把调动广大党员、干部的积极性贯穿始终，把抓落实求实效贯穿始终，把加强领导贯穿始终。

（一）加强组织领导，落实工作责任

学习实践活动由学校党委统一领导和组织实施。学校党委成立了深入学习实践科学发展观活动领导小组，由校党委书记任组长，校长、党委副书记、纪委书记任副组长，相关职能部门为成员单位，领导小组下设办公室。各学院应参照学校的做法，成立本单位学习实践活动领导小组及办公室，实施“双组长制”，党委书记和党员行政主要负责人为本单位学习实践活动第一责任人，担任领导小组组长。党政联席会议为学习实践活动的最高决策机构，班子成员要充分发挥带头作用，按照职责和分工加强对活动的指导。对于非中共党员担任行政主要负责人的学院和单位，院级党委要主动征求行政主要负责人的意见，充分发挥其在活动中的作用。对于机关部门及直属单位，党员主要负责人为学习实践活动第一责任人。要加强领导联系制度，每位校领导作为自己分管部门和原联系学院的联系人，指导分管部门和联系学院的学习实践活动，加强

指导，推进工作，努力把联系点建成示范点。每一位学院中层领导干部要联系指导一个基层党支部开展学习实践活动。

（二）加强分类指导，注重统筹协调

区别干部、教师、学生、离退休老同志等不同类型，区别机关、教学、科研、教辅等单位的不同职责，区别党员领导干部和普通党员的不同层面，分别提出学习实践活动的具体要求，确定各自重点解决的问题，实行分类指导，使学习实践活动更好地体现针对性、创造性和实效性。要整合资源、统筹协调，坚持做到学习实践活动与推动学校科学发展工作“两手抓、两不误、两促进”。注重加强上下互动、左右联动，形成合力，促进问题的解决。

（三）加强探索创新，注重活动实效

坚持把改革创新精神贯穿学习实践活动始终，进一步解放思想，尊重基层组织和党员的创造精神，在高标准完成省委学习实践活动规定动作的同时紧密结合学校和各单位实际，大胆探索创新，精心设计活动载体，丰富活动内容。要依托现代信息技术创新学习实践活动方式，积极倡导节约型、环保型的学习实践活动。要注重联系实际，讲求实效，坚决杜绝形式主义和表面文章，保证学习实践活动质量。

（四）加强宣传交流，营造良好氛围

充分利用校报、校园网等校内宣传媒体，开设学习实践科学发展观活动专栏和试点工作网站，编印《浙江教育学院深入学习实践科学发展观活动简报》《浙江教育学院深入学习实践科学发展观活动信息专报》，宣传开展学习实践活动的重大意义和中央、省委关于开展学习实践活动的一系列指示精神，宣传交流实践活动的部署、要求、做法、经验和成效，营造良好的舆论氛围。

深入开展学习实践科学发展观活动，是对我们各级领导班子和党员领导干部能力水平的一次检验和考验。我们要以高度负责的态度、改革创新的精神、求真务实的作风扎实开展工作，抓紧抓好抓出实效。

（2009 年 3 月 9 日在浙江教育学院开展深入学习实践科学发展观活动工作动员大会上的讲话）

提高学校党建科学化水平

这次学校党建工作会议，是在学校成功实现改制并更名为浙江外国语学院，站在新的历史起点、认真谋划“十二五”发展的新形势下召开的一次重要会议。会议的主要任务是，认真贯彻党的十七届四中全会对加强和改进新时期党的建设做出的重大部署，回顾总结我校2008年第一次党代会以来党建工作，着眼于提高学校党的建设科学化水平，进一步明确今后一段时期加强和改进党建工作的总体要求和工作重点，为加快推进学校科学发展提供根本保证。下面，根据校党委会议研究的精神，主要讲以下三点意见。

一、充分肯定学校第一次党代会以来党建工作所取得的成绩

2008年1月，中共浙江教育学院第一次党代会提出：“要把党的执政能力建设和先进性建设作为主线，以改革创新的精神，全面加强党的思想、组织、作风、制度和反腐倡廉建设，为实现学校确定的奋斗目标提供坚强的保证。”三年来，在省委、省委教育工委的领导下，校党委始终坚持“围绕中心抓党建，抓好党建促发展”，团结带领广大党员干部和师生员工，凝心聚力、攻坚克难，积极推进学校各项事业的发展，

党的建设工作取得了显著成绩。

（一）重视思想政治建设，引领学校特色发展新实践

认真贯彻执行党委领导下的校长负责制。充分发挥党委的领导核心作用，坚持党委把方向、谋全局、抓大事，同时支持校长积极主动、独立负责地开展工作。坚持集体领导和个人分工负责相结合的制度，严格按照集体领导、民主集中、个别酝酿、会议决定的原则讨论决定重大问题。党政密切配合、团结协作，带领全校广大党员干部和师生员工合力攻坚克难、破解发展难题，从而有效保证了我校改制目标顺利实现，推动了学校事业的发展。

重视思想理论武装，科学发展理念深入人心。2009 年深入开展学习实践科学发展观活动成效显著。以“迎评促建上水平、改制转型创特色”为活动载体，把学习实践活动与学校改制迎评这一最大现实任务有机结合，形成了以“深化特色发展战略”为主题的专题调研报告，制定了 9 大方面、涉及 42 个具体项目的整改落实方案，集中解决影响学校发展和群众反映较多的突出问题。促使广大党员干部解放思想、深化认识，用过硬的工作作风有效地将学习成果转化成了高质量完成“迎评促建”任务的实际举措。学习实践活动达到了预期目标，群众满意度达到 99%。2010 年 6 月启动的深入开展“育人成才先锋”创先争优活动初见成效。活动以服务学校发展、服务社会进步、服务师生成长成才为主要内容，以推动特色发展、维护校园和谐、结合工作实际、提高活动实效为基本原则，组织开展了“关爱学生、助推发展”“求真知、强责任、作奉献”“三化四有”创建三个专项行动，充分发挥各基层党组织和全体党员的积极性和创造性。2008 年、2010 年校党委组织领导全校上下先后开展“创新创业、特色发展”办学思想大讨论和“人才培养”教育思想大讨论活动，进一步解放了思想，转变了观念，明确了努力方向，为学校下一步加快推进特色发展、深化教育教学改

革、提升人才培养质量打下了坚实的思想基础。

严格执行校院两级理论学习中心组制度。切实加强对全校理论学习和研究的组织与领导，按照建设马克思主义学习型政党的要求，坚持理论学习与学校发展实践相结合，与解决实际问题相结合，增强了理论武装用以指导实践、推动工作的实效。近年来，校院两级中心组成员撰写理论文章和学习体会共计 70 余篇，2009 年，校党委理论学习中心组被省纪委、省委组织部、省委宣传部等部门授予“全省县以上党委理论学习中心组先进单位”。基层党务工作者积极思考、探索和研究党的建设中出现的新情况和新问题，共有 41 人的论文获得校内奖项，14 人的论文被选送上级参评，两人的论文获得省级奖项。

（二）加强干部队伍和人才队伍建设，队伍素质明显提高

加强和改进中层干部选拔任用工作。围绕学校第一次党代会提出的“努力造就一支能够担当推进学校特色发展重任的高素质干部队伍”的工作目标，按照中共中央《党政领导干部选拔任用工作条例》的规定和要求，着眼于提高干部选拔任用工作的群众满意度，坚持“民主、公开、竞争、择优”方针，坚持正确的用人导向，积极探索科学的干部选拔任用和监督工作机制，不断推进干部人事制度改革。2008 年下半年，出台《处级领导干部选拔任用工作实施办法》，顺利完成处级领导干部集中换届工作。换届后的中层干部队伍，其年龄、学历、职称和专业结构得到进一步优化，生机和活力有了进一步增强。坚持培养选拔和面向社会公开招聘相结合，拓宽选人用人渠道。现有的 79 名处级干部中，具有研究生学历（学位）的 43 人，占 54.4%，其中具有博士学位的 12 人，占 15.2%；具有高级专业技术职务的 57 人，占 72.2%，其中具有正高级专业技术职务的 23 人，占 29.1%。

重视干部队伍的教育和管理。加强了对处级领导干部的常规性培训，支持和组织处级领导干部参加校外岗位业务学习、交流和挂职锻炼

等。加强了对处级领导干部的常规性考核及新任干部的试用期满考核，注重干部的实绩和群众的公认度，完善了干部能上能下、优胜劣汰的用人机制，努力营造选人用人风清气正的良好环境。在高校省管后备干部考察中进行的治理拉票测评结果显示，我校参加推荐人员对治理拉票行为满意度为91分，在23所本科高校中位列第一。

建立健全“党管人才”工作机制。学校成立了人才工作领导小组，制定了2008—2010年人才队伍建设发展规划，进一步完善了人才政策，规范了高层次人才引进工作制度，进一步优化人才成长发展环境。近三年来，引进教授、博士等高层次人才48人，教师队伍整体实力得以较大提升。较之2007年年末，增加教授31人，增加博士44人。现有专任教师中具有高级专业技术职务的教师151人，占47.3%，其中教授61人（占19.12%）；具有研究生学历、学位的教师238人，占74.6%，其中具有博士研究生学历、学位的教师64人（占20.1%）。高层次人才数量明显增多，人才队伍结构进一步优化。

（三）加强党的基层组织建设，为学校发展提供坚强的组织保障

重视完善基层组织，优化工作运行机制。按照《中国共产党普通高等学校基层组织工作条例》的有关要求，2009年3月校党委对党总支（直支）、党支部进行了换届。此次换届工作按照“优化组织设置，扩大组织覆盖，创新活动方式，充分发挥基层党组织推动发展、服务群众、凝聚人心、促进和谐的作用”的要求，切实加强了基层党组织的建设，为实现学校“十一五”改制目标，建设特色明显的普通本科高校提供了坚强的组织保障。建立健全二级学院党政联席会议制度，实行党政共同负责的运行机制。2008年10月制订出台了《二级学院党政联席会议议事规则》，对参加联席会议的成员、议事的范围、议事的决策机制等方面均作出了明确的规定。推行党政领导交叉任职，7个二级学院的党总支书记均兼任副院长，党员院长兼任党总支副书记。

重视党员的发展、教育和培训。建立由党委统一领导，组织部门和学生工作部门联合布置、督促检查，各党总支（直支）贯彻落实的学生党员发展工作机制。重视对党员发展的规划和流动党员的管理，先后出台《2011—2013年学生党员发展工作规划》和《流动党员管理办法》。坚持大学生党员发展标准，规范党员发展程序。截至2010年6月，学校教工党员356人，占在编教师总数的70.1%，学生党员511人，占学生总数的9.6%。建立了一支专兼结合的学生党建工作队伍，在现有各总支（直支）分管领导和学生党支部书记的基础上，逐步形成由党委各职能部门的负责人、总支（直支）委员、学生政治辅导员、党员班主任和任课教师等组成的学生党建工作队伍。通过充分发挥团、学活动、社会实践活动等载体的教育培训功能，抓好党委统一领导下的两级党校建设，抓好报告会、培训班、专题研讨等学习培训以及树立、学习先进典型等，加强了对党员的教育管理。

积极发挥基层党组织的战斗堡垒作用和党员的先锋模范作用。在校党委的领导下，各党总支（直支）能够积极宣传和贯彻党的路线、方针、政策，认真落实上级党组织和学校党委的决议，参与本单位重大问题的研究和决策，充分发挥战斗堡垒作用和党员先锋模范作用，为完成改制迎评等重大工作提供了坚实有力的组织保证。近三年来，在学校层面评选出来的各类教职工先进模范中，获2005—2008年“模范教工”荣誉称号的4名同志均为共产党员，29位党员被评为“三育人”先进工作者（占72.5%）。特别是在改制迎评的专项先进评比中，41位教工党员被评为先进（占71%）。2008年以来有14个先进基层党组织、46名优秀共产党员、11名优秀党务工作者受到表彰，6个支部获“支部建设创新奖”，1个创新案例被省委教育工委采用。其中，2位党员领导干部分别荣获2008—2009年度“浙江省高校优秀共产党员”称号、“浙江省高校优秀党务工作者”称号。

（四）加强党的作风建设和反腐倡廉建设，为学校特色发展保驾护航

认真开展作风建设。2008 年结合学校“创新创业，特色发展”办学思想大讨论开展了“重品行、讲操守、增本领、提效率、转作风”专题教育活动；2009 年结合学校改制迎评工作，开展以迎评工作考核为重点的作风建设考核工作；2010 年开展了“深化作风建设年”活动，学校领导带头开展“五个一”联系群众活动。活动为巩固近年来学校作风建设成果，在处级领导干部和管理部门中倡导求真务实、廉洁高效、密切联系群众和基层的优良作风，增强党员领导干部抓好作风建设的自觉性，提升管理部门服务基层的能力和水平，确保学校年度各项重点工作的落实，为学校改制后的发展起步阶段提供坚强保证。

推进落实党风廉政建设责任制。制定实施《党风廉政建设责任考核办法（试行）》。建立党风廉政建设责任书签订机制，与换届后的处级领导班子签订了党风廉政建设责任书。加大对党员干部廉政教育的力度，进行了处级干部党风廉政专题讲座和校纪检、财务、采购等重点岗位人员廉政建设专项教育活动，开展了小金库自查、基建突出问题专项治理等党风廉政建设活动。

不断完善惩防腐败体系。成立了校建立健全惩治和预防腐败体系工作领导小组、学校基建工作领导小组、学校招标工作领导小组等。制订并实施《建立健全惩治和预防腐败体系 2008—2012 年工作细则》《关于进一步加强反腐倡廉建设工作的实施意见》。修订和完善了采购、招标、基建、财务管理等方面 10 多项管理制度。实施了反腐倡廉宣传教育联席会议制度，加强了对 7 个部门 12 项分类宣传教育。目前正在全校范围内开展廉政风险排查活动，以廉政风险点的排查为切入点，进一步梳理学校的廉政风险防范措施，以期建立有效的廉政风险防范长效机制。

在充分肯定成绩的同时，我们也应当清醒地看到学校党建工作还存

在一些需要改进和提高的地方。主要有：一些党员干部忽视政治理论学习，政治理论水平不高；个别基层党组织、少数党员领导干部在学校事业发展中的战斗堡垒和先锋模范作用不明显，个别党员教师教书育人的自觉性还有待提高；干部管理体制还不能完全适应学校事业科学发展的要求；党员的学习和教育活动需要进一步创新；学校党建工作理论研究有待进一步加强等等。对这些问题，我们必须按照提高党建科学化水平的要求，认真加以解决。

二、切实增强做好学校党建工作的责任感和使命感

当今世界正处在大发展大变革大调整时期，当代中国正在发生广泛而深刻的变革。要把党的十七大描绘的全面建设小康社会宏伟蓝图变为现实，关键在我们党。重视和加强党的建设是我们党的一大优势，这是保证我们党在革命、建设和改革开放不同历史时期，能够取得胜利的重要法宝。胡锦涛总书记指出："认真贯彻落实党的十七届四中全会精神，切实做好加强和改进新形势下党的建设各项工作，是全党的重大政治责任。"提高党的建设科学化水平，是党的十七届四中全会根据世情、国情、党情的深刻变化，对党的建设提出的重大命题和重大任务，是新时期党建工作的新坐标。我们要从高校党建的地位、从高等教育发展的新形势、从我校自身的实际来深刻认识提高学校党建工作科学化水平的重要意义，切实增强做好学校党建工作的责任感和使命感。

（一）提高党的建设科学化水平，是贯彻落实党的十七届四中全会精神的必然要求

高校党建是党的建设新的伟大工程的重要组成部分，在整个党的建设中占有特殊重要的地位。从高校的作用看，高校是传播科学、培养人才、创新理论、塑造精神的重要阵地，是发展先进生产力和先进文化的

重要力量，以知识高度密集、人才高度云集、信息高度聚集的独特优势，对我国政治文化生活和经济社会发展发挥着日益强大的推动力、辐射力、影响力。从高校党员队伍的构成看，高校党员队伍是党的队伍的重要方面军，高校每年发展党员数量超过全国发展党员总数的三分之一，青年学生党员队伍的发展壮大，为党的队伍不断注入新的血液、增添新的活力。从高校党组织的特点看，高校党组织是党联系青年学生、联系知识分子、联系有影响的专家学者的重要桥梁，是党的理论和路线方针政策落实到高校的重要保证，是推进教育改革、搞好教书育人、加强教师队伍建设的领导核心。深入学习贯彻党的十七届四中全会精神，努力提高党的建设科学化水平，切实加强和改进党的建设，是全党的一项重要政治任务，也是高校的一项重要政治任务。我们必须按照中央和省委关于加强和改进高校党的建设的重要部署和要求，采取有力措施，切实增强做好学校党建工作的责任感和使命感，努力提高学校党的建设科学化水平。

（二）提高党的建设科学化水平，是适应高等教育发展新形势的迫切需要

习近平同志最近在接见第十九次全国高校党建工作会议代表时强调，要为“十二五”规划顺利实施提供有力的人才支持，迫切要求高校培养更多的优秀人才，迫切要求进一步加强和改进高校党的建设。当前，我国高等教育事业已经站在新的历史起点上，正在由高等教育大国向高等教育强国迈进。在看到高等教育发展迎来新机遇的同时，我们也必须清醒地看到高等教育发展面临着诸多挑战。创新高校发展理念和发展模式，破解高校发展难题和发展瓶颈，增强高校发展活力和核心竞争力，实现高校又好又快发展的任务十分繁重；提高教育质量、突出办学特色，实现发展的规模、质量、结构、效益相统一的任务十分繁重；办人民满意的高等教育，实现教育公平，让人民共享教育改革发展成果的

任务十分繁重。特别要看到，高校与社会联系日益紧密，社会思潮容易向高校集散，社会问题容易向高校投射，社会热点容易向高校传导，保持和发展高校和谐稳定良好局面的任务更加艰巨。无论是高等教育发展的繁重任务，还是高校发展的复杂环境，都对高校党的建设提出了新的更高要求。因此，提高新形势下学校党的建设科学化水平，对于正确处理好学校改革发展稳定的关系、推动学校事业科学发展具有重要的现实意义。

（三）提高党的建设科学化水平，是加快实现学校办学定位和发展战略目标的内在要求

校第一次党代会确立了要把学校建设成为办学特色鲜明、教育品质一流的多科性教学型普通本科高校的办学目标。今年，学校已实现了改制并更名为“浙江外国语学院”，为实现学校办学目标迈出了坚实的第一步。“十二五”时期，是实现学校办学目标的关键时期。一方面，必须紧紧抓住并用好国家和地方加快经济增长方式转变、积极推进《国家中长期教育改革和发展规划纲要（2010—2020年）》实施、鼓励高等学校办出特色、高等教育由大变强等重要机遇，乘势而上；另一方面，必须加快内涵建设，实现学科转型、推进特色发展，提升教育品质、打造优势品牌。学校改制更名后面临的改革发展任务依然艰巨而繁重。重任当前，必须进一步加强和改进学校党的建设，充分发挥各级党组织的战斗堡垒和党员的先锋模范作用，不断提高党建科学化水平，为加快实现学校办学定位和发展目标提供坚强有力的保证。

总之，我们一定要从全局和战略高度充分认识加强和改进学校党的建设，提高党建科学化水平的重要意义，切实增强做好学校党建工作的责任感和使命感，把思想统一到中央和省委对高校党建工作的部署和要求上来，统一到学校党委和行政对学校“十二五”发展的总战略上来，推动学校事业又好又快发展。

三、明确要求，把握重点，努力提高学校党建科学化水平

（一）提高学校党建科学化水平的总体要求

按照中央和省委提高党建科学化水平的要求，结合学校第一次党代会提出的目标任务，今后一段时期，我校推进党建科学化的总体要求是：坚持以邓小平理论和“三个代表”重要思想为指导，深入贯彻落实科学发展观，按照党的十七大、十七届四中、五中全会精神和省委的部署，牢牢把握提高党的建设科学化水平这个新要求，突出加强党的执政能力建设和先进性建设的重点，努力把科学理论、科学制度、科学方法贯穿于学校党建工作的各个方面，为推动学校各项事业的科学发展提供坚强保证。

党的建设科学化，其本质内涵就是要按照党的建设规律推进党的建设，将党的建设提升到规律的高度来研究和把握，更加自觉地把握和运用马克思主义政党建设规律，研究新情况、解决新问题、创造新经验，以科学理论指导党的建设、以科学制度保障党的建设、以科学方法推进党的建设。贯彻提高学校党建科学化水平的总体要求，学校各级党组织要注意把握好以下几点：

要进一步探索我校党建工作的新情况、新特点，按照客观规律来谋划我校党建工作。深刻认识、全面把握、自觉运用党自身建设的规律，克服片面性，减少盲目性，避免随意性，增强学校党建工作的原则性、系统性、预见性、创造性。

要进一步坚持以科学理论来指导我校党建工作。始终坚持以马克思列宁主义、毛泽东思想、邓小平理论、“三个代表”重要思想为指导，按照科学发展观对党建工作提出的新要求，坚持服从和服务于推动学校的科学发展，用科学发展成效来检验我校党建工作的成效。

要继续坚持以科学的制度保障我校的党建工作。进一步探索、研究

和完善党的建设、管理、运行的有效机制和制度，维护党建制度的系统性、权威性，增强党内制度设计的前瞻性、系统性、协调性。

要进一步努力以科学的方法推进我校党的建设。坚持唯物辩证法这一根本思想方法和群众路线这一根本工作方法，与时俱进、勇于创新，善于运用现代科学方法，为我校党建工作搭建新平台、提供新手段、打开新视野、开辟新空间。

（二）提高学校党建科学化水平的工作重点

提高我校党建科学化水平的工作重点是：以加强党的执政能力建设和先进性建设为主线，深入开展学习型党组织建设和创先争优活动，推进学校基层党组织和党员队伍建设，努力增强学校各级领导班子办学治校能力，充分发挥党组织的凝聚力、战斗力和师生党员先锋模范作用，为学校科学发展提供坚强保证。

着眼于推动学校科学发展、促进校园和谐，进一步加强领导班子思想政治建设和能力建设。积极推进学习型领导班子建设，在推进用马克思主义中国化最新成果武装头脑、指导实践、推动工作上取得成效。进一步加强校院两级中心组理论学习，健全各项学习制度，严格规范学习管理，不断提高加强领导班子的马克思主义理论修养、党性修养和品德修养。

坚持和完善党委领导下的校长负责制。遵循高等教育规律，积极探索教授治学的有效途径，逐步改变行政化管理模式，提高科学决策水平和办学治校能力。建立领导班子工作务虚研讨会制度，集中精力研究破解制约学校发展的战略性问题、深层次矛盾、复杂棘手困难，增强推动学校科学发展的预见性、系统性、原则性和创造性，提高领导班子谋划发展、统筹发展、优化发展、推动发展的能力。

积极推进党内基层民主建设。要以落实党员知情权、参与权、选举权和监督权为重点，建立健全二级学院（系）党组织换届选举制、党内情况通报制、情况反映和重大决策征求意见以及党内事务听证咨询制，积极推进党务公开。实行党代表任期制、基层党组织领导班子"公推直选"。加强网络阵地建设和舆论引导，营造党内民主讨论的环境，积极探索扩大党内基层民主多种实现形式，切实保障党员的主体地位和民主权利。建立党委新闻发言人制度。

着力推进干部人事制度改革。要按照德才兼备、以德为先的用人标准，坚持有利于科学发展的正确导向，按照民主、公开、竞争、择优的要求，进一步完善干部推荐、提名、考察、任用、监督等制度，努力形成广纳群贤、人尽其才、能上能下、公平竞争、充满活力的具有我校特点的干部人事制度。完善竞争性选拔干部机制，加大竞争性选拔干部力度。进一步完善干部考核评价机制，加强经常性考察，建立健全考核结果反馈和通报制度，强化考核结果应用。制定以注重实绩为导向的处级领导班子和领导干部任期目标责任制考核办法。制定干部培训规划，采取多种形式开展干部培训工作。

强化战略意识和长远眼光，加强后备干部的培养。出台《浙江外国语学院处级后备干部选拔培养管理暂行办法》，科学制定并认真实施后备干部和年轻干部培养规划，健全完善后备干部动态管理的具体办法和措施。加大从基层一线培养选拔干部的力度，进一步加强女干部、党外干部和少数民族干部的系统培养、择优使用，合理使用各年龄段干部。

加强人才工作和人才队伍建设。以培养和吸引高层次人才为重点，构筑学校特色发展的人才资源新优势。大力推进人才工作体制机制创新，积极搭建公共服务新平台，继续扶持和培育一批优秀团队。

着眼于强化基层党组织功能，进一步激发基层党组织活力，扎实推进学校基层党组织建设。要按照建设学习型党组织的要求，不断创新学习理念，明确学习目标与任务，把学习型党组织建设落到实处。

要坚持把理论武装作为首要任务。组织广大党员干部全面系统、完整准确地掌握中国特色社会主义理论体系，深刻领会贯穿其中的马克思主义立场、观点和方法，不断增强坚持中国特色社会主义旗帜、道路的自觉性和坚定性。进一步引导党员干部不断深化对科学发展观的认识，准确把握科学发展观的科学内涵、精神实质和根本要求。按照社会主义核心价值体系的基本要求，引导党员干部和广大师生把个人理想融入共产主义远大理想和中国特色社会主义理想之中，增强政治鉴别力，坚决抵制各种错误思想影响，始终保持立场坚定、头脑清醒。

要大力弘扬理论联系实际的优良学风，坚持学以致用、用以促学。紧密联系学校、本单位改革发展、人才培养、学科和队伍建设、社会服务的实际，紧密联系党员的思想实际，积极倡导“研究型学习”和“问题式学习”，努力通过学习提高解决问题的能力。把推动理论学习与开展党建研究相结合，深入研究我校党建工作的新情况、新问题，重视研究成果的转化和运用。把党建研究课题纳入学校科研课题管理。

要不断创新学习内容、形式和制度。坚持分类指导，对领导干部、教师党员、学生党员和离退休党员提出不同的学习要求。鼓励各学院（系）结合自身特点开展形式多样、内容丰富的学习活动，不断增强党组织的学习力、创造力。

要深入推进创先争优活动。紧紧围绕学校的中心任务，努力创科学发展之先、争校园和谐之优，使创先争优活动真正成为推动学校科学发展的强大动力。要紧扣活动主题，突出建设服务型基层党组织，重点做好服务学校发展、服务社会进步、服务师生成长成才这三篇文章。努力创新活动载体，夯实组织基础，激发组织活力，进一步发挥广大基层党组织在推进学校改革发展中的重要作用。要通过多种途径，引导各级基层党组织切实增强服务学校发展、服务师生党员、服务社会发展的意识和能力，尤其要发挥学校党组织的政治优势和专业优势，建立健全服务师生、服务基层、服务社会的机制以及党内激励、关怀和帮扶机制，努力使党组织在提升服务水平中不断增强凝聚力和向心力。教职工先进基层党组织要努力做到“五个好”：领导班子好、党员队伍好、工作机制好、工作业绩好、群众反映好；学生先进党支部要努力做到“五个好”：支部班子好、党员队伍好、活动开展好、制度落实好、作用发挥好。教职工优秀党员要努力做到“五带头”：带头学习提高、带头争创佳绩、带头服务师生、带头遵纪守法、带头弘扬正气；学生优秀党员要努力做到“五带头”：带头努力学习、带头立志成才、带头服务师生、带头遵纪守法、带头弘扬正气。

要认真贯彻新修订的《中国共产党普通高等学校基层组织工作条例》，进一步明确党组织职责任务，丰富党组织活动内容，健全党组织工作制度，实现学校党的组织和党的工作全覆盖。修订并出台《浙江外国语学院党总支工作实施办法》与《浙江外国语学院党支部工作实施办法》。不断创新党组织设置方式和工作方法。按照有利于加强党对学校的领导，有利于加强党员教育管理，有利于促进学校事业发展的原则，进一步优化基层党组织设置方式，努力形成网络严密、功能健全的组织体系。在坚持教工党支部建在教学科研一线、学生党支部建在班上的基础上，积极探索按年级、专业设置、学生公寓等形式建立党支部，积极探索在学生社区、学生社团和社会实践团体中建立临时党支部。增强基层党组织的稳定性、长期性和连续性。

着眼于增强党的意识、充分发挥党员作用，进一步加强党员队伍建设。抓好大学生党建工作，为党源源不断培养德才兼备的青年人才，是高校及其各级党组织的重要使命。要按照“坚持标准、保证质量、改善结构、慎重发展”的要求，把工作重点转到切实提高党员队伍素质上来，制定合理规划，加强教育培养，严格发展程序，确保发展党员质量。要深入落实党员人才工程，加大对青年知识分子的工作力度。重视在青年教师特别是学科带头人、学术骨干中发展党员工作，发挥党员专家教授的引领和示范作用，不断提高党员队伍的整体素质。要积极探索党员发挥作用的有效途径，通过岗位定责，鼓励党员带头参加志愿服务，推广党员承诺制等做法，搭建党员履行义务、行使权力、发挥作用的平台，充分发挥教工党员在人才培养、教学科研中的先锋模范作用，充分发挥大学生党员在班风学风建设和创新创业中的先锋模范作用。

要建立健全教育、管理和服务党员的长效机制。要贯彻以人为本、民主管理的工作理念，推动党员教育管理方式从单一的理论学习、刚性管理向确立党员主体地位、管理与服务并重转变。逐步形成以理想信念教育为核心、以爱国主义和集体主义教育为重点，经常性教育与主题教育、实践活动相结合，党员教育管理监督与服务于一体的多元化教育管理格局。加强党员之家建设。做好学习进修、毕业离校等环节的流动党员管理工作，努力做到党员教育全覆盖。要按照《2009—2013 年全国党员教育培训工作规划》的要求，认真做好党员教育培训工作。

着眼于密切党群关系、转变工作作风，进一步加强党风廉政建设。要认真贯彻落实省委省政府作出的决策部署，积极开展“深化作风建设年”活动，把改进领导干部作风作为学校党风廉政建设的重要切入点，以“治庸治懒、提能增效、狠抓落实”为重点，大力弘扬党的优良作风，切实维护广大师生员工的利益，着力解决领导干部作风方面存在的突出问题，以优良的党风促校风学风。建立健全领导干部联系院系（部门）、基层党组织、学科带头人以及党外代表人士制度，深入了解一线情况，帮助解决突出问题。积极探索建立廉政风险防范、风险论证以及制度执行的评价反馈监督和责任追究制，切实加强干部人事、财务管理、基建工程、物资采购等重要领域和环节的制度约束，努力形成用制度管权、按制度办事、靠制度管人的良好局面。

着眼于统筹兼顾、强化责任，进一步加强对学校党建工作的领导。提高我校党建工作科学化水平，关键在各级党组织，重点是加强领导、落实责任。成立学校党建工作领导小组。各级党组织要把党建工作作为首要职责，牢固树立“抓好党建是本职、不抓党建是失职、抓不好党建是不称职”的观念，认真落实党建工作责任制。

学校各级领导都要重视和支持党建各项工作的开展，为党建工作提供必要的经费保障和工作条件。要在系统谋划上下功夫，有效整合党建资源，形成党的建设的强大合力和整体效应。尤其是要统筹党的建设和学校改革发展，使两者相互促进、相得益彰，加快发展步伐，努力形成“发展强、党建强”的“双强争先”良好局面。要在深入总结近年来我校党建成功经验的基础上，立足新的实践和新的发展，及时把实践证明行之有效的措施固化为切实可行的制度，建立健全适应我校发展的内容完备、结构合理、科学管用的制度体系。要切实提高制度执行力，一步一个脚印地把提高我校党建科学化水平的各项任务落到实处。

提高学校党的建设科学化水平是贯彻落实党的十七届四中全会精神的一项重大任务。我们要坚持以科学理论为指导，以科学制度为保障，以科学方法来推进，使党建工作更加适应学校发展的需要，更加符合学校各级党组织和广大党员干部的实际，以更加奋发有为的精神状态、扎实有效的工作措施，努力开创学校党建工作新局面，为浙江社会经济发展作出新的更大贡献。

（2010 年 12 月 17 日在浙江外国语学院
第一次党建工作会议上的讲话）

加强领导干部作风建设

今年年初以来，中央和浙江省委、省政府对加强领导干部作风建设作出了新的部署。1 月 9 日，胡锦涛同志在中央纪委第七次全体会议上发表重要讲话，深刻阐述了加强领导干部作风建设的极端重要性和紧迫性，强调要全面加强新形势下领导干部作风建设，在各级领导干部中大力倡导勤奋好学、学以致用，心系群众、服务人民，真抓实干、务求实效，艰苦奋斗、勤俭节约，顾全大局、令行禁止，发扬民主、团结共事，秉公用权、廉洁从政，生活正派、情趣健康八个方面的良好风气。1 月 25 日习近平同志在省纪委第十次全会上，强调要认真学习贯彻胡锦涛总书记的重要讲话精神，全面加强领导干部作风建设。省委还决定把今年定为“作风建设年”，并在春节后的第一个工作日，召开了“作风建设年”动员会议。按照中央和省委的要求，校党委在三月中旬进行了专题研究，并在近期印发了在我校开展“作风建设年”活动的实施意见。下面，我就如何开展好这项活动讲几点意见。

一、充分认识开展“作风建设年”活动的重要意义

开展“作风建设年”活动，是贯彻落实胡锦涛总书记重要讲话精

神的具体体现，是全面落实科学发展观、构建社会主义和谐社会的必然要求，是巩固先进性教育活动成果、提高党的执政能力的重要保证，也是全面推进党的建设的伟大工程的重要组成部分。全校教职工特别是两级领导干部必须从全局和战略的高度，充分认识开展“作风建设年”活动的重大意义，积极投入到活动中来。

党的作风体现着党的宗旨，关系党的形象，关系人心向背，关系党和国家的生死存亡。党风影响政风、影响民风，领导干部的思想作风、学风、工作作风、领导作风、生活作风直接影响到一个单位的风气，影响一个单位的形象。作风建设也是我们加强干部队伍建设的重要内容和有力抓手。开展“作风建设年”活动，就是要求我们必须牢记全心全意为人民服务的宗旨，牢牢把握立党为公、执政为民这个本质要求，继承和发扬党的优良传统和作风，按照科学发展观的要求，以求真务实的工作作风，为群众谋利益，为我省教育事业的新发展作出贡献。

作风建设事关学校的科学和谐发展。良好的工作作风能形成良好的工作效率和工作业绩。当前学校的改革发展正处于十分关键的时期，改制、转型等各项工作任务十分繁重。要顺利实施学校“十一五”发展规划，促进学校事业的科学和谐发展，必须加强领导干部的作风建设，必须有一个良好的精神状态，切实解决在思想作风、学风、工作作风、领导作风等方面存在的突出问题，用良好的作风保障学校事业又好又快地发展。

二、充分认识作风建设中存在的主要问题

近几年来，按照中央、省委、省委教育工委的要求，学校十分重视作风建设。通过开展“三讲”教育、“三个代表”重要思想的学习、机关效能建设、保持共产党员先进性教育等活动，有效地促进了领导干部作风的转变，促进了学校事业的发展。我校广大干部的作风总体上是好

的，风气是正的，团结向上，求真务实，干净干事是主流。同时也要清醒地认识到，与更高的标准、师生的期望、新形势、新任务的要求相比，我们在作风上还存在一些问题，有些问题还比较突出。

如在学习上，存在理论学习不够深、业务学习不够精的情况。有些同志学习自觉性还比较欠缺，往往以工作忙为借口，放松学习；有的同志对学习缺乏钻研精神，学不求深，思不求解，浅尝辄止；有的同志用理论指导和联系实际还不够。在提高业务本领上，学历提高和业务进修的积极性不高，知识本领与适应现代大学的管理和学科建设有比较大的差距。

在思想作风上，有的同志不思进取、得过且过、缺乏锐意进取和与时俱进的精神；不求有功、但求无过、只求过得去、不求过得硬。

在工作作风上，有的同志热衷于形式主义、不求实效；工作浮飘、落实不力；服务意识淡薄、缺乏主人翁精神和主动服务意识；工作缺乏热情、办事效率低下；不深入实际、满足一知半解；职责不清、推诿扯皮。

在和谐团结共事上，有的同志团结意识淡薄、缺乏互相尊重；只重工作上的交流、缺乏思想感情上的沟通；有的置工作于不顾、把班子矛盾公开化；当面不说、背后说，会上不说、会后说；有的互不相让、闹无原则纠纷。

在勤俭办学上，有些同志艰苦奋斗、勤俭节约的精神有所淡忘，大手大脚，浪费现象时有发生。

虽然这些问题发生在少数同志身上，但其消极影响和后果不可低估。如果我们不警惕、不抓紧治理，听任不正之风的侵蚀，就会损害党群干群关系，影响学校事业的健康发展。

三、“作风建设年”活动的指导思想和主要任务

开展“作风建设年”活动必须以邓小平理论和“三个代表”重要

思想为指导，全面落实科学发展观，深入贯彻胡锦涛总书记在中纪委七次全会上的重要讲话精神，发扬党的优良传统和优良作风，弘扬新风正气，抵制歪风邪气，以办好让党放心、人民满意的教育为目标，着力解决广大干部在思想作风、学风、工作作风、领导作风和生活作风等方面存在的突出问题，引导两级领导干部真正把心思用在学校的事业上、情感贴在师生心上、作风拧在求真务实上，努力实现领导干部作风的进一步转变，为推进学校科学和谐发展提供有力保障。

要按照胡锦涛总书记关于在领导干部中大力倡导八个方面良好风气的要求，切实加强学校各级领导干部的作风建设，牢固树立“五个形象”，一是要牢固树立政治坚定、勤奋好学的形象，二是要牢固树立心系师生、真情为民的形象，三是要牢固树立真抓实干、开拓创新的形象，四是要牢固树立民主和谐、团结协作的形象，五是要牢固树立道德高尚、清廉节俭的形象，努力造就一支能适应学校科学和谐发展要求的干部队伍。

（一）大兴学习之风

要进一步强化领导干部的理论学习，健全和完善理论学习制度，重点是深入学习“三个代表”重要思想、科学发展观和构建社会主义和谐社会等重大战略思想，增强贯彻科学发展观和构建和谐校园的自觉性和坚定性。大力弘扬理论联系实际的学风，真正把理论学习转化为推进学校改革发展的强大精神动力和实际行动。

（二）深入开展调查研究

各级领导干部要根据工作实际，针对学校改革发展的重点、难点、热点问题，加大调查研究的力度，为科学决策提供依据。校处两级领导干部要求真务实，带着课题深入基层调查研究，广泛听取师生的意见，把握工作特点和规律；在重大事项决策前，充分论证，广泛征求各方面的意见，做到民主决策、科学决策。

（三）切实改进作风

两级领导干部要进一步增强事业心和责任感，思想作风要唯实，就是要坚决反对形式主义，坚持实事求是，倡导说实话、办实事、求实效；工作作风要扎实，就是要深入实际，深入基层，了解师生的意愿，努力为师生做好事、解难事、办实事。

（四）努力构建和谐团队

共同的目标、共同的事业、共同的责任是班子成员和谐相处、和谐共事的基础，领导班子成员是否以正确的态度和方法妥善处理相互关系，直接决定着领导班子的凝聚力和战斗力，决定一个单位、一个部门工作能否正常开展，要着力加强班子建设，强化责任意识、组织意识、民主意识、形象意识和规则意识，严于律己，宽以待人，努力营造互敬互让的和谐氛围。

（五）厉行节约，反对铺张浪费

要牢固树立厉行节约、勤俭办学的思想，在全校大力营造节约光荣、浪费可耻的良好氛围。科学规划学校建设，降低办学成本，规范公务接待，倡导节约用水、用电、用纸等，努力推进节约型校园建设。

（六）加强廉洁自律

进一步修订完善党风廉政建设等规章制度，推进党风廉政建设，严格遵守领导干部廉洁自律各项规定，真正做到工作时间和业余时间一个样，有监督和没有监督一个样。

四、加强组织领导，确保“作风建设年”活动取得实效

这次“作风建设年”活动，要求高、任务重。要达到预期的目的，关键在于加强组织领导，精心组织，抓好落实。

整个活动分三个阶段进行：

（一）宣传发动阶段（3—4 月份）

按照上级要求，制定活动实施意见，进行宣传发动和具体部署。通过集中学、自学等形式，认真学习毛泽东、邓小平、江泽民、胡锦涛等领导同志关于加强党的作风建设的重要论述，认真学习胡锦涛同志关于干部作风建设的“八项要求”，充分认识开展“作风建设年”活动的重要意义，积极主动地参与“作风建设年”活动。

（二）查找整改阶段（5—8 月份）

坚持查、改、建相结合，围绕影响学校改革发展和师生反映强烈、事关群众切身利益的热点难点问题，分别召开各种类型的座谈会，认真听取师生的意见和建议；校党委和各党总支（直属党支部）要召开专题会议，对照胡锦涛总书记倡导的八个方面的良好风气，主动查找自身存在的问题；对查找出的问题，要及时梳理汇总，深刻剖析原因，认真研究制定整改措施。要坚持边整边改，以整改的实际行动取信于民。

（三）总结提高阶段（9—12 月份）

对开展活动情况进行一次“回头看”，总结成绩，发现不足，建章立制，把“作风建设年”活动转入经常化、制度化轨道，努力形成作风建设的长效机制。年底前学校召开总结交流大会，总结“作风建设年”活动开展情况，推广典型，巩固成果，把“作风建设年”活动引

向深入。

为切实加强对“作风建设年”活动的领导，学校成立“作风建设年”活动领导小组，我任组长，程胜松、何钧同志任副组长，校党委办公室、纪检监察办公室、组织部、宣传部、人事处负责人为成员，负责指导全校“作风建设年”活动。各党总支、直属党支部书记为本单位“作风建设年”活动的第一负责人，要切实加强对活动的领导，精心组织、抓出成效。

当前学校的各项工作任务十分繁重，要坚持从实际出发，创新工作方法，把加强领导干部作风建设与坚持科学发展观，实施学校“十一五”发展规划纲要结合起来；与学校开展的“管理创新”大讨论活动，提高管理水平结合起来；与学校开展的“三和谐”活动，建设和谐校园结合起来；与加强党的先进性建设、执政能力建设结合起来；与加强教育管理、提高教学质量及其他日常各项工作结合起来，切实把作风建设贯穿各项工作的始终。

要力戒形式主义、务求实效；要进一步加强干部监督工作，拓宽监督的渠道。学校将把“作风建设年”活动纳入今年的年终目标考核，并作为考察领导班子和干部的重要内容。

要充分利用各种宣传阵地，加强对活动的宣传报道，弘扬正气，为“作风建设年”活动的深入开展营造浓厚的舆论氛围。

加强作风建设既是一项长期的任务，又是一项现实而紧迫的任务，也是今年学校工作中的一件大事。各校区，各学院、部门和单位，要按照校党委的统一安排和部署，统一思想，提高认识，真抓实干，强化措施，扎实推进，全面加强领导干部作风建设，努力实现领导干部作风的进一步转变，为推进学校科学和谐发展提供坚强保证。

（2013 年 9 月 1 日在浙江外国语学院
“作风建设年”活动动员大会上的讲话）

切实加强党风廉政建设

我们今天这次会议的主要任务是，深入学习贯彻习近平总书记系列重要讲话精神，贯彻落实十八届中央纪委四次、五次全会和省纪委十三届四次全会精神以及全省教育系统党风廉政建设工作会议部署要求，回顾总结学校 2014 年党风廉政建设工作，部署 2015 年主要任务，各单位要认真领会，结合实际抓好贯彻落实。

加强党风廉政建设，教育系统责任重大。今年全国教育系统党风廉政建设工作会议上，教育部党组书记、部长袁贵仁同志强调，要主动适应党风廉政建设新常态，进一步增强责任感紧迫感，不断把教育系统党风廉政建设推向前进，努力营造山清水秀的教育政治生态。在上个星期召开的全省教育系统党风建设工作会议上，省委教育工委书记、省教育厅厅长刘希平同志要求，全省教育系统要众志成城，更加有力有效地抓好党风廉政建设和反腐败斗争，使浙江教育这片天地风更清，气更正，人更善，政治生态、工作生态、发展生态“山清水秀”。去年，我们学校大力加强党风廉政建设和反腐败工作，取得了明显成效，但也必须清醒地认识到，学校党风廉政建设仍然任重道远。我们思想上不能有任何的放松，行动上更不能有任何的松懈。下面，我作以下四点强调。

一、层层落实主体责任

党的十八届三中全会决定明确指出，落实党风廉政建设责任，党委负主体责任，纪委负监督责任。这是以习近平同志为总书记的新一届党中央领导集体，科学判断反腐败斗争形势作出的重大制度安排。

近年来，学校党委认真贯彻中央、省委的部署，认真履行党风廉政建设主体责任，坚持党要管党、从严治党，坚定不移地推进党风廉政建设和反腐败工作向纵深发展，为学校建设发展营造了风清气正的良好环境。去年年底学校党委制定出台了《落实党风廉政建设主体责任实施办法（试行）》，这是学校当前和今后一个重要时期关于推进党风廉政建设的重要文件。但是我们也应该清醒地看到，主体责任是一个全新的要求，学校党委落实党风廉政建设主体责任实施办法的落实情况还不容乐观。我们的一些领导干部还未很好地认识到主体责任这一重大制度安排带来的责任、职能和工作方式的变化，有些人认识到了，但是行动没有跟上，仍习惯于按原有工作范式来领导和推动党风廉政建设和反腐败工作。切实落实两个责任，党委主体责任和纪委监督责任，是推进党风廉政建设的牛鼻子。

落实党风廉政建设主体责任，首先要深化认识。主体责任是政治责任，我们要切实强化政治担当，坚决克服重业务轻党风、重发展轻廉政的错误思想。主体责任是分内责任，我们要牢固树立抓党风廉政建设是本职、不抓党风廉政建设是失职、抓不好党风廉政建设是渎职的理念，切实把主体责任落实在行动上。主体责任是全面领导责任，我们每一位党员领导干部都要坚持“一岗双责”，既要抓好主管、分管领域的业务工作，又要抓好主管、分管领域的党风廉政建设。主体责任是直接责任，我们不仅要强化各级领导班子集体的责任，更要落实班子每位同志的责任。学校各部门、学院（部）、直属单位主要负责人必须充分认识到落实主体责任的极端重要性和紧迫性，不断增强主体责任意识和担当意识，增强思想和行动的主动性和自觉性，要做到既想又说更要做，尤其是要在亲力亲为上下功夫。

落实党风廉政建设主体责任，其次要在行动上推动主体责任真正落地生效。要推动党建责任制层层落实。随着管理重心的下移，与过去相比，各二级单位掌握着更多的人、财、物、项目和资源，为此，我们更加要注重党风廉政建设主体责任的向下延伸。主体责任，不仅仅是学校党委的主体责任。学校各党总支（直支）书记是落实本单位党风廉政建设主体责任的第一责任人，必须对领导领域的党风廉政建设负总责；各行政一把手在行政领域也必须起到第一责任人的作用。今年，学校将建立党委抓党建责任清单制度，要开展党总支（直支）落实主体责任专项检查，健全党建工作述职考评制度、党建工作问责机制，各单位班子和负责人要明确职责任务，充分履职、各负其责，形成学校抓党风廉政建设和反腐败工作的整体合力，形成一心一意谋发展、聚精会神抓党建的良好工作格局。

主体责任与监督责任相辅相成，缺一不可。各级党组织还要自觉接受学校纪委和纪检监察部门的监督，主动配合纪委分析和研判反腐倡廉形势，落实各项工作任务。同时要全力协助学校纪检监察队伍建设，为专兼职纪检监察员顺利开展工作创造条件。

二、严格遵守党规党纪

习近平总书记强调：“党要管党、从严治党，靠什么管，凭什么治？就要靠严明纪律。”从严治党关键在严格执纪，纪律是党的生命。这里的纪律也包括党内长期形成的行之有效的一系列规矩。民主集中制很大程度上是一种规矩。规矩是内化于心的纪律，纪律是外化于形的规矩。党的十八届四中全会上，习近平总书记重点强调，要把守纪律讲规矩摆在更加重要的位置；讲规矩是对党员、干部党性的重要考验，是对党员干部对党忠诚度的重要检验。在省纪委十三届四次全会上，省委夏宝龙书记要求全体党员干部要拿起规矩这把尺子，量一量自己的言行，拿起纪律的“铁扫把”，扫一扫身上的尘土。

近年来，我们始终高度重视执行党的政治纪律和政治规矩，保持高度的政治自觉和政治清醒，在思想和行动上与党中央保持高度一致。我们认真传达学习宣传贯彻中央省委的重大决策部署，大力推进党的教育事业。我们不断增强政治意识、政权意识、阵地意识，牢牢把握意识形态工作话语权、主动权。我们不断探索落实立德树人根本任务的工作机制，努力为中国特色社会主义培养合格建设者和可靠接班人。但不可否认，我们有些干部甚至是党员领导干部，在守纪律讲规矩上还存在一些问题。有的人把自己的岗位错误地定位为“广播员、收发站、传声筒”，对上级和学校党委行政的重要决策部署，在本单位开过会、传达了就算贯彻执行了；有的人爱当评论员，对中央、省委的大政方针政策常常评三评四，甚至信小道消息；有的人不能很好地贯彻集体决定，党政联席会议制度没有很好地执行，将自己的意志放在组织意志之上；有的人落实上级工作部署和要求有选择；有的人热衷于搞上有政策，下有对策，时常做出一些打擦边球违规违矩的事；有的人办事不讲规则，一切以自己或单位的小团体利益是否实现为标准；也有的人自己本身没什么问题，但是对于一些明显违反政治纪律、政治规矩的行为，不敢义正辞严地作斗争。

守纪律讲规矩，最为重要的是要严守政治纪律和政治规矩，严守组织纪律和组织规矩。要坚决地与以习近平同志为总书记的党中央保持高度一致，自觉地学习贯彻中央和省委省政府的各项方针政策和工作部署，做到不犹疑，不打折，不当评论员和看客。要切实地维护民主集中制原则，自觉做到“四个服从”。要坚决按照党委领导下的校长负责制要求开展工作，在实际工作中，要时时处处讲党性、讲原则、讲大局，严格执行党的政治纪律、组织纪律、财经纪律、工作纪律和生活纪律，努力克服各种无组织无纪律、不守规矩的行为。要严格管理课堂、讲座、论坛、网络等各类阵地，不给任何错误思想观点提供传播平台。要严把人才引进、学术交流、项目培训、科研资助等的政治纪律关。要强化对纪律执行情况的检查，坚持立行立改，发现一个问题就解决一个问题。

三、健全完善制度

加强党风廉政建设，制度管根本、管方向、管长远。去年，学校制定、修订了一系列有利于打造风清气正育人环境的管理制度。坚持正确的用人导向，从严管理监督干部，修订、制定了中层领导干部管理办法、中层领导干部选拔任用工作实施办法、中层领导班子与领导干部实绩考核评价办法等。建立落实党风廉政建设分析会制度、个人重要事项报告制度。加强科研管理，修订了学术委员会章程、科研项目经费管理办法、学术著作出版资金管理办法等。规范出国（境）管理，出台了教职工因公出国（境）实施办法、因私出国（境）管理实施办法。制定出台了《建立健全惩治和预防腐败体系 2013—2017 年实施细则》《公务支出公款消费审计实施细则》。这些制度建设有力地促进了党风廉政建设和反腐败工作。当前在党风廉政制度建设上存在的问题是，大家在执行一些制度上态度、行动不够一致和坚决，在科研经费管理、继续教育办学等方面，也还存在制度执行不严的问题。

今年我们要强化制度执行力。再好的制度不执行就等于形同虚设。要认真严格实施签字背书制度。学校党委行政主要领导与各部门、二级学院（部）、直属单位主要负责人签订党风廉政建设责任书，确保责任主体任务明确、履责有依、问责有据。严格落实民主集中制，开展对二级学院党政联席会议制度执行情况专项检查，切实解决有章不循、有规不依，影响班子、学院凝聚力的现象。

四、持之以恒抓好作风建设

作为第一批开展党的群众路线教育实践活动的单位，经过一年多的活动开展及整改，作风建设在我校取得了较为明显的成效。去年年底机关各单位作风满意度测评中，师生平均满意度达 92 分（满分 100 分）。在中层干部集中换届满意度测评中，共有 100 多人参与，只有 4、5 人不满意，满意度历年来最高。

现在，改进作风建设到了节骨眼上，防止“四风”反弹任务艰巨。弛而不息深入推进作风建设，要在抓常、抓细、抓长上下功夫。

联系学校实际，我们要重点做好以下工作。一是要继续严格执行中央八项规定、省委 28 条办法和六项禁令，切实执行好省教育工委、教育厅原有的 24 条和新制定的 10 条。推进正风肃纪常态化。二是要下大力气抓好整改。要继续抓好教育实践活动中尚未落实的问题整改，同时要研究制定党委班子年度民主生活会整改方案，做好责任分解，明确责任部门和时限，切实抓好整改。三是要切实为群众办实事。建立群众反映问题的反馈机制，通过多种途径及时将意见采纳情况、问题解决情况等反馈给师生员工，同时自觉接受师生员工的评议和监督。四是要加强对党员干部的教育。按照中央、省委部署要求，切实抓好处级以上领导干部“三严三实”专题教育，引导领导干部自觉践行“三严三实”要求。认真执行中央关于新形势下加强和规范党内政治生活若干问题的《决定》，不断增强党员领导干部的角色意识和责任担当，切实提高党内政治生活的政治性、原则性、战斗性。五是要加强师德师风建设。制定实施《加强师德师风实施意见》，落实高校师德建设 7 条“红线”，构建师德师风建设的长效机制。提高教师队伍思想政治素质，落实高校教师职业道德规范，把好教师聘用考核政治关。六是要提高工作透明度。进一步推进党务校务公开、信息公开，继续做好招生、财务、干部任用等信息公开。

抓好党风廉政建设是全党的政治任务，是学校党委也是各总支（直支）的共同责任。我们要认真落实党风廉政建设各项要求和任务，真正做到守土有责、守土负责、守土尽责，为全面深化校内综合改革、推进依法治校，加快建成外语特色鲜明、教育品质一流的多科性普通本科高校提供坚强有力的保障。

（2015 年 3 月 31 日在浙江外国语学院
2015 年度党风廉政建设工作会议上的讲话）

讲政治　敢担当　有作为

党的十八大以来，习近平总书记就党的建设发表了一系列讲话，贯穿其中的主线是：全面从严治党。“四个全面”的战略布局，全面建成小康社会是战略目标，全面深化改革、全面依法治国、全面从严治党是战略举措。这是我党治国理政方略的新创造，是马克思主义中国化的新飞跃。全面从严治党是四个战略布局之一，具有丰富的内涵和内在逻辑。其前提是党要管党，核心在管；从严治党是方向、是要求，关键在严。认真落实从严治党要求，着重把握好四个方面：从严抓好思想教育这个根本，从严抓好干部队伍这个重点，从严抓好作风建设这个主题，从严抓好制度建设这个关键。要深刻认识新常态下从严治党的新要求，进一步加强党性修养，提升履职能力。联系我校中层干部队伍建设的实际，我认为突出的就是要讲政治，敢担当，有作为。

一、讲政治

要把讲政治作为增强党性修养第一位的任务与要求，着力增强政治意识、阵地意识、政权意识。为什么？因为高等教育具有鲜明的政治性。高等教育的本质特征是培养高级专门人才的社会活动，既具有生产力的社会属性，又具有上层建筑的社会属性。过去，多强调了生产力的社会属性，弱化了上层建筑的社会属性。其鲜明的政治性表现在：为谁服务？谁掌握领导权？倡导何种价值观？高校作为实施高等教育的机构，肩负着培养社会主义合格建设者和可靠接班人的重要使命。高校是意识形态的前沿阵地，又是引导社会风尚的前沿阵地。所以，中层干部必须讲政治，坚持正确的政治方向，坚持立德树人，从而做好一切社会服务管理工作。

前不久，中办、国办制定了关于加强宣传思想工作的意见，引起了强烈反响，《光明日报》等进行了大讨论。意识形态领域在高校很不平静，交融交流更加频繁，西方国家将我国的发展作为是对资本主义模式的挑战。一些错误思潮以学术为载体作出了别样的解说，与党争夺话语权，这个问题很突出。社会价值判断更加多元，选择性、多变性、差异性加强。核心价值观引导任务艰巨，网络舆论引导任务也很艰巨。如何增强党性修养，把讲政治的要求落到实处，在实践上真正做到：

坚定理想信念，增强政治定力，不断增强三个自信。怎么增强定力？增进理论学习的自觉。当前，就是要将学习习近平总书记系列重要讲话精神作为最紧迫的任务，深学细悟、真信真用、走在前列。要先学一步，学深一点。学习系列重要讲话精神，要解决好理想信念问题，补钙强骨，固根守魂。

严守党的纪律，严守政治纪律、组织纪律、廉政纪律。习近平总书记在党的十八届四中全会上讲到“七个有之”，在十八届中纪委二次全会上讲到“七个表现”，表明了讲这个问题的极端重要性。严守党的纪律，首要的是严守政治纪律，核心是坚持党的领导，坚持党的路线、方针政策、纲领，与党中央保持高度一致，自觉维护党中央权威。严守组织纪律，主要是党章规定的“四个服从”。

严肃党内政治生活，不断增强党内生活的原则性、政治性和战斗性。我们现在党内政治生活不够严肃，2013 年党的群众路线教育实践活动就是抓了这个事。今年将出台严格规范党内政治生活的意见，加强党性锻炼，严肃党内政治生活是重要途径。

二、敢担当

这是一种政治品格，是好干部的一条重要标准。习近平总书记重要讲话指出，怎样看干部理想信念坚定与否的重要尺度之一就是敢于担当。习总书记关于“好干部的五条标准”，其中之一就是“敢于担当”。

这一要求具有现实紧迫性，一些干部中“好人主义”盛行，表现为：不敢批评，不愿批评；不敢负责，不愿负责。这是相当普遍的现象。怕得罪人，怕丢选票，满足于做“太平官”，有的身居其位，不谋其政，有的为人圆滑世故，处事精明透顶。强化责任担当的实践要求：一是强化政治责任担当，这是最根本的担当；二是强化改革创新、推动发展的责任担当。强调要“一心一意谋发展，聚精会神抓党建”。强化政治责任担当，在大是大非中应有正确的立场和鲜明的态度，对于道路自信、理论自信、制度自信，要敢于亮剑，要当“战士”不当“绅士”。学术研究无禁区，课堂讲授有纪律。作为领导干部要有原则，要一级对一级负责，坚决贯彻中央、省委的决策部署，自觉贯彻落实学校党委行政的决策部署。各级领导要有各级领导的担当，履行好分内的职责，扛起自己的责任。

具体在领导工作中怎么敢担当？一是各单位部门主要领导要带头履行好第一责任人的职责。院长推进改革发展，书记抓党建。今年，我们要进行书记抓基层党建述职评议、院长抓教学述职评议。二是推进工作中，要建立健全责任体系。责任体系建立健全了，才有可能建立健全问责机制，这是问责的基础。

三、有作为

中层干部要肩负新使命，开创新局面，为党代会提出的第一步走的战略目标，干出成绩，做出业绩。这是加强党性修养，提升履职能力的落脚点和检验的根本尺度，要有作为。新常态需要锻造新能力。要解决能力不足的问题，集中表现为执行力不强，不作为、不在状态的问题。有些干部把自己的岗位曲解为“广播员、收发站、传声筒”。领导干部的执行力，就是把学校的部署、决定、计划付诸实施的能力。制度建设的操作性、针对性、实效性要强。要了解大的形势、高等教育的目标思路、校情，这是基本功。执行力，就是理念转化为行动、理想转化为现实，计划转变为成果的能力。

如何通过履职能力有作为？要锻造以下几种能力：

把握大局、增强战略定力的能力。坚定不移走特色发展道路，坚持不懈地办出外语特色，提升教育品质。一定要在全校大局中精准定位，在大局中发挥作用，真正做到协同推进三大战略，一张蓝图绘到底。三大战略协同推进首先要聚焦于什么、服务于什么？要聚焦办出外语特色，协同推进。

把握规律、改革创新的能力。改革创新的任务很艰巨，综合改革遵循什么？要把握规律——即适应引领高等教育发展新常态下，高校的办学规律和外语类院校的办学特点。如：培育人才，立德树人，这是大学的根本任务、根本使命，这是大学区别于其他社会机构的特征，大学不是科研机构。学术创新是大学的根本标志，社会服务是大学的基本职能，提高教育质量是大学永恒的主题，学科建设是大学的龙头工作，师资队伍建设是大学的主体工程，改革创新是大学的发展动力，办出特色是大学发展的必然选择。

凝心聚力、抓好落实的能力。管理系统中，中层干部承担着党委、行政重要部署的组织、落实、推动。在抓好落实的同时，要凝心聚力。抓好思想政治工作，凝心聚力不是书记专有的工作，所有干部都要重视凝心聚力。完善考评机制，强化目标导向，突出实绩导向，要落地、见效。部门和学院的主要领导，要锻造亲力亲为、以上率下的能力。随着科级干部的配置、管理重点的下移，不要以为很多事可以由代劳。主体责任要记在心上、扛在肩上、抓在手上。

（2015 年 3 月 9 日在浙江外国语学院
新一届中层干部培训会上的专题报告）

附录

学校改制的可行性报告

根据自身历史、环境、条件等因素，在全局中准确定位，是学校生存发展的必然选择，也是学校科学和谐发展的重要基础。每一所学校都要在综合考虑国家或地区经济社会发展需要、教育结构布局、教育政策、同类学校的比较优势与不足、自身发展潜力等因素的前提下，科学确定学校办学方向，真正找准适合自身发展的定位。浙江教育学院在今后的发展中，应该向什么方向努力，多年来全校上下一直苦苦探索。省政府（浙政函〔2002〕144 号）文件，为学校由成人高校改制成为普通本科院校，提供了政策依据，但由于在应该办成一所什么样的普通高校这一问题上，学校未能科学定位，脱离办学实际，从而丧失了全省高校大发展这一大好时机，致使近几年始终没有摆脱改制困境。

2006 年 8 月以来，学校认真贯彻落实省政府（浙政函〔2006〕88 号）文件，全面接管了浙江科技学院求是应用技术学院，并按照省委省政府的要求，努力做好正常开学、稳定校园、清产核资、债务处理、合约到期教职工处置等一系列接管工作，各项工作推进顺利。全面接管浙江科技学院求是应用技术学院，为学校办学拓展了新的发展空间，在错失了全省高校大发展大好时机的背景下，如何在有限的空间中办出有特色的学校、学校发展如何科学定位则成为新的历史阶段学校尤为迫切需要解决的重要问题。因此，学校在全面接管浙江科技学院求是应用技术学院的同时，组织专门的力量在学校主要领导指导参与下，开展了大量的调研工作，走访了省发改委、经贸厅、旅游局和外事办及省内其他高校，并聘请省内外专家来校进行咨询，多次与教育厅主要领导及相关处室负责人沟通听取意见，形成了十余万字的调研论证材料。在上述工作的基础上提出了“以外语外贸类学科为主要发展方向、以培养复合型涉外应用人才为主要特色”这一战略发展目标。现将有关情况择要汇报如下。

一、浙江教育学院办学面临的困难和抉择

（一）学校发展定位在教师教育和培训具有局限性

如果把学校的发展定位局限在教师学历补偿教育和中小学师资及教育行政干部的培训上，将不利于学校可持续发展。浙江教育学院作为一所成人高等师范院校，其主要职能是，一方面致力于成人高等师范教育，开展学历补偿教育，另一方面，服务于基础教育，培训中小学师资及教育行政干部。随着浙江省教育事业的快速发展，学校已有的办学模式已经不适应时代的发展。按照国家教育部文件（教发〔2006〕17号）《关于“十一五”期间普通高等学校设置工作的意见》中有关成人高等学校调整的规定，浙江教育学院有三条可能的路径进行调整。调整路径一是学校仍然保留现有体制。我们认为这条路径不可取，其理由有二：其一，浙江教育学院并不具备其他欲保留现有体制的省级教育学院所具有的职能机构：教研室、教科院和教师资格认证中心等，职能不全必然导致此路径的不通畅。而仅按现有的体制履行现有职能，则在办学实践中遇到了许多新的问题和困难。随着我省教师学历补偿教育的广泛开展，目前教师学历补偿教育高峰期已过，需求量逐年减少。因此，光靠学历补偿教育没有生存之本。然而随着教师培训市场的开放，我校原有

的师训干训工作份额萎缩。这样，原来支撑庞大的成人教育办学规模的师资队伍开始动摇，直接后果是高层次师资流失，而最终将导致我校培训优势的削弱。其二，在长期的徘徊过程中，学校为实现改制，发展普通生教育，于2003—2005年这三年中引进100多名教师，若把学校的发展定位局限在教师学历补偿教育和中小学师资及教育行政干部的培训上，由此产生的大量富余教师则使学校人员分流成问题。

调整路径二是将浙江教育学院并入浙江师范大学，作为浙江师范大学具有独立法人的杭州校区，实现教师教育职前职后一体化。但这也不现实。因为浙江师范大学校址在金华而不在杭州，两校资源既无法完全整合，也无法完全共享，无法做到优势互补。

因此，把学校发展定位局限在教师学历补偿教育和中小学师资及教育行政干部的培训方面，不利于学校可持续发展，浙江教育学院唯有改制成普通本科院校，才可能生存和发展。

（二）学校发展定位在师范类或工科类院校缺乏竞争力

按照浙江教育学院现有基础，通常会考虑发展师范类专业。然而将学校发展定位在师范类普通本科院校上，将缺乏竞争力。从浙江省师范类高校布局来看，除浙江师范大学、杭州师范学院、湖州师范学院、并入温州大学的温州师范学院、并入宁波大学的宁波师范学院等师范院校外，绍兴文理学院、丽水学院、台州学院、浙江海洋学院、衢州学院等均包含了师范类专业。众多师范院校及非师范院校的师范类专业参与师资培养，力量充足。然而，每年因优化结构、岗位调整、自然减员等原因，需要补充的师资数量却无需这么多。根据《浙江省中小学教师队伍建设“十一五”规划》中的预测，2006年至2008年浙江省中小学专任教师需求总量仅为1万左右，并逐年下降。而根据《2005年浙江省师范类毕业生就业状况调查报告》的预测，今后几年我省高校师范类招生规模在趋于稳定的前提下，师范类毕业生数量在短期内仍将增加，师范类毕业生的需供比由2006年的79∶100下降到2008年的64∶100，供大于需之矛盾十分突出。因此，依据现有师范类院校布局，浙江省实际师资培养能力是供大于求，师范类毕业生就业成问题，而浙江教育学院再要发展成为师范类普通本科院校，那将是低水平重复建设，更不用谈竞争力。

按照“浙江省继续加大对工科类专业的扶持力度”这一精神，学校又应该考虑发展工科类专业。然而，作为一所师范类院校的浙江教育学院，由于原有专业均属文理类基础学科，在工科专业方面既无师资条件，又无设备基础。一旦把工科专业确定为主要发展方向，不但投入大，而且也会使学校在发展中缺乏竞争力。

综上所述，把学校发展定位在师范类或工科类普通本科院校上，将缺乏竞争力。我校应该通过培育与发展新的办学特色，走错位发展、差异竞争之路，实现学校的跨越式发展。

二、浙江省迫切需要一所外语外贸类本科高校

通过分析我省经济社会发展的特点和趋势及省内外高校布局的现状，我们认为，我省迫切需要一所“以外语外贸类学科为主要发展方向、以培养复合型涉外应用人才为主要特色”的多科性本科高校。这主要基于以下思考：

（一）我省涉外人才培养面临新情况、新问题

《浙江省国民经济和社会发展第十一个五年规划纲要》提出：“加快推进产品、产业和市场的国际化，充分发挥外贸对产业结构调整的促进作用，在更大范围、更广领域和更高层次上参与国际经济合作与竞争，努力实现对外开放的新突破。”要实现这一新目标新要求，当前我省高校在涉外人才培养方面还存在着一些突出问题。从外语类人才培养

的现状看，至少有以下三个比较突出的问题：

其一，专业语种过少，小语种人才稀缺。改革开放特别是我国加入世界贸易组织以来，浙江与世界各国的经济往来日益频繁，对外贸易区域不断拓宽。贸易伙伴不断增多，新兴市场不断开拓。据海关统计分析，浙江进口市场中排名前列的国家与地区中主要涉及的外语语种为英语、日语、韩语、德语、法语、阿拉伯语、意大利语、西班牙语、俄语等。从引进外资对象国的分布看，我省接受外商投资前二十位国家与地区中涉及的外语语种主要有英语、日语、韩语、意大利语、法语、德语、西班牙语、阿拉伯语和俄语。据省旅游局提供的数据，浙江省在最近的三年中境外旅客的入境人数呈持续上升的趋势，入境旅客主要来自于日本、韩国、马来西亚、美国、新加坡、泰国、德国、法国、意大利、英国、西班牙等国家。浙江的境外投资项目也已遍布六大洲、121个国家和地区。我省涉外经济发展的这种新情况迫切要求高校提供相应的多语种外语人才，但从我省高校外语类人才培养的现状看，则形成很大反差。全省省属高校现开设外语类本科专业只有三个语种：英语、日语和德语（即使加上浙江大学，也只多了俄语、法语两个，共达到5个语种）。72个专业布点中英语为45个（占62.5%），日语为24个（占33.3%），德语为3个（占4.2%）。因此我省外语类在校生几乎全部集中在英语和日语两个专业。目前浙江人才市场很难找到有小语种背景的涉外人才，这反映出我省高校外语类人才培养结构性矛盾突出的状况。

其二，人才培养规格单一，复合型人才紧缺。据上海外国语大学最近的一项调查结果显示，社会对于单一外语类毕业生的需求量已大为减少，而期待外语专业本科生具有宽泛知识的则占66%。浙江教育学院2006年的调查分析表明，当前我省比较紧缺的各类人才中，具有外语背景的复合型人才或既有专业又通外语的“双科人才”，外经贸人才和具有国际视野、相应国际交往能力的专门人才尤为紧缺。而随着我省对外开放和外向型经济的深入发展，对这方面人才的需求还将越来越大。

另一值得关注的“双科人才”是双语教师，近年来，我国经济发达地区特别是沿海地区中小学双语教育发展较快，上海、辽宁、苏州、无锡的双语教育已列入当地的发展规划。而同样是处于沿海经济发达地区的浙江省尚未有什么作为。我省要顺应这一形势发展，培养双语教师则是关键。然而，这几年我省高校随着高等教育大众化的步伐，在外语类人才培养方面，若论数量规模可谓不小，但就人才培养的质量规格而言可以说基本上还属于传统的单一外语人才型。尽管有的高校也提出要培养复合型外语人才，但并没有真正落实到培养方案、落实到课程教学与其他教学环节、落实到师资队伍建设中。若不尽快改变这种状况，可以预见，今后几年外语类毕业生就业将面临严峻挑战，同时也将影响到浙江涉外经济发展的进程。因此，创新人才培养模式，重点培养复合型应用人才，是外语类人才培养的当务之急。

其三，办学力量分散，整体实力不强。我省外语类专业布点分散，现有本科高校每校都办有外语类专业，其中占相当数量的专业则是近几年新建的。由于前些年连年扩招急需大批外语教师，致使现有高校外语师资队伍中本科学历的青年教师占了40%以上，外语教师成为全省高校各科类教师中研究生学历最低者之一。目前，除浙江大学外，我省高校外语类省级重点专业仅4个，重点学科仅3个，硕士点仅7个，且它们均分散在9所高校。将这些指标与省内高校其他类似学科专业如汉语言文学、数学作比较，明显处于弱势。因此，如何尽快提升外语类学科建设水平，以此引领浙江高校外语整体水平的提高，已经成为我省涉外人才培养面临的新问题。

（二）我省需创办一所以外语外贸类学科为主的多科性本科高校

经过多年快速发展，按照全国落实科学发展观的要求，当前我省高等教育工作的重心已开始从量的扩张转移到质的提升上来。在经济全球化和全面提高对外开放水平的大背景下，着眼于适应浙江开放型经济发展对涉外人才提出的新要求、新期待，立足浙江实际，我省需创办一所以外语外贸类学科为主的多科性本科高校。

有利于完善全省高校布局。高等教育层次、科类布局直接关系到浙江未来人才结构。提高高等教育质量，建设高等教育强省，必须走合理布局、集约配置高等教育资源的路子。诚如吕祖善省长2007年4月在全省高等教育工作会议上所指出："优化高等教育结构，是从整体上提高我省高等教育质量的根本要求。"全国外语类本科院校现有布局，形成于新中国成立后高度集中的计划经济时期。目前主要的外语本科院校有9所，除北京较为特殊，有三所外语类院校外，基本上一个（大）地区一所。但从这些院校近几年的招生计划看，一个共同的明显特征是以院校所在的省（市）为主，即使是部属院校也已充分地方化了。以2006年招生为例，这些院校在其所在省（市）的招生数占其所在（大）地区招生数的70%以上，有的甚至高达96%。而从目前浙江高校布局看，全省尚未有一所外语外贸类本科高校。浙江作为我国对外经济贸易发达省，凭借其在长三角经济圈中的独特区位优势，要谋求未来在更大范围、更广领域和更高层次上参与国际经济合作与竞争，在我省高校的整体布局中，通过现有高校资源的有效整合，创办一所外语外贸类本科高校，是合理的、必要的，也是急需的。

有利于优化人才培养结构。浙江涉外经济对小语种外语人才的需求，主要集中在日语、韩语、德语、法语、意大利语、西班牙语和俄语。这些小语种专业的开设，由于招生人数不可能很多，办学成本又相对较高，是国家教育部从严控制设置的专业，也是一般普通本科院校既不太愿意、也很难开设的专业。只有创办一所外语外贸类本科院校，小语种专业才有条件得到发展，培养小语种人才问题才可能得到较好解决。

有利于真正培养复合型应用人才。目前，国内主要的外语类院校都已由原来的单科性院校发展成了多科性院校，同时，它们都致力于培养复合型人才。上海外国语大学经过十几年的教学改革实践，形成了 6 种教学模式，即：外语 + 专业知识；外语 + 专业方向；外语 + 专业；专业 + 外语；非通用语种 + 英语；双学位。北京外国语大学近年也先后开设了国际经济与贸易、金融学、工商管理学、法学、新闻学、外交学等复合型专业。要培养名副其实的外语类复合型人才，多科性的外语外贸类本科高校会具有天然的有利条件和比较优势。专科层次、高职院校受生源质量和学制的限制，一般本科院校则由于受到资源配置、特别是相应专业师资等因素的制约，都相对较难。

有利于跨越式地提高外语类学科水平。要提升高等教育质量，必须扎实推进学科建设工作。我省外语类专业点多面散，外语类学科专业的建设与发展，在一般本科院校里很难成为重点，更不用说成为主攻方向了。创办一所以外语外贸类学科为主的本科院校，不仅有利于促进外语类专业的集群发展，使之做大做强，而且有利于创设集聚外语类优秀人才特别是高水平学科带头人的良好环境，形成教学、学术创新群体，铸造出特色品牌学科。创办这样一所外国语外贸类高校，只要办学定位科学，举措有力，完全有可能“后来居上”，实现我省外语类学科水平的跨越式提升，更好地促进我省涉外经济发展和国际文化交流。

三、浙江教育学院的出路是改制转型为外语外贸类本科高校

作为一所错失了全省高校大发展大好时机的浙江教育学院，如何在全省高校布局中找准自己的位置，这不仅关系到学校今后发展的问题，更为重要的是涉及学校如何为更好地全省经济社会发展服务之大局。通过广泛的调研和比较分析，学校确定了“把学校建设成以教师教育为主要特色，以外语外贸类学科为主要发展方向，文、理、教、管等多学科协调发展，以外语 + 专业或专业 + 外语为主要人才培养模式，以培养适合浙江经济社会发展需要的复合型涉外应用人才为主要特色的教学型

普通本科院校”的战略发展定位。这就是说，在继续坚持为基础教育服务，继续发挥已有的传统优势，做精做强师训干训两个中心的同时，着力发展外语外贸类学科。具体说就是在学科建设方面，组建语言与文化、教育科学和经济贸易三个学科群；在专业建设方面，稳固提高师范类专业、发展壮大外语类专业、调整提升经贸类专业；在特色发展方面，强调以下两类复合型人才的培养：培养既有扎实外语语言功底又懂经贸管理专业知识的复合型涉外应用人才，培养既有扎实外语语言功底又懂学科专业知识的双语教学教师。

（一）可行性分析

学校之所以提出上述战略发展定位是基于对以下有利条件的分析：

第一，教育部文件为学校改制提供了政策依据。根据教育部（教发〔2006〕17 号）《关于“十一五”期间普通高等学校设置工作的意见》（以下简称《意见》）对调整成人高等学校做出明确规定，“个别科类特殊、在当地高等教育资源的结构布局中具有重要的补充和完善作用的，可在从严控制的前提下考虑单独改制为普通高等学校”。根据这一政策，目前已有两所省级教育学院改制为普通本科学校。同时，《意见》在谈到高等学校设置时明确指出，高等学校的设置应“注重考察所在地区经济社会状况、各类人才需求预测和社会吸纳能力，人口的数量和结构，现有高等教育资源的结构与布局。”这一新的规定不仅为我校改制为普通高等学校留出了灵活余地，为我校改制带来机遇，而且也为我校的战略目标定位提供了政策依据。

第二，二十多年的学历教育为复合型人才培养打下了良好的学科基础。我校于 1980 年开始试办成人学历教育，1984 年开办三年制函授本科教育，1993 年招收普通专科生，1994 年开始挂靠浙江师范大学招收全日制普通师范类本科生。迄今为止，已有普通本科专业 14 个（汉语言文学、思想政治教育、数学与应用数学、物理学、化学、生物科学、英语、计算机科学与技术、音乐学、美术学、体育教育、国际经济与贸易、日语、应用化学），高职专业 19 个（文化事业管理、文秘、应用英语、计算机应用技术、人力资源管理、学前教育、物流管理、国际商务、工商企业管理、会计、市场营销、旅游管理、园林技术、工业分析与检验、理化测试与质检技术、应用电子技术、装潢艺术设计、音乐表演、社会体育）。省级重点学科 3 个（汉语言文字学、教育经济与管理、应用化学）。在长期的学历教育过程中所打下的学科基础为外语 + 经贸、外语 + 师范、经贸 + 某些工科及其他复合型人才的培养提供了现实可能性。

此外，学校有一支高质量的专任教师队伍，这为学校战略目标的实现提供了人才保障。全校共有专任教师 268 人，其中教授 31 人，占专任教师总数的 11.6%；副教授 83 人，占专任教师总数的 31%；具有博士学位 19 人，在读博士 11 人，占专任教师总数的 11.2%；具有硕士学位 110 人，研究生学历 5 人，占专任教师总数的 42.9%。入选“省新世纪 151 人才工程”8 人，省高校中青年学科带头人 5 人，省高校青年教师资助计划 10 人；全国优秀教师 1 人，省优秀教师 3 人。作为重点发展学科的外语学科，有专任老师 36 人，其中教授 4 人，副教授 9 人，硕士及以上者 22 人；经济和管理学科有专任教师 32 人，其中教授 2 人，副教授 7 人，硕士以上者 22 人。

第三，引进人才，组建学科带头人队伍具有区位优势。按教育部（教发〔2006〕18 号）《关于普通本科学校设置暂行规定》中规定的有关师资队伍的设置标准，学校除专任教师数还差 12 名外，其余各项均已超过设置标准。当然，学校也清醒地认识到，要想达到学校确定的战略目标，光靠现有的师资队伍是不够的，但学校现有的区域优势为组建高层次的学科带头人队伍提供了现实可能性。一方面，浙江经济社会发展迅速，作为省会城市的杭州既是国家历史文化名城，又是世界著名的风景旅游城市，这样的区域环境令众多学者向往；另一方面，依托名校浙江大学，杭州的学术氛围优良。所以，只要我们引进力度大、引进方式灵活，一定能够在不远的将来组建成在浙江省乃至全国有影响的学科带头人队伍。事实上，在2007年学校人才引进过程中，学校的区域优势已经充分地显现出来了：2007年年初，学校第一次人才工作会议确定的年度进人计划及原则在国内有关媒体和网络公布后，共收到各类应聘材料1500多份，其中副高、博士以上高层次应聘材料247份，其中不乏省外本科院校外语、经贸学院的院长、博士生导师，外国语大学及国外名校的博士。我们相信，只要宣传到位，学校完全可以利用区域优势集聚一支高学历、高职称、高素质的学科带头人队伍。

（二）目前工作进展情况

围绕上述学校战略发展定位，近期学校开展了以下几方面的工作：

制定相关的发展规划。2006年学校制定并经教代会通过了《浙江教育学院"十一五"发展规划纲要》。《纲要》明确提出了学校上述发展战略目标。在此基础上，制定了《浙江教育学院2008年至2013年专业建设和发展规划》。《规划》的一个重要特点是学校学科、专业结构战略性调整，提出"稳固提高师范类专业、发展壮大外语类专业、调整提升经贸类专业"的专业建设方针和以下学科和专业建设的目标：建设涉及文理教经管五大学科门类的25个左右的本科专业；组建语言与文化、教育科学和经济贸易三个学科群；着力发展教师教育类、外语类和经贸类三大专业群。

做精做强师训干训两个中心。学校为了做精做强师训干训工作，采取了以下一系列措施：合并机构，整合资源，把原教育管理学院与师干训中心合并，把原来分散在各学院的学科教学论教师全部调入该机构，建立三位一体（教师教育与管理学院、浙江省中小学教师培训中心、浙江省教育行政干部培训中心）、同时具有教师职前培养与职后培训职能的机构，通过这样的整合，该机构有专任教师26人（其中教授10

人，副教授8人，硕士以上者21人）；从浙江大学引进一位博士生导师，进一步加强该机构的管理力量与研究力量；建立全省名师名校长工作站，为高端培训及全省的名师名校长培训打下扎实的基础。

实施人才强校战略。为了实施人才强校战略，学校从2006年下半年开始着手高层次人才引进工作。通过半年多的努力，外语学科引进3名教授、2名副教授、1名博士，经贸学科引进1名教授、1名博士。如果不是因为学校成人高校因素的制约，高层次人才引进的数量还可以翻几番，质量还可以大幅度提升。

学校将于11月底召开的学校首次人才工作会议，会上将讨论《浙江教育学院2008—2010年人才队伍建设发展规划》，该规划提出的一个总体目标是到2010年外语、经贸类教授、博士总数分别不少于10名，外语类教师中至少1/4有国外留学经历；一个核心目标是通过全面实施人才强校战略，逐步构筑教师教育类人才高地，外语、对外经济贸易类人才集聚中心。为达到上述目标，学校将分别实施“高层次人才梯队培养计划”“教授培养计划”和“博士培养计划”，分别选送有发展潜力的教师分期分批地到北京外国语大学等重点大学或研究所进行访学研究。同时，有计划地选送外语、经贸专业的优秀青年教师和党政管理干部骨干到北京外国语大学进修、挂职锻炼，以提升他们的专业水平；并以与北京外国语大学合作为纽带，加大引进外语、经贸类博士研究生；要更加关注引进人才的国际学术背景，以开阔的国际视野加大引进海外留学回国人员和双语教师。

优化校级班子结构。通过这次校级班子的调整，充实了一位年富力强、全国有知名度、省内处于最高水平的英语专业的教授、博士进入学校领导班子。该同志进入校级领导班子不仅优化了学校班子的年龄结构，更为重要的是优化了班子的学科结构，并为外语学科高层次人才的聚集构建了良好的平台。

与北京外国语大学合作，提升学科专业水平。依托北京外国语大学这一国内名校，进一步整合优质教育资源，巧借外力，盘活资源，以实现学校又好又快发展，这是我们欲与北京外国语大学合作的基本初衷。目前，经过双方领导的互访及会谈，已就《北京外国语大学与浙江教育学院校际合作框架协议》达成了共识。按照该框架协议，北京外国语大学将在学科建设、专业建设和队伍建设等方面给以支持，选聘有较高学术水平和管理经验的人员分别到学校担任兼职副校长、两个学院的兼职副院长和相关专业的专业责任教授，帮助学校制定学科建设规划、人才培养方案和中青年外语教师培养计划。

我们相信随着上述各项工作及其他措施的进一步推进和实施，经过若干年的努力，作为一所错失了全省高校大发展大好时机的学校，其后发之优势将会充分显现出来。

综上所述，改制为普通本科院校是浙江教育学院科学发展的必由之路，而将“以外语外贸类学科为主要发展方向、以培养复合型涉外应用人才为主要特色”这一战略发展目标作为学校的发展定位既能缓解我省涉外人才培养面临的新问题，又有利于完善全省高校布局，提高外语类学科水平，真正培养复合型应用人才，当然，也必将会使浙江教育学院实现又好又快发展。我们恳切希望，省委省政府早作决断，认可浙江教育学院这一发展定位，并在新校园的土地征用、资金投入方面给予大力支持，下决心将浙江教育学院打造成有利于集聚外语类优秀人才、有利于外语类专业集群发展、有利于形成教学、学术创新群体的一所外语外贸类普通本科院校。

（2007 年 11 月）

“创新创业、特色发展”办学思想大讨论的实施意见

2008年是贯彻落实党的十七大精神和学校第一次党代会战略部署的开局之年，是学校改革发展进程中的关键一年。为了进一步把党员干部、师生员工的思想统一到党的十七大精神和省委“两创”总战略上来，把智慧和力量凝聚到实现学校第一次党代会提出的战略部署和奋斗目标的实践中去，在新的起点上加快实施学校发展战略，推进科学和谐发展，校党委决定，在全校开展以“创新创业、特色发展”为主题的办学思想大讨论，并提出如下实施意见。

一、目的意义

开展“创新创业、特色发展”办学思想大讨论是深入学习领会党的十七大精神、贯彻落实科学发展观、实施省委“两创”战略的必然要求；是落实学校第一次党代会精神、推进学校“改制转型、特色发展”的重要举措；是破解发展难题、进一步深化教育教学改革的迫切需要。通过办学思想大讨论，要使全校党员干部、师生员工全面把握和准确领会科学发展观的科学内涵、精神实质和根本要求，进一步解放思

想，转变观念，创造性地贯彻落实党的十七大精神和省委“两创”战略，推动学校科学和谐发展；正确认识和把握学校发展条件、发展的阶段性特征，积极应对学校面临的新挑战，紧紧抓住并切实用好机遇，在学校发展大局中找准部门和自己的定位，让思想在讨论中解放，让观念在碰撞中更新，以思想的新解放推动学校事业的新发展；大力弘扬创新创业精神，增强广大党员干部、师生员工的大局意识、责任意识、忧患意识、创新意识，在解决事关学校发展前景和稳定大局的重点难点问题上有新思考、新认识、新举措、新突破，取得实实在在的成效，为学校全面、协调、可持续发展奠定坚实的基础，提供强有力的支撑。

二、指导思想和总体要求

高举中国特色社会主义伟大旗帜，以邓小平理论和“三个代表”重要思想为指导，深入贯彻落实科学发展观、省委“两创”总战略和校第一次党代会精神，紧密结合上半年十七大精神主题教育活动，以“创新创业、特色发展”为主题，以解放思想、转变观念为先导，准确把握学校发展面临的新形势新挑战，着力破解影响和制约学校改革发展的思想观念、理念思路、体制机制等方面存在的突出问题，着力探索促进科学和谐发展的新理念、新思路、新机制、新举措。开展“创新创业、特色发展”办学思想大讨论，要紧密结合学校部门单位工作实际，突出重点，力求在继续解放思想上迈出新步伐，在推进创新创业、特色发展上实现新突破，在深化师德师风建设和机关效能建设上取得新进展，在促进和谐校园建设上取得新成效，为实现学校第一次党代会提出的奋斗目标、推进学校又好又快发展提供强大的精神动力和思想保证。

三、主要内容

“创新创业、特色发展”办学思想大讨论，要突出建设发展做文章，紧扣热点难点求突破，重点围绕“要实现什么样发展？怎么发展？”这一根本问题来展开，引导广大党员干部、师生员工共同思考，深入调研，认真探讨、集思广益，提出解决这些事关学校改革发展稳定问题的思路和举措。

（一）解放思想、转变观念，认真思考研讨为什么要创新创业、特色发展

1. 在高等教育发展重心转移的大背景下，学校发展面临哪些新机遇新挑战？如何抓住并用好机遇，积极应对挑战？

2. 在新的历史起点上继续解放思想，就学校实际而言，应如何着力转变哪些不适应不符合科学发展观的思想观念，应如何着力解决影响和制约学校发展的突出问题？

3. 坚持以人为本理念，如何进一步解放思想，激发党员干部、师生员工创新创业热情？

4. 如何构建全方位、多层次、立体化的开放办学新格局？学校、学院、部门、单位、个人应怎样在各方面做好准备，与普通本科院校同台竞争？

（二）突出重点，创新发展思路、举措，认真思考研讨怎样实现创新创业、特色发展

5. 如何建设形成符合学校定位的、科学合理的学科专业体系？如何培育学科专业优势与办学特色？专业发展重点应放哪里？

6. 从高等教育发展要求和我校发展定位出发，如何对学校现有专

业体系进行整合提升，实现集群发展？如何培育和打造特色专业和专业特色？

7. 如何找准经济社会需求与人才培养的结合点，创新人才培养模式、凸显人才培养特色？如何积极探索和实践复合型应用人才特别是复合型涉外应用人才培养的途径和方法？

8. 如何进一步深化教育教学改革、创新课程体系、培育精品课程、打造品牌专业、提升教育教学质量？

9. 崇尚“博大恢宏、兼容并蓄”的大学学术精神，如何激活学校科研机制、活跃学术氛围、提升学术水平与层次、整合学术资源、带动学科建设、推进产学研结合？

10. 当前最迫切需要从解决哪些问题入手，切实打造全省师训、干训重点基地？如何进一步强化培训者的研究意识，不断提高培训者的自身素质，明确培训者的角色定位和职业使命？如何围绕“领雁工程”和高端培训，进一步满足日益增长的优质师资的培训需求，构建开放灵活更具竞争力和影响力的教师继续教育培训新体系？

（三）落实校第一次党代会提出的“五大战略”，认真思考研讨创新创业、特色发展的人力物力支撑和制度保证

11. 按照学校发展定位和战略目标，目前教师队伍建设最迫切需要解决的是什么问题？如何根据学科和专业建设的需要加大人才培养和引进力度？怎样打造创新团队与培养拔尖创新人才？怎样完善年轻教师培养机制？

12. 在“创新创业、科学发展”的背景下，如何构建以教书育人为核心的师德建设体系和以立德树人为核心的学生思想政治工作体系？如何进一步创新师生思想政治工作的理念、内容、方式、途径？

13. 为适应改制转型的需要，如何进一步深化学校管理体制和运行机制改革？如何建立健全各种教学、管理考评制度？

14. 学校发展的战略性调整对校内教育资源优化配置提出了什么新要求？如何实现？如何推动节约型校园建设？

15. 如何按照创新创业、特色发展要求，打造一支业务精、作风正、服务好的管理和后勤服务队伍？

四、实施步骤

本次大讨论活动要有计划按步骤有序推进、不断深化，做到全校动员，全面调研，广泛讨论，凝聚共识，拓展思路，创新举措，推动实践。分三个阶段进行。

（一）动员学习阶段（5 月）

本阶段的主要任务是抓好组织发动，加强学习宣传，形成良好的校园舆论氛围。学校层面上召开中层干部、教授、教代会执委会委员、民主党派负责人等参加的动员会，进行全面动员部署；各校区、学院、部门、直属单位要召开教职工大会进行宣传发动；校院两级中心组和教职工的理论学习要安排专题，重点学习党的十七大精神、科学发展观、省委“两创”总战略、学校第一次党代会精神；通过动员、学习、宣传，使广大党员干部、师生员工进一步明确开展办学思想大讨论的目的意义、任务要求，提高对开展大讨论活动的重要性和必要性的认识，为整个讨论活动的深入开展奠定思想基础。

（二）调研讨论阶段（6—9 月）

本阶段是大讨论的关键阶段，主要任务是围绕“要实现什么样发展？怎么发展？”这个根本问题，进行多层次、多形式、全方位的调研和讨论。调查研究是基础，讨论是在调研基础上的思想碰撞和观点交流。校区、学院、部门、直属单位都要根据自身的工作实际和人才培养、学科专业建设特点，确定2—3个调研重点，组织力量，深入调查研究。可采取走出去，到兄弟院校和社会基层学习考察，拓宽视野、汲取精华，比较分析、认真借鉴，了解需求、及时应变，寻找差距、明确方向；可采取深下去，发动教职工建言献策，仔细查摆本单位存在的突出问题，深刻剖析产生问题的根源。在调查研究的基础上，抓住重点，组织讨论。敞开思想，广开言路，集思广益，通过领导讲话、研讨、专家报告、论坛等，把问题摸准讲透，逐步形成共识，提出破解难题的思路和对策。为配合调研和讨论，学校有针对性地组织专家学术报告会，就国内外高等教育发展趋势、浙江省经济社会发展与人才需求等问题进行深入研讨，同时，学校组织一次以“创新创业、特色发展”为主题的论坛，邀请专家和学院、部门调研课题的代表共同讨论，专家点评。

（三）总结深化阶段（10月）

本阶段的主要任务是在调研讨论的基础上，认真总结和梳理，形成一批理论成果、实践成果、制度成果。各校区、学院、部门、直属单位要认真进行总结、梳理，一是要写出大讨论的总结报告，二是写出重点调查成果报告，三是在此基础上形成制度性文件。学校要对整个大讨论活动进行总结，评比优秀调研报告，编纂优秀调研报告和制度文件。在下半年开展的“科学发展观学习实践活动”中进一步将大讨论的成果转化为学校的科学决策和发展举措，指导实践，推动实践。

五、组织领导

大讨论由校党委统一领导和部署。学校成立以校党委书记为组长，校长、分管宣传思想工作的党委副书记、分管教学工作的副校长为副组长，党委（院长）办公室、组织部、宣传部、学工部、人事处、教务处、科研处负责人为成员的领导小组，阶段性地听取大讨论进展情况的汇报，及时提出指导性意见。各校区、学院、部门、直属单位要相应成立领导小组，党总支（直支）书记为本单位大讨论的第一负责人，制定具体的实施方案，切实加强对活动的领导，精心组织好本单位的大讨论。各职能部门要明确职责任务，各司其职，确保大讨论顺利开展并取得实效。

（2008 年 5 月）

改制转型　培养外贸大省人才

作为有着 50 余年办学史，且长期从事本科师范教育及教师进修培训的浙江教育学院，经教育部批准，将在近日正式改制更名为浙江外国语学院。是什么原因使得学校重新定位发展方向，更名后的浙江外国语学院将有怎样的新亮点？以下的专访将为您一一解答。

问：学院是基于怎样的考虑，改变原有的办学理念，向外国语教育方向转型？学院在外国语教育方面有何优势？

姚成荣：浙江省社会经济发展的现状，以及社会发展对外语人才的实际需求，是学院作出向外国语教育方向转型的重要依据。我省现有师范院校以及非师范院校的师范专业已能总体上满足对中小学教师的需求，而紧缺的是中小学外语教师和双语教师，这在农村及不发达地区尤为明显。

此外，浙江省目前还没有专门以培养外语外贸人才为主的普通本科高校，使得涉外人才严重不足，而作为外贸大省，浙江外向型经济持续发展，迫切需要大量既有扎实的外语功底，又有专业知识的复合型应用人才。

另一方面，浙江教育学院有 55 年的办学历史，文理学科相对齐全。尤其是外语专业教学实力雄厚，有教授 12 人、副教授 12 人、博士 11 人，研究生学历教师比例占 86%，外国语言学及应用语言学为省级 A 类重点学科，形成了语言学理论及其应用、商务英语、翻译、英语教育等学科优势。2008 年学院与北京外国语大学签署了合作办学协议，北京外国语大学在专业建设、课程建设、师资建设等方面给予学院全面支持。

问：学院外国语教育的主要方向和特色是什么？是否承袭教育学院的传统，以外国语师范教育为主？

姚成荣：早在 2008 年，学院就明确了发展方向：以外语外贸类学科为主要发展方向，以培养复合型涉外应用人才为主要特色。学院将以建设浙江省涉外应用型人才培养的主要基地、教师继续教育的重点基地、国际教育交流基地、语言文化教学与研究基地为目标。

在外国语教育方面，学院将着力培养两类人才：一类是专门的外语人才。能熟练使用外语，了解目的语国家文化，具有国际化视野的高素质外语人才。另一类是涉外复合型应用人才，包括涉外导游、涉外商务谈判人才等，这一类人才将不在外语专业中培养，而在其他涉外专业中培养，使其既具有扎实的专业知识和技能，又有较强的跨文化交际能力。为此，学校将大力推进国际化办学，加快实现师资的国际化、教学的国际化、课程的国际化、实践的国际化。

问：学院在专业设置上会有何变化？哪些专业将成为新学院的特色？今年的招生计划是怎样的？

姚成荣：学院在改制为浙江外国语学院后，将在继续服务基础教育，做精做强教师继续教育的同时，努力在外语外贸类人才的培养方面办出特色。为此，学院将在人文、社会、理学和管理学等学科中增设涉外专业和专业方向，力争培育出若干特色优势专业。

今年首批招生的本科专业为 5 个，即汉语言文学、数学与应用数学、英语、计算机科学与技术、音乐学。计划招收本科学生 900 人，其中师范生 410 人，并在部分专业中增设涉外专业方向，以培养复合型涉外应用人才。

（2010 年 4 月 30 日《浙江日报》专访）

关于加快推进学校特色发展的意见

学校成功改制更名为浙江外国语学院，标志着学校的发展进入了一个全新的历史阶段。为贯彻落实国家和浙江省中长期教育改革和发展规划纲要，深入推进2008年校党代会提出的特色发展战略的实施，研究制定学校“十二五”发展战略，现就加快推进学校特色发展提出如下意见。

一、充分认识加快推进学校特色发展的重要意义

特色，简而言之就是和而不同、卓尔不群。大学的办学特色，是一所高校在一定时期的办学过程中形成和表现出来的比较稳定的、区别于其他高校的发展方式、内在品质和办学特点，是衡量一所高校办学水平的重要标志。特色发展，就是坚持差异发展、错位竞争的发展道路和发展方略，围绕学校中心任务，在学科结构、学科建设、人才培养、教育国际化等方面精心培育特色，努力形成特色，大力彰显特色，逐步形成不同于其他高校的发展方式和比较优势，成为全校上下共同的价值认知、目标追求，最终成为一种代代相传的办学传统和学校文化。

进入新的历史时期，我国高等教育面临着重大的发展机遇，也面临

着新的挑战。大学办出特色，越来越成为世界各国提升高等教育质量与水平的战略重点。我国主动顺应世界高等教育发展潮流，努力推动从高等教育大国向高等教育强国的转变，从量的扩张到质的提升的转变，不仅需要一定数量的世界一流大学，更需要大量的特色鲜明的普通高校。坚持办学的多样化和特色化，是顺应我国高等教育发展时代要求的必然选择。紧紧抓住高等教育新一轮发展的机遇，积极应对高等教育面临的挑战，实现学校跨越式发展，必须加快推进特色发展。只有从学校实际出发，科学确定办学定位，坚持走特色发展之路，才能在高等教育竞争日趋激烈的态势下牢牢把握主动权，才能承担起建设高等教育强国赋予我们的历史使命。

改制更名的成功，为学校加快推进特色发展创造了前所未有的良好机遇和有利条件。《国家中长期教育改革和发展规划纲要（2010—2020年)》的颁布实施和国家对高校办出特色的要求，为学校推进特色发展提供了良好的宏观环境。浙江实施新的开放战略和提出“创新创业”战略目标，浙江开放型经济发展对培养国际化应用人才提出的新要求、新期待，为我们这所新的外语类院校推进特色发展提供了广阔的空间。从自身来看，近年来，特别是2008年校党代会明确提出“创新创业，走特色发展之路”的发展战略以来，学校通过不断更新办学理念、调整学科专业布局、探索人才培养模式、优化人才队伍结构、坚持开放办学、创新体制机制等一系列举措，有效提升了学校的整体水平，在培育办学特色、促进特色发展进程中取得了可喜的成果，为进一步加快推进特色发展奠定了基础。

同时，我们也必须清醒地看到，推进学校特色发展还面临着不少问题和挑战，主要是：外语特色尚不够明显，学科专业布局不够合理；人才培养模式有待创新，人才培养特色尚未形成；特色优势学科建设缺乏高端学科领军人物；教育国际化程度亟待提高等。

“十二五”时期，是学校继续推进创新创业、实现学科转型，形成鲜明办学特色的关键时期，是加快实现校党代会提出的发展战略目标的重要阶段。加快推进特色发展，是学校发展面临的一项重大而紧迫的战略任务。结合学校推进特色发展的实际，对照国家和我省高等教育发展的新要求和人民群众的新期待，我们必须进一步更新教育理念，转变发展方式，加快把工作重点转到内涵建设和深化办学特色上来，着力提高教育质量和办学水平，促进学校又好又快发展。

二、指导思想和主要目标

（一）指导思想

以邓小平理论、“三个代表”重要思想为指导，深入贯彻落实科学发展观，遵循高等教育规律，依据国家及浙江省中长期教育改革和发展规划纲要，紧密结合浙江省、长三角区域及国家经济社会发展需求，以推进特色发展为主题，以加快学科转型为主线，以提高质量为核心，坚持重点发展、创新发展、集群发展、和谐发展，以重点跨越引领全局发展，加快建设外语特色鲜明、教育品质一流的多科性普通本科高校。

（二）主要目标

到 2015 年，办学特色基本形成，教育品质显著提升。以外语语言文学学科为主体、多学科协调发展的学科体系基本确立。主体学科的核心竞争力显著增强，特色品牌专业建设取得显著成效。外语优势明显、跨文化交流能力强的人才培养特色初步形成。优势特色学科的发展能力明显增强，重点研究基地的建设等取得突破。教育国际化水平显著提高。

三、重点领域

（一）着力优化学科专业结构

学科结构是一所大学形成办学特色最基本的要素，决定着学校的专业结构，决定着学校能够为社会培养人才、提供服务的领域。作为一所由师范类成人高校改制新建的外语类院校，调整学科结构是加快推进学校特色发展的基本前提。加快形成具有区域特色的学科结构，是适应国家和地方经济社会发展的客观要求，也是尽快提升学校核心竞争力的迫切需要。未来几年，要深入实施学科专业结构战略性调整，坚持特色发展和集群集约发展，创新学科专业结构体系，形成以外国语言文学为主体学科，文学、经济学、管理学、教育学、理学等多学科协调发展的学科专业新格局。

（二）着力提升学科建设水平

学科建设是加快推进学校特色发展的关键要素。学科建设是高校实现高质量创新教育的基础，是从事高水平的科学研究和产生创新成果的基础，是承载人才培养、科学研究、社会服务和文化传承功能的平台。未来几年，要突出特色，发挥比较优势，坚持定向定点培育与择优遴选相结合的原则，重点建设优势特色学科和研究基地，构建大平台，提升学校承担重大课题的能力，力争培育出若干个优势特色明显的重点学科，达到省内一流水平，成为浙江省人文社科研究重点基地，彰显学校在浙江省高校中的学科发展优势、特色和核心竞争力。

（三）着力打造人才培养特色

人才培养特色是一所大学办学特色的根本体现。要实现特色发展就必须全面提高人才培养质量、着力打造人才培养特色。未来几年，学校的人才培养要按照德育为先、能力为重、全面发展的基本方针，坚持以人为本，全面实施素质教育，着力构建国际化语言文化人才、国际化经贸商务人才、国际化教育人才三大类人才培养新体系。深化教育教学改革，创新人才培养模式，初步形成外语优势明显、跨文化交流能力强的国际化应用人才培养特色。

（四）着力推进教育国际化进程

推进高等教育国际化是外语类院校形成办学特色的重要途径和必要条件。未来几年，要把主动适应并融入教育国际化进程作为办好学校教育、形成办学特色的重大战略任务来抓，主动把握高等教育国际化带来的机遇，不断创新国际交流与合作的途径、方式与内容，坚持“引进来”与“走出去”相结合的原则，努力促进学校教育国际化高效、快速发展，使学校教育国际化水平显著提升。

四、主要任务

（一）以调整专业结构为重点，加快构建新的学科体系

要依据学校办学定位，紧密结合浙江支柱产业、开放型经济发展及长三角区域一体化发展对人才的实际需求，发挥学校现有多学科办学基础的比较优势，合理整合学科资源，调整优化科类结构，加快形成以外国语言文学为主体、多学科协调发展的学科专业新格局。制定实施本科专业发展规划，优先发展外语类专业，积极拓展外贸与国际商务类专业，改造提升师范类专业，形成语言文学类、经济管理类和教师教育类三大专业群。推动专业之间融合发展，灵活设置专业方向，拓展专业发展空间，促进学科专业的集群式转型升级。加强新专业建设，落实新专业建设责任制，确保新专业质量。大力推进特色品牌专业建设，实施校级、省级、国家级三级特色专业建设工程，着力提升在省内高校同类专

业中的竞争力和社会影响力。

（二）以发展优势特色学科为重点，提升学科建设与学术研究水平

要统筹规划、分层建设，重点突破、全面推进，优化优势特色学科培育发展布局。重点建设发展外国语言文学学科，力争重点学科成为省级品牌学科，一级学科达到硕士点建设水平，形成带动和领先优势。大力促进外语学科与其他学科的深度交叉与融合，通过跨学科集群、多学科合作，培育发展特色学科，初步形成语言与文化、经济贸易和教育科学三大特色学科群。积极推进高水平科研平台建设，创建阿拉伯研究所和拉美研究所，建立跨文化研究中心，力争成为浙江省人文社科研究重点基地。着力打造以高水平学科带头人为核心的重点学科科研团队，争取省部级以上重大科研项目，并以项目为依托催生一批标志性科研成果。推动高校哲学社会科学繁荣计划的实施，为国家文化“走出去”战略服务，为“浙江经济”与“浙江人经济”的互动发展服务。

（三）以培养国际化应用人才为目标，创新人才培养模式

要把提高人才培养质量作为学校发展的根本任务，不断增强人才培养与社会对人才需求的适切性，大胆创新、积极探索国际化应用人才培养新模式。注重整体设计，进一步明确人才培养的质量标准和规格要求，优化人才培养方案，改革考核评价体系，积极实施学分制。强化非外语类专业外语教学，大力促进外语与非外语类专业的融合，着力完善课程结构体系，构建以能力为本位的实践教学体系。确立本科教学规范，加强教学建设，促进教学国际化、课程国际化和实践国际化。充分发挥校园文化独特的育人功能，大力加强校园文化建设，丰富学生的第二课堂，形成活动内容丰富、独具特色的校园文化，为学生的全面发展营造良好的文化氛围。

（四）以建设高水平创新团队为支撑，加强人才队伍建设

要深入实施人才强校战略，努力构建一支数量充足、结构合理、国际化特色明显、素质优良的人才队伍。坚持人才发展以用为本，着力推进人才结构战略性调整，落实人才优先发展战略布局，加快形成人才竞争比较优势，为学校特色发展提供强有力的人才支撑。以高层次人才为重点统筹推进各类人才队伍建设，在优势特色学科领域建设若干省部级创新团队，拥有若干名省内领先水平的学科领军人才。实施引进海外高层次人才计划，加快教师队伍国际化步伐。实施年轻骨干教师发展计划，培育一批能支撑学校未来发展的青年骨干人才。

（五）以扩大国际交流与合作为抓手，加快推进教育国际化

要加强专业、课程建设和学生双向交流，大力开发全外语课程和双语课程，推进人才培养国际化。积极开展留学生教育，初步形成留学生教育规模。加强和改进外国文教专家和留学归国人员的聘用工作，提升留学归国教师和外籍教师占专任教师的比例。加强国际学术交流和科研合作，打造国际科研合作平台，有效提升我校科研实力和学术影响力。推进中外合作办学，积极利用国外优质高等教育资源为学校服务，积极创造条件，创办孔子学院。完善推进教育国际化的制度与政策，逐步改善国际交流与合作的软环境。

五、保障措施

（一）转变发展理念

要以科学发展观为指导，牢固树立特色发展的观念，以人为本的观念，素质教育的观念，服务经济社会发展的观念。认真学习领会、准确把握国家和浙江省中长期教育改革和发展规划纲要对高等教育提出的新

任务、新要求，继续深入开展办学思想大讨论，进一步解放思想，转变观念，进一步凝聚特色发展的共识，不断强化广大党员干部和教职工的质量意识和特色意识，把广大党员干部和教职工的思想统一到深化特色发展的核心战略上来，为学校加快推进特色发展奠定扎实的思想基础，提供必要的思想保障。

（二）完善体制机制

要积极推进管理体制和运行机制的改革创新，为学校特色发展提供制度保障和办学活力。推进资源的优化配置，调整院系与机构设置，创新教学科研组织制度，整合资源，打破壁垒，从根本上解决人才、教学、科研、教师等学院或部门所有的问题，构建跨学科专业的教学科研平台，建立资源共享与协作机制。积极推进现代大学制度建设，坚持和完善党委领导下的校长负责制，积极探索教授治学的有效途径。创新人才培养模式，推行弹性学制，主辅修、双专业制等，推进人才培养体制改革。积极创造有利于优秀人才脱颖而出的体制机制，激发人才创造活力。完善人事分配制度，深化校内岗位聘任和岗位管理改革，进一步优化重实绩、重贡献、向高层次优秀人才和关键岗位倾斜的聘任制度，深化“按需设岗、竞聘上岗、按岗聘用、合同管理”的聘任原则和要求，实行聘期目标责任考核制，同时统筹协调各方利益关系，最大限度地增强广大教职工投身学校特色发展的积极性和责任感。

（三）增加经费投入

要加大投入保障特色发展。突出投入重点，充分发挥资金杠杆对学校发展方向的调节与导向作用。优先保证对重点领域的投入，对优势特色学科建设、特色品牌专业建设、人才培养模式改革、教育国际化、高层次人才引进等关系特色发展的重要方面，要通过设立专项经费等形式，重点给予保障，确保主要特色领域的快速发展，以最大的成效比、最优的显示度，促进学校办学特色的集中凝练与加快形成。

（四）加强组织领导

要把实施特色发展战略摆在更加突出的位置。进一步理清加快推进特色发展的思路，加强规划引领，落实推进举措。加强领导干部队伍建设，选好配强领导班子，通过交流培训等，进一步拓宽领导干部的国际视野，提高领导干部的外语水平，不断增强领导干部组织推进特色发展的能力。各部门（单位）、学院要围绕学校加快推进特色发展的总体部署，统一认识、加强领导，进一步理清各自的发展思路，明确目标，落实责任。各级领导要进一步强化大局观念和全局意识，加强协作，增强合力，为加快推进特色发展提供坚强的领导和组织保障。

（2011 年 1 月）

“十一五”发展规划纲要

为贯彻落实十六大和十六届四中、五中、六中全会精神，全面落实科学发展观，确保学校全面协调可持续发展，依照国家、省经济社会发展“十一五”规划纲要及教育事业发展规划的要求，结合学校实际，制定本《纲要》。

一、“十一五”建设发展的内外部环境

（一）内在基础

作为一所具有优良办学传统的省属本科院校，多年来，学校发扬求真务实、奋发有为的精神，不畏艰难，扎实工作，使各项事业有了长足发展。“十五”期间，尤其是2002年9月省政府原则同意学校创造条件由现有的成人高校改为普通高校并选择合适地块建设新校区以来，在省委、省政府和省委教育工委、省教育厅的正确领导下，学校紧紧围绕中心任务，团结依靠全体师生员工，积极探求新的事业增长点，与时俱进，开拓创新，在办学、育人、管理等方面取得了一定的成绩，为“十一五”的建设发展铺垫了基石。

经过五年多的努力，学校“十五”规划基本完成，初步形成了多

类型多学科的办学格局。到“十五”期末，学校占地面积80亩。校舍建筑面积64277平方米，新增31416平方米。各类学历教育在校生10151人，其中普通本专科生占38%。师训干训五年累计培训约41700人次。教职工总数由336人增加到419人，其中专任教师由172人增加到221人；专任教师中有正高职称的21人、副高职称的80人；博、硕士114人；省高校中青年学科带头人5名，省“新世纪151人才工程”人员6名。设有涵盖文、理、教、工、管、经、史、法八大学科门类的普通本专科专业30余个、成人本专科专业40余个。有省级重点学科3个。承担国家级科研项目1项、省部级科研项目20项。五年共投入1860余万元用于教学、办公设备建设，使生均教学仪器设备值达到6200余元。新增馆藏图书12余万册。校园和谐稳定，2005年被评为省首批“平安校园”。

但是由于种种原因，近年来，学校整体发展不够理想。抢抓机遇的意识不够强，拓展办学空间的进程缓慢；发展定位不够清晰，办学特色不突出，办学优势不明显；管理理念、管理水平与学校的发展目标不相适应。所有这些都有待于“十一五”期间进一步改进和提高。

（二）外部环境

“十一五”时期，是国家全面建设小康社会，进一步推进科教兴国战略和人才强国战略，高等教育继续贯彻“巩固、深化、提高、发展”方针的重要时期；是浙江省顺应经济全球化趋势，深入实施“八八战略”，扎实推进改革开放，提升经济国际化水平，全面建设文化大省、教育强省，努力促进社会和谐的关键时期。国家和区域经济社会发展对高等教育提出了新的要求，同时也为高等教育拓展了丰富多彩的作为空间。“十一五”时期无疑将成为学校建设发展新的机遇期。

另一方面，学校的发展面临更加严峻的挑战。随着高等教育重心的转移，注重质量效益、加强内涵建设正逐渐成为高等教育发展的主基调。如何适应社会经济发展的需要，增强创新能力，确立特色优势，提升学校的核心竞争力，这已成为所有高等学校必须认真面对的课题。同时，随着教育事业的发展，成人高校与普通高校趋向并轨，中小学教师教育进入了“提升层次、提高质量、走向开放”的新阶段。所有这些都对学校的发展产生着直接的影响。

（三）面临的任务

面对区域经济社会和高等教育发展的新形势，如何真正走出一条适合自身实际的发展新路，这是学校当前迫切需要解决的重大课题。尤其在学校全面接管原浙江科技学院求是应用技术学院的新背景下，学校必须牢牢把握难得的发展机遇，正确处理好外延扩展与内涵提升的关系，进一步创造发展条件，明确发展重点，突破发展难点，确保改制尽早顺利实现；必须坚持原有的办学优势，同时，进一步转变发展理念，创新发展模式，找准发展定位，积极培育新的办学特色，全面提升发展质量，真正实现学校又好又快地发展。

二、“十一五”建设发展的目标定位

学校“十一五”建设发展的指导思想：坚持以邓小平理论和“三个代表”重要思想为指导，以科学发展观统领学校工作全局，坚持社会主义办学方向，全面贯彻党的教育方针，以转变教育观念、创新办学理念为先导，以人才培养为根本，以学科建设为龙头，以特色发展为重点，以队伍建设为支撑，以改革创新为动力，实现规模、质量、结构、效益相协调的和谐发展，为浙江省经济社会发展和建设教育强省作出新贡献。

学校“十一五”建设发展的基本原则：一是坚持特色发展，保持发扬传统优势，积极培育新特色，错位竞争，以特制胜；二是坚持集约

发展，统筹资源配置，有所为有所不为，重点突破，整体提高；三是坚持合作发展，拓展开放办学领域，积极引进国内外优质高等教育资源，巧借外力，为我所用；四是坚持和谐发展，正确处理改革、发展、稳定的关系，充分发挥各方面的积极性、主动性和创造性，以人为本，平安和谐。

学校“十一五”建设发展的奋斗目标：实现从成人高校向普通本科高校的改制，把学校建设成以教师教育为主要特色，文、理、教、经、管等多学科协调发展的教学型普通本科院校。同时，努力培育符合浙江经济社会发展需要的新学科优势，为实现学校中长期战略目标奠定坚实基础。

（一）基本规模

到2010年，校园面积达到500亩，校舍建筑面积达到20万平方米以上。普通全日制在校生达到7000人。

（二）师训干训

做到师训与干训并举，深化与拓宽并举，继承与创新并举，服务基础教育与服务职业教育、成人教育并举，立足本省与参与国内国际合作并举，打造品牌，做强做精，使师训干训两个中心职能得到进一步发挥，继续教育工作跃上新台阶。统筹资源，改善条件，集聚力量，形成团队，使学校成为省级教师教育基地。

（三）学科专业

到2010年，建成包含外语外经类的省级重点学科4—5个，校重点学科5个以上，若干个省级重点专业和一批省级、校级精品课程。争取普通本科专业总数达到20个。

（四）教学科研

真正确立教学工作的中心地位。人才培养质量显著提高，毕业生充分就业。力争获得两项以上省级教学成果奖。校科研经费、科研成果比“十五”成倍增长。国家级、省级重大重点项目争取实现零的突破。

（五）师资队伍

到2010年，全校教职工总数达到700人，其中专任教师400人，高级职称人员占专任教师总数的50%左右，教授数达到60名；具有研究生学历（学位）的教师占60%，具有博士学位教师达到60名（含在读）。省“新世纪151人才工程”第一、第二层面人员4名，省高校中青年学科带头人6名，拥有30名左右校级学科带头人与教学名师。

（六）对外交流

与国（境）外高校、研究机构交流联系进一步扩大，师生出国培养进修渠道进一步拓宽，合作办学领域有实质性的突破，开放办学的层次与水平显著提高，对外汉语教学取得一定进展，力争取得留学生招生工作的突破。年均聘请长短期外国专家不少于20人。

（七）教学设施

到2010年，力争建成若干个省级示范性实验室和教学实训基地，保持生均教学科研仪器设备6000元以上。馆藏纸质图书70万册，中外文数据库10个以上。建成比较完善的网络语言教学平台和数字图书服务体系。

（八）管理制度

进一步理顺各方的关系，初步建成体制高效、机制健全、制度完善的与学校建设发展相适应的现代大学制度。

（九）和谐校园

党建和思想政治工作得到加强，以人为本、民主办学、依法治校的理念牢固确立，校园精神文明建设取得显著成效，育人环境更加和谐，师生员工凝聚力和向心力进一步增强。

三、实现“十一五”发展目标的主要措施

（一）加快校园建设，为改制奠定基础

1. 做好校园整体规划。科学确定文三路校区和小和山校区的功能定位，按照“一次规划、分步实施”的原则，认真制定校园建设规划，建成充分体现办学特色、生态优势和文化底蕴的美丽校园。

2. 加强与有关单位的沟通协调，完成对小和山校区现有土地资产的过户手续。抓紧做好新开项目的立项、土地征用、拆建工作。根据校园规划，加快校园基本建设，完成新建校舍100000平方米。

3. 争取有关各方的支持配合，有计划地扩大全日制本科招生数量，有步骤地调整招生类型和结构比例。积极创造条件，按照教育部普通本科院校教学合格评估的标准，抓紧努力，尽早实现改制。

（二）创新工作思路，积极推进继续教育工作上新台阶

1. 充分发挥师训干训两个中心的职能。紧紧围绕教师队伍建设的中心任务，服从服务于基础教育改革发展的大局，加强对全省中小学教师和教育管理干部继续教育工作的业务指导，不断强化省师训中心、干训中心的指导辐射和组织协调作用。充分发挥省中小学名师名校长工作站的示范引领作用。建立健全师训干训网络，建设好全省中小学教师继续教育网，加强同省教研室在信息、人才、科研等方面的合作。

2. 开创继续教育工作的新局面。更新培训理念，以名师名校长工作站为平台，有效整合全省优质教育资源，积极开展高端培训，促进新一代中小学领军人物、特级教师、教育专家的成长。创新培训模式，坚持理论学习与实践教学相结合，行动研究与课题研究相结合，进一步增强培训的科学性、针对性和有效性，提高培训质量。

3. 保质保量完成上级下达的各项任务。根据省政府、省教育厅的工作部署，认真完成“农村中小学教师素质提升工程”省级培训任务；搞好普通高中新课程培训，承办我省对口支援新疆教师培训和百人千场名师送教下乡；搞好“十一五”教育系统公务员的各项培训工作；完成普通高中、职高中、特色高中、民办中学等正、副校长及后备干部的培训任务。

（三）优化学科专业布局，提高人才培养质量

1. 合理构建学科体系，优化专业结构。继续加强现有省重点学科的建设，充分发挥其在学科建设中的示范和辐射作用。根据学校长远发展要求，积极加强外语外经类学科、课程与教学论学科建设，在教学、科研、设备、经费、人员等方面给予相应倾斜，努力加快其进入省重点学科的创建进程。以重点学科、优势学科为支撑，对现有专业布局进行优化改造，形成若干个在省内有竞争力的专业群。

2. 不断深化教育教学改革，提高教育质量。以育人为中心，牢固树立教学工作的中心地位，大力培养具有创新意识和专业适应性的应用人才。建立一批稳定的学生实践、实训基地，注重提升学生的实践能力，使学生具有较强的社会适应力和竞争力。

3. 坚持以科研促教学，提高科学研究水平。加大投入，整合资源，加快研究机构和学术梯队的建设，有计划地抓好一批有特色、有影响的重点科研项目，培育新的科技成果。加强与相关高校和研究机构的学术交流合作，加快科研成果的转化，提高学校对经济社会发展的贡献度和

学术影响力。

（四）加强师资队伍建设，为学校的建设发展提供人力支撑

1. 加大人才引进力度。投入足额专项经费用于学科带头人和高级人才的引进。以超常规的工作思路，通过重点引进、团队引进和柔性引进的模式，批量引进学科建设发展急需的带头人及其群体人员，聘请有实践经验的国内外专家、学者来校讲学或担任兼职教授，快速集聚学科拔尖人才。

2. 加大师资培养力度。有计划地选派教师攻读博士学位或到国内外重点院校或研究机构进修，不断提高教师的学历层次和教学、科研水平。进一步完善学科带头人与中青年骨干教师队伍的选拔、培养制度。培养推荐一批学术基础扎实、具有突出创新能力和发展潜力的优秀学科带头人入选省“新世纪 151 人才工程”第一、第二层面或省高校中青年学科带头人，加快培养校级学科带头人。

3. 实施“教学名师”工程。根据学校的发展定位，采取各种措施，积极构建有利于促进“教学名师”脱颖而出的良好氛围，吸引教师潜心教学，努力培养一批业内外有影响力的“教学名师”。

（五）做好学生工作，营建富有特色的校园文化

1. 加强大学生思想政治教育。继续贯彻落实中共中央、国务院《关于进一步加强和改进大学生思想政治教育的意见》精神，遵循大学生成长成才规律和高等教育规律，切实加强对思想政治工作的领导，健全工作网络，加强阵地建设，实现全方位、全过程、全员育人。以思想政治理论课为主渠道，以党校、团校为主阵地，不断推进大学生思想政治工作针对性和实效性。加强思政工作队伍建设，进一步完善“导师制”、班主任和辅导员工作制度。

2. 健全大学生成长成才的服务体系。完善心理辅导和咨询服务，

使传统的思想政治教育与现代的心理健康教育有机结合，做好大学生的心理健康教育工作。进一步加强帮困扶贫工作，完善以国家助学贷款为主体，勤工助学为主导的贫困学生资助体系，帮助大学生顺利完成学业。实施全程就业指导服务体系建设，帮助和引导大学生充分就业。

3. 建设高品位的校园文化。坚持把提高学生综合素质、培养创新型人才作为校园文化建设的根本任务，广泛开展丰富多彩的文化、学术、社团活动，培育充满浓郁学术气息和丰厚文化底蕴的校园氛围，形成“积极健康、品位高雅、特色鲜明”的校园文化与育人环境，引导大学生的健康成长。着眼于学生个性发展、全面发展和长远发展，不断完善学生评价体系和激励机制。

（六）深化管理改革，构建与学校发展相适应的现代大学制度

1. 坚持和完善党委领导下的校长负责制，认真执行重大问题和重要事项的议事规则、决策程序，健全科学有效的决策机制和反馈机制。坚持民主集中制，进一步完善校院两级教职工代表大会制度，深化校务公开工作，推进决策过程的民主化和科学化。强化依法治校的意识，不断规范学校的行政活动和教育教学活动，把依法治校工作真正落到实处。

2. 坚持和完善校院两级管理体制和运行机制。根据学校的发展定位和办学方向，适时调整现有学院设置结构。强化校级宏观管理，进一步理顺二级学院的管理体制和运行模式，加快建立学院自我发展、自我约束的有效机制。调整校内行政机构设置，构建职责明晰、运转灵活、协调互补的行政机构框架，充分发挥行政管理调控职能。加强管理干部、教学辅助、后勤服务队伍的建设，提高工作效率，提升管理水平。

3. 建立健全科学有效的竞争激励机制。积极稳妥地推进人事、分配制度改革，择时实行新一轮的岗位聘任，严格定编、按需设岗、按岗聘任。完善聘后绩效考核与管理，改革岗位津贴制度，建立重业绩、重

贡献、向关键岗位倾斜的分配制度与奖励制度。根据学校财力情况，逐步改善教职工福利待遇。

（七）扩大对外交流，在开放办学领域迈出新步伐

1. 加强外事管理和服务机构建设，积极发展涉外培训。在继续做好现有中德交流生工作的基础上，适时启动留学生招生程序，吸引外国学生入学进修。鼓励以多种形式举办外语培训班、涉外岗位证书班。

2. 积极开拓合作办学的新途径。加强与国内外教育机构的联络，努力引进优质教育资源，在学生培养、课程开发、实验实习、学历提升等方面开展多方位合作，不断拓宽合作领域。完善合作机制。认真借鉴省内高校已有的成功经验，积极争取与合适的国内外教育机构联合举办机制灵活、互惠互利的二级学院。

3. 广泛开展国际交流。在学校管理、教学科研、师训干训、学生工作等领域扩大人员交往，广交朋友，增进了解，互助合作，扩大影响，提升学校品位。总结推广中德合作项目的成功经验，不断寻求国际交流合作的新增长点。

（八）统筹协调，完善学校运行保障体系

1. 着力提升学校财力保障水平。创新工作思路，强化自主办学意识，群策群力，多渠道筹措资金。在积极争取上级政策倾斜的同时，加大自有资金筹措力度，确保学校建设发展资金足额及时到位，力求资金平衡。强化财务管理，改革预算管理体制，真正建立适应学校建设发展要求的财务管理体系，使学校的有限资金和资源得到合理有效的配置。增强成本意识和节约办学意识，开源节流，提高资金的使用效益。加大监察审计力度。

2. 加强和完善教学辅助建设。加大资金投入用于图书资料、实验室、教学仪器设备和信息化校园的建设。根据学科专业发展的需要，有

计划地购置相应的图书资料和扩大电子图书拥有量。加快教学实验场所的建设，提高现代化教学水平。充分利用校内资源，积极构建网络教学平台。加强校园信息数字化系统的开发和建设，不断提高办公自动化水平。

3. 增强后勤服务保障能力。以服务育人为宗旨，不断完善后勤服务公司的运营和管理，增加服务意识，降低经营成本，提高服务质量，为学校的建设发展提供强有力的后勤保障。

（九）加强党的领导，确保校园平安和谐

1. 强化党在学校工作中的领导核心地位。认真落实高校党建工作会议精神，全面贯彻“三个代表”重要思想和科学发展观，深入推进党的先进性建设，切实加强各级党组织的思想建设、组织建设、作风建设和党风廉政建设，充分发挥各级党组织的领导核心作用，为学校建设发展保驾护航。

2. 加强校园精神文明建设。强化“以人为本”的意识，全心全意依靠广大教职员工，真正营造“以先进的办学理念引导人，以科学的奋斗目标凝聚人，以共同的教育事业激励人”的良好氛围。强化教职工的思想道德建设，提高教职工的思想政治素质和职业素养，努力形成严谨治学、敬业爱岗、教书育人的良好师德师风。充分发挥民主党派和工会、共青团、学生会等群团组织在学校工作中的积极作用。

3. 确保校园平安和谐。认真落实省委省政府决定，以确保学校安全稳定为首位，全面深入地做好对原浙江科技学院求是应用技术学院的接管工作，加速两校区各类资源的融通合一。加强校园综合治理工作，健全安全保卫、卫生防疫、应急防灾等工作机制，保障师生生命财产安全，维护良好的校园秩序。

（2006 年 12 月）

“十二五”发展规划纲要

为加快推进学校特色发展，全面提高教育质量和办学水平，根据《国家中长期教育改革和发展规划纲要（2010—2020年）》和《浙江省中长期教育改革和发展规划纲要（2010—2020年）》的战略部署，依据《浙江外国语学院章程》和中共浙江外国语学院委员会《关于加快推进学校特色发展的意见》，特制定《浙江外国语学院“十二五”发展规划纲要》（以下简称《规划纲要》）。

“十一五”期间，学校紧紧围绕改制目标，大力实施“创新创业，走特色发展之路”的战略，有效提升了学校的整体水平，在培育办学特色、促进特色发展中取得重要进展。专业结构逐步优化，教学质量不断提高；学科建设取得重大进展，科研水平进一步提升；人才队伍建设成绩斐然，师资结构显著改善；国际交流与合作进一步扩大，教育国际化步伐加快；综合改革力度不断加大，适应特色发展的体制机制初步建立。2010年，成功实现了从师范类成人高校向外语类普通本科高校的历史性改制，为学校的长远发展开辟了美好前景，为学校“十二五”事业发展奠定了坚实基础。

但是，必须清醒地认识到，改制不易，转型更难。加快推进特色发展的任务仍很艰巨：外语特色尚不够明显，学科专业布局不够合理；人才培养模式有待创新，人才培养特色尚未形成；学科优势不够显著，学科特色仍需凝练；科研水平有待提高，学术品牌有待培育；人才队伍的国际化、团队化水平较低，尤其是高端学科领军人物缺乏；教育国际化程度亟待提高；办学条件亟待改善等。

“十二五”时期，是学校继续推进创新创业、实现学科转型，形成鲜明办学特色的关键时期，是加快实现办学定位的重要阶段。改制更名的成功，为学校发展创造了前所未有的良好机遇和有利条件。《国家中长期教育改革和发展规划纲要（2010—2020年）》的颁布实施，省委省政府提出的率先全面建成小康社会的总体目标和率先实现教育现代化的总体战略，为学校发展提供了良好的宏观环境。《浙江海洋经济发展示范区规划》和义乌国际贸易综合改革试点上升为国家战略，浙江开放型经济发展进入新阶段；《浙江省中长期教育改革和发展规划纲要(2010—2020年)》明确提出“支持若干所特色教学型本科院校进入全国同类院校前列”，均为学校发展提供了难得的历史机遇。学校应全面总结“十一五”发展的成就和经验，紧紧抓住高等教育新一轮发展的机遇，积极应对高等教育面临的挑战，明确发展目标、发展路径与重大举措，为加快建设外语特色鲜明、教育品质一流的多科性普通本科高校而努力。

一、总体战略

（一）指导思想

以邓小平理论、“三个代表”重要思想为指导，深入贯彻落实科学发展观，遵循高等教育规律，紧紧围绕学校办学定位，主动适应浙江、长三角区域及国家经济社会发展需求，立足浙江，以推进特色发展为主题，以加快学科转型为主线，以提高质量为核心，继续大力推进“质量立校、人才强校、特色亮校、开放活校、和谐兴校”五大战略，坚持重点发展、创新发展、集群发展、和谐发展，以重点跨越引领全局发展，加快建设外语特色鲜明、教育品质一流的多科性普通本科高校的步伐，为浙江全面建成惠及全省人民的小康社会，为基本实现现代化作出新的贡献。

（二）工作方针

注重内涵，强化特色。特色发展，必须走内涵式发展道路。优化学科专业结构，加强教学建设；创新人才培养模式，提高人才培养质量。努力提升学科建设与学术研究水平，加大人才队伍建设力度，增强社会服务能力。着力在学科结构、学科建设、人才培养、教育国际化等重点领域精心培育特色、努力形成特色、大力彰显特色，形成不同于其他高校的发展方式和比较优势。

创建品牌，重点跨越。特色发展，必须走品牌化发展的道路。着力培养国际化应用人才，创建特色（品牌）专业。着力提升主体学科的核心竞争力和学术影响力，创建优势特色品牌学科。着力加强人才队伍建设，打造高水平创新团队。全面提升教育品质，实现学校跨越式发展。

创新引领，促进和谐。特色发展，必须走创新型发展道路。创新教育理念，以创新的思路办法解决特色发展中的新矛盾、新问题；创新体制机制，不断为加快特色发展注入新的动力和活力。统筹推进规模、结构、质量、效益相统一；统筹改革、发展、稳定的关系，努力实现好、维护好、发展好师生员工的根本利益。凝心聚力，和谐发展。

（三）发展目标

总体目标

到 2015 年，外语特色基本形成，教育品质显著提升。以外国语言文学为主体、多学科协调发展的学科体系基本确立。主体学科的核心竞争力显著增强，特色（品牌）专业建设取得显著成效。外语优势明显、跨文化交流能力强的人才培养特色初步形成。优势特色学科的发展能力明显增强，重点研究基地的建设等取得突破。教育国际化水平显著提高。

到2020年，学校核心竞争力、综合实力和社会影响力显著提升，达到国内同类院校的中上水平，建成外语特色鲜明、教育品质一流、国际化水平较高的多科性普通本科高校。成为浙江省国际化应用人才培养重要基地、教师教育重点基地、国际教育交流基地、外国语言文化和国际经济贸易研究基地。

具体目标

——人才培养。到2015年，建成语言文化、经贸管理、教师教育三大类国际化应用人才培养体系。全日制普通在校生达到8000人以上，其中，各类留学生（含交换生）600人左右。各类继续教育学生6000人左右。力争建设2个省级人才培养模式创新实验区、1个国家级人才培养模式创新实验区。教学质量稳步提升，毕业生综合素质和就业竞争力显著提高，外语优势明显、跨文化交流能力强的人才培养特色基本显现。

——专业建设。到2015年，基本形成以外国语言文学为主体，文学、经济学、管理学、教育学、理学、艺术学等多学科协调发展的学科专业格局。语言文化类、经贸管理类和教师教育类三大专业群的建设取得明显进展，特色（品牌）专业建设取得较大进展。本科专业数达到25个左右，其中外语类专业超过三分之一。建设省级特色（品牌）专业2个，实现国家级特色品牌专业建设零的突破。国家级教学建设项目5个左右，省级教学建设项目30个左右。

——学科建设。到2015年，形成结构合理、特色鲜明、符合学校定位和发展方向的学科建设体系。外国语言文学达到一级学科硕士点和浙江省人文社科研究重点基地的建设水平。建设4—6个省级重点学科。

——科学研究。鼓励学术创新，培育学术精品，初步形成浙外学术品牌。在语言与文化研究、国际区域经济研究、教师教育研究等领域取得重要突破。力争达到国家级项目累计 8 项，省部级项目累计 50 项，省部级获奖累计 5 项，教育部人文社科成果奖或国家级科研成果奖实现零的突破。在 SSCI、SCI、A&HCI、EI、CSSCI 等发表论文累计 350 篇。

——师资队伍。到 2015 年，建成一支师德高尚、素质优良、结构合理、满足需要的人才队伍。专任教师 550 人，教授 100 人，具有博士学位教师比例达到 50% 以上。其中外语类教师占专任教师 30%，外籍文教专家不少于 8%。具有 3 个月以上海外学习研究经历的教师占专任教师 30%，博士学位归国人员占专任教师 10%。高层次省部级学科领军人才 3—5 人，具有博士研究生指导教师资格的教师 10 人。力争 2 支创新团队入选省级创新团队发展计划。

——国际交流合作。建立多渠道、多层次、多类型的国际化人才培养与交流的新格局。主要指标达到全省高校教育国际化平均水平以上。新增国（境）外合作院校 30 所以上，外国留学生占全日制在校生总数的 8% 以上，其中学历生占留学生总数的 50%；外派交换生、交流生占全日制在校生总数的 2%；全外语和双语授课课程比例达到 6%；争取在海外创办 1 所孔子学院。

——文化建设。积极推进先进文化建设，大力开展对外文化传播和交流，着力提升文化软实力。建设特色校园文化，营造优质育人环境。

——校园建设。全面完成小和山新校区建设项目，提高基础保障能力，建成教学设施先进、文化特色鲜明、环境幽雅宜人的信息化、生态化新校园。完成杭州外国语学校待建项目。

——社会服务。科研成果转化的力度进一步加大，服务开放型经济发展的能力进一步增强。服务浙江基础教育的能力进一步提升。国际服务外包人才培训、外语培训、教师资格证系列培训成为社会培训三大品牌。

二、主要任务

（一）深化教育教学改革，提高本科教育质量

1. 优化学科专业结构。实施学科专业结构战略性调整，根据学校办学定位，紧密结合浙江支柱产业、开放型经济及长三角区域一体化发展对人才的实际需求，发挥学校现有多学科基础的比较优势，整合学科资源，优化科类结构，加快形成以外国语言文学为主体学科，文学、经济学、管理学、教育学、理学、艺术学等多学科协调发展的学科专业新格局。制定实施本科专业发展规划，重点发展外语类专业，积极拓展国际贸易与国际商务类专业，改造提升师范类专业，大力推动外语专业与非外语类专业之间的融合发展，根据人才培养的需要，灵活设置专业方向，拓展专业发展空间，促进学科专业的集群式转型升级。

2. 创新人才培养模式。以培养国际化应用人才为目标，大胆创新、积极探索国际化应用型人才培养新模式，着力在“复合型”“应用型”和“国际化”三方面下功夫。注重人才培养模式的整体设计，进一步明确人才培养的质量标准和规格要求，进一步优化人才培养方案，着力优化课程结构体系，着力构建以能力为本位的实践教学体系。强化非外语类专业的外语教学，大力推进大学外语教学模式改革，全面提高大学外语教学质量。强化外语能力培养，逐步提高全外语教学和双语教学课程比例，促进教学国际化、课程国际化和实践国际化。确立本科教学规范，完善质量标准，加强质量监控，构建质量保障体系。

3. 提高教学建设水平。实施特色（品牌）专业建设计划，完善国家、省、校三级特色（品牌）专业建设体系，逐步建成若干个特色（品牌）专业，提高专业建设国际化水平。加强语言文化类、经贸管理类和教师教育类三大专业群建设，促进专业集群化发展。实施精品课程建设计划，完善国家、省、校三级精品课程建设体系，努力建设一批高

质量的精品课程，力争省级精品课程达到8门左右，国家级精品课程实现零的突破。加强全外语课程、双语教学示范课程、特色平台课程、实践性课程的建设，全面提高课程质量。实施教学成果、教学团队培育计划，不断深化教学改革，积极培育优秀教学成果，加强教学团队建设，高标准建设教学团队，加速教学名师的成长。

4. 培养学生实践创新能力。着力构建能力本位的开放式、立体化实践教学体系，加强大学生创新创业教育。加大实践教学学分比重，精心安排见习、实习（境外实习）、实验、实训、毕业论文（设计）等实践教学环节。加强实验室建设，建设外语、经管等综合实验教学中心，生均教学仪器设备值力争达到万元以上。加强实践教学基地建设，坚持校地、校企合作培养国际化应用人才。推进“嵌入式”学期制运行管理，加强毕业论文（设计）的规范管理，着力提高毕业论文（设计）质量。加强大学生学科竞赛，提高省级以上学科竞赛获奖水平，力争在本科生学科竞赛中实现国家级一等奖零的突破。

（二）发展优势特色学科，提升学术研究水平

1. 提升重点学科建设水平。要以学科转型为主线，突出特色、主动培育，统筹规划、重点突破、全面推进，优化学科特色发展格局。在省级重点学科建设上，要进一步整合学科资源，凝练学科方向。重点发展外国语言文学学科，力争重点学科成为省级品牌学科，形成带动和领先优势。加强传统优势学科与外语学科的交叉融合，不断凝练符合外语院校发展特色的应用类学科方向，主动培育新的学科增长点。大力促进外语学科与其他新兴学科的深度交叉与融合，通过跨学科集群、多学科合作，培育发展特色学科。要着力建设好一批公共类支撑型学科，从而形成特色型、优势型和支撑型学科“同存共荣、相互促进”的发展格局。

2. 加强重点研究基地建设。积极推进重点研究机构和高层次科研

平台建设。进一步加强研究机构建设，重点创建拉美研究所和阿拉伯研究所；积极创建跨文化研究中心。力争外国语言文化和国际经济贸易研究基地建设取得突破，进一步提升研究平台的学术创新能力和社会服务水平。

3. 加强学校学术品牌培育。以重点科研项目为抓手推动特色优势学科建设与发展。有计划地抓好一批有特色、有影响的重点科研项目，争取一批省部级及以上重大科研项目，争取更多的纵横向科研经费，并以项目为依托，催生一批具有前沿性、原创性和突破性标志性科研成果。争取有更多省部级以上获奖成果。完善以创新和质量为导向的科研评价机制，深化科研管理体制改革。营造浓郁的科研氛围。加强与国内外高校和研究机构的学术交流与合作，打造国际科研合作平台，国外或国际组织资助项目数显著增加。办好学术刊物，积极创造条件创办外语类学术刊物。加强校地、校企合作，提高学校对经济社会发展的贡献度和学术影响力。

（三）加强人才队伍建设，加速形成人才竞争比较优势

1. 提升师资队伍团队化和国际化水平。实施创新团队发展计划，围绕特色发展需要，选择若干重点发展领域，以重点学科、重点科研项目为依托，以交叉学科为纽带，鼓励跨学院、跨学科面向重大任务或重大科研项目组建创新团队。实施海外高层次人才引进计划，抓住中央、省实施海外高层次人才引进“千人计划”“海鸥计划”的契机，把握高等教育国际化带来的机遇，充分利用学校区位优势，加大海外高层次人才引进和集聚力度。实施青年骨干教师发展计划，着眼人才基础性培养和战略性开发，遴选部分优秀青年教师，加大培养和支持力度，探索有利于青年教师成长发展的工作机制，形成支撑学校未来发展的青年骨干队伍。实施学术骨干国际影响力提升计划，促进教师专业国际化发展，加大选派学术骨干赴海外院校、研究机构访学研修力度，加强与国外同

类高校的校际沟通与协作，推动学术骨干进入国际主流学术圈、组织国际学术会议、加入国际学术组织，提升国际化交流和创新能力；不断提高外籍文教专家和有海外经历专任教师的比例。

2. 统筹推进各类人才队伍建设。加强管理队伍建设，推进管理人员国际化培训，促进管理队伍结构优化，切实提高管理人员推进实施特色发展的能力和水平。加强实验和图书两支教学辅助队伍建设，以提高服务技能为导向，建设一支规模适度、结构合理、服务意识强、专业素质高，能适应学校特色发展需要的教学辅助队伍。加强后勤管理和服务队伍建设，以增强后勤基础保障能力为重点，建设一支综合素质较高的后勤管理队伍和专业技能精湛的技术工人队伍。

（四）加快教育国际化进程，扩大国际交流与合作

1. 加快发展留学生教育。全面落实“留学浙江”行动计划，多渠道争取政府奖学金名额。科学制订留学生培养方案，建立完善留学生招生渠道；初步形成留学生教育规模，不断提高留学生办学层次。加强留学生教育师资的培养。加强留学生生活设施和教学设施建设。

2. 拓宽中外合作办学渠道。进一步增加与国际知名大学学分互认项目的数量，中外合作办学项目有突破，国际合作办学实现常态化。积极实施交换生、交流生计划，加大学生海外游学的比例。加快涉外学科专业和课程国际化的进程，加大国外名校精品课程和教材引进的力度。加强全外语课程和双语课程的建设，推出一批面向国际学生的特色性课程。

3. 提高对外汉语教学水平。建立国际汉语言与文化交流传播中心，提高对外汉语教学水平；组织力量开展汉学西渐研究，加大汉语国际化推广力度。积极创造条件，在海外创办孔子学院。

（五）做精做强继续教育，增强服务社会能力

1. 推进省级教师教育重点基地建设。充分发挥教师职后培训的优

势，积极探索教师培养、培训一体化机制与体制，加强国际化教育人才培养模式的探索。着力加强浙江省中小学名师名校长高端培训基地、教师培训师培训基地、中外合作培训与学术交流基地、中小学教师新培训制度研究与指导基地的建设。着力加大教师教育课程体系、培训项目的开发力度。着力形成名师名校长培训、教师培训师培训、教师教育理论研究三大特色品牌。

2. 强化指导服务职能。充分发挥省中小学教师培训中心、省教育行政干部培训中心设在我校的优势，不断提高教师教育在全省乃至全国的核心竞争力和学术影响力。深入开展调查研究和理论探索，为浙江教育发展建言献策。加强中心对全省培训机构的指导职能，强化中心服务浙江教育的意识。加快中小学继续教育网络改造进度，加大教师教育实践基地建设力度。高质量完成面向农村、辐射西部的“百人千场”名师送教下乡、“百人千乡”农村英语骨干教师培训、援疆、援藏、援川等西部支教活动。

3. 创建社会培训品牌。整合资源，积极发展函授、夜大学、业余等多种形式办学，建立适应市场需要的培训机制，实现经济效益和社会效益的双丰收。

（六）推进文化传承创新，加强校园文化建设

1. 大力增强文化软实力和影响力。努力推动社会主义先进文化建设，以社会主义核心价值体系为根本，积极推进文化传承创新，强化优秀文化的研究传播，努力打造自身文化特色，不断提升学校的文化软实力。充分发挥人文学科优势，积极实施中华文化“走出去”战略。开拓思路、广辟渠道、大力开展对外文化传播和交流，不断扩大学校在区域国际文化交流中的参与度和影响力。

2. 加强校园文化建设。高起点规划、高水平设计、高标准建设特色校园文化，努力营建境界高尚、底蕴深厚、崇尚科学、追求真理的文

化氛围，积极发挥校园文化潜移默化的育人作用，加强校风、教风、学风建设。以外语特色为重点，广泛开展科技创新和文化体育活动，积极打造校园文化品牌。制定校训、校歌，编制学校视觉形象识别系统，优化校园人文环境，促进校园和谐。加强校园文化阵地建设，美化校园自然环境。

三、保障措施

（一）切实加强组织保障，加快推进特色发展

1. 加强党建和思想政治工作。深入推进党的思想、组织、作风、制度建设，不断提高党建工作水平。大力加强基层党组织建设，切实增强党组织的战斗力和创造力。进一步落实党风廉政建设责任制，建立健全防范腐败的体制机制。进一步完善师德考评体系，切实加强师德师风、学术规范和学术道德建设。加强社会主义核心价值观教育，切实加强和改进大学生思想政治教育。加强思政工作队伍建设，进一步完善“导师制”、班主任和辅导员工作制度。探索教育、管理、服务三结合的学生工作模式，推进学生事务管理制度化、规范化、信息化，增强思想政治教育的实效性。

2. 加强领导班子和领导干部队伍建设。以学习型党组织建设为载体，以创建学习型领导班子、塑造学习型领导干部为重点，深入推进党的先进性建设。创科学发展之先，争校园和谐之优，使创先争优活动真正成为推动学校特色发展的强大动力。深化干部人事制度改革，探索建立适应高校特点的干部培养、选任和考核机制，选好配强领导班子。加强干部教育培训，进一步强化大局观念，树立全局意识，拓宽国际视野，促进知识能力转型，不断增强领导干部组织推进特色发展的能力，为加快推进特色发展提供坚强的领导和组织保障。

（二）完善体制机制建设，加快建立现代大学制度

1. 加快现代大学制度建设。坚持和完善党委领导下的校长负责制。坚持依法办学，依章程管理学校。进一步完善校级治理结构，充实完善学校议事决策机构。建立学校理事会，聘请社会知名人士、各界代表和杰出校友参与学校重大决策和管理。强化学术委员会在学科与专业建设、学术评价与发展中的权威和职能。充分发挥教授在教学、研究和管理中的作用。切实加强教代会、工代会、共青团、学生会等群众性组织工作。建立校友总会。

2. 创新内部管理体制和运行机制改革。强化改革的统筹协调和整体推进，努力在重点领域和关键环节取得突破。根据特色发展的要求，推进资源的优化配置与整合。调整二级学院设置，强化二级学院管理，明晰学校与二级学院的管理权限，推进管理重心下移，完善对二级学院的绩效考核。调整相关机关职能。建立退休人员两级管理与服务机制。开展后勤管理体制改革。运营资产经营公司，确保国有资产保值增值。

3. 深化人事管理和分配制度改革。积极探索建立科学规范、符合现代大学体制的用人制度。全面实施岗位聘任与绩效工资制度，实现“身份管理”向“岗位管理”的转变，强化业绩考核，推进分类管理，充分调动各类人才的积极性和创造力。

（三）着力改善办学条件，提高基础保障能力

1. 全面完成小和山新校区建设项目。建成能满足 8000 全日制本科在校生教学和生活需要，教学设施先进、文化特色鲜明、环境幽雅宜人、功能布局合理的信息化、生态化新校园。

2. 加强公共服务体系建设。全面完成学校信息化基础设施建设工作，建成功能完善、高速便捷的校园网，实现校园一卡通。建设服务主导型数字图书馆，加大特色数据库和数字化文献资源建设力度，建立协

调统一的文献资源保障体系。加快外文类书库的建设。加强数字档案馆建设，实现重要档案的全文数字化及网络检索。加强各类实验教学中心和实习实训基地建设。推进教学教育手段的现代化，完善教学、科研、人力资源、设备资源等管理系统，开发共享信息库，实现办公自动化，提高即时信息的提供能力和使用率。

3. 加强资金筹措和资金管理。加大资金筹措力度，最大限度地争取上级财政对学校发展的支持；通过银行贷款、增加办学收入、筹募社会资金等方式多渠道筹措资金，确保学校特色发展有可靠的经费来源。充分发挥资金杠杆对学校发展方向的调节与导向作用，对优势特色学科建设、特色品牌专业建设、人才培养模式改革、教育国际化、高层次人才引进等关系特色发展的重要方面，设立重大专项，重点给予保障。厉行勤俭办学，严格预算管理，切实提高经费使用效益。建设节约型校园。

《规划纲要》描绘了未来五年学校教育改革与发展的宏伟蓝图，是全校师生共同的行动纲领。根据统筹协调安排、分期分批实施的原则，学校建立目标导向机制，制定发展规划实施管理办法，创新规划执行的监控、督导、评估和反馈机制，及时总结经验，发现问题，改进工作。全校师生员工要在学校党委、行政的统一领导下，振奋精神，锐意进取，凝心聚力，共谋发展，为全面实现学校“十二五”发展目标而努力奋斗！

（2011 年 6 月）

学校文化建设纲要

文化传承创新是新时期高等学校的重要职能，“十二五”时期，我校处于继续推进创新创业、实现学科转型、形成鲜明办学特色的关键时期。为深入贯彻落实党的十七届六中全会精神，进一步繁荣发展学校文化，推进文化育人，构建文明和谐校园，根据《中共中央关于深化文化体制改革、推动社会主义文化大发展大繁荣若干重大问题的决定》和《浙江外国语学院“十二五”发展规划纲要》精神，制定本纲要。

大学文化是师生员工共同创造的物质和精神成果，是高等教育质量建设的重要内容，是学校核心竞争力的重要源泉，集中体现了学校的个性特征。构建富有特色的大学文化，对于凝练办学特色、提升办学品位、增强文化引领和文化育人功能，具有十分重要的意义。

一、学校文化建设现状

在50多年的办学历史中，经过几代人的开拓进取和奋发努力，我校发展环境逐步优化，优良校风不断弘扬，积淀形成了具有自身特点的大学文化。“十一五”时期，学校攻坚克难，成功实现改制更名，在加速发展的同时，文化建设也紧扣从成人高校改制为全日制普通本科高校的转型主题，着重围绕培育形成彰显外语外贸特色、符合普通本科高校发展需求的新型大学文化生态，积极探索，初步形成了文化育人新格局。

文化建设科学谋划。学校党委高度重视，把文化建设纳入学校整体发展规划，成立校园文化建设领导小组，党政主要领导任组长。根据学校特色发展战略，有计划、有组织地推进大学文化建设，优化校园人文环境和新校区硬件建设，强化文化载体和项目建设，努力营造良好的育人氛围。

学校形象品质提升。学校的大学精神获得拓展和丰富，文化特质呈现出新的意涵。征集形成学校校标，确定校名标准字体，编制形成学校视觉形象识别系统，并统一规范使用。

特色文化传承发展。校园文化在社团文化节、寝室文化节、学习成果展、校园十佳歌手大赛、青年志愿者活动、暑期社会实践活动等方面逐渐凝练特色，文化育人的效果显著增强。

文化品牌凝练特色。学术文化健康发展，学科特色逐渐显现，成功设立浙江人文大讲堂浙外分讲堂，丰富了学术文化内涵。推进“一院（部）一品、校级精品”校园文化品牌建设，浙外特色大学文化生态初步显现，逐步形成各语种和有关学科的文化节系列品牌文化活动。“温馨下午茶”、教工合唱团等文化活动形式受教职工喜爱。

文化宣传积极推进。围绕提升教育国际化水平，学校加强了对外宣传工作。学校的教学、科研、管理和服务工作，得到媒体的关注和支持，发展热点吸引了媒体聚焦，扩大了学校的社会影响。

近年来，学校文化建设取得了一定的成绩。但距高等教育改革发展的新要求还有较大差距。由于历史原因，我校大学文化建设的自觉意识不够强，氛围不够浓厚，基础比较薄弱，特色不够明显，总体水平还有待进一步的提高。

二、大学文化建设的新使命

党的十七届六中全会提出了“增强国家文化软实力，弘扬中华文化，努力建设社会主义文化强国”的战略任务。高等教育是优秀文化传承的重要载体和思想文化创新的重要源泉，全面提高高等教育质量，必须大力推进文化传承创新。胡锦涛总书记在清华大学百年校庆重要讲话中指出，“要积极发挥文化育人作用，推动社会主义先进文化建设。要积极开展对外文化交流，增进对国外文化科技发展趋势和最新成果的了解，展示当代中国高等教育风采”。

《全面提高高等教育质量的若干意见》（高教三十条）提出，要“推进文化传承创新，传承弘扬中华优秀传统文化，吸收借鉴世界优秀文明成果。发挥文化育人作用，把社会主义核心价值体系融入国民教育全过程，建设体现社会主义特点、时代特征和学校特色的大学文化。”

党和政府对大学文化提出新要求，作出新部署，大学文化建设提升到了前所未有的战略高度。面对高等教育发展的新形势，结合加快推进特色发展战略的实际，学校要遵循文化发展规律，紧紧围绕服务于学校转型、特色发展的目标要求，大力加强大学文化建设。

三、文化建设指导思想

高举中国特色社会主义伟大旗帜，以邓小平理论和“三个代表”重要思想为指导，深入贯彻落实科学发展观，坚持社会主义先进文化的发展方向，以社会主义核心价值体系为引领，弘扬大学精神，发挥文化育人和文化引领作用，注重实践，突出特色，努力建设境界高尚、品质高雅、特色鲜明的浙外文化，为加快建设外语特色鲜明，教育品质一流的多科性普通本科高校提供坚实的精神动力和思想保证。

四、文化建设目标

（一）初步形成富有特色的浙外文化新格局

“十二五”时期，以服务学校特色发展为导向，以创新发展特色文化为主线，进一步凝练文化传统，完善办学理念，弘扬大学精神，健全体制机制，凸显文化载体，形塑校园环境，振奋师生精神，全面建设学校精神文化、行为文化、制度文化、环境文化，培育和彰显“兼容并蓄、守正出新，自强不息、追求卓越”的浙外精神和“明德弘毅　博雅通达”的浙外品质，建设文明校园，使学校成为广大师生有高度认同感和自豪感的精神家园。

（二）大学文化建设具体目标

——凝练大学精神文化。进一步解放思想，优化学校顶层设计。做好校训、校歌等文化符号征集，提炼学校大学精神，弘扬浙外精神。设立校史馆，培育校友文化。

——培育优良教风学风。弘扬当代教师核心价值观，构建师德师风价值坐标。加强学风建设，深化学生诚信教育，推进寝室文明建设。

——繁荣校园学术文化。积极推进哲学社会科学繁荣，做强做精“浙江人文大讲堂”分讲堂，主办高层次高水平的外语类学术会议（论坛），强化教师指导，提高学生素养，组织学生参加外语和经济类学科竞赛和全国、全省“挑战杯”课外学术科技作品竞赛，提高参赛成绩，提升学校知名度和社会影响力。

——丰富校园文化生活。提升校园文化层次，以“一院（处）一品，校级精品”为导向，培育形成5至10项校级优秀文化品牌，争创1至2项省级校园优秀文化品牌。重点扶植外语外贸特质的文化品牌。

努力建设校艺术团，争创省级优秀大学生艺术团。继续培植教师文体活动，提高教师幸福生活水平。

——完善学校制度文化。推进现代大学管理制度建设，规范制度，民主管理，激励创新，积极引导师生融入学校发展。

——优化校园环境建设。推广实施校园形象识别系统。优化人文环境，建立浙外特色学生礼仪教育体系，树立学生崭新的群体形象。美化自然环境，推进校园基础设施建设。加大校园文化阵地建设，提升环境育人效果。积极培育校友文化，建设校友会和校友网。

——推进文化交流传播。立足特色，注重整合，实施中华文化“走出去”战略。举办文化推广节庆活动。积极创造条件，在海外办成1至2所孔子学院。

五、文化建设主要内容

（一）精神文化建设

优化顶层设计。巩固学校教育思想大讨论成果，紧扣学校发展目标，紧贴经济社会发展实际，深入开展解放思想主题讨论，进一步明晰学校办学理念与发展使命，不断增强学校在地方高校和外语类院校中的影响力。凝练大学精神。深入总结学校的历史积蕴和文化特质，凝练学校核心价值理念体系，提炼浙外精神、浙外校风。征集校训、校歌等。积极弘扬浙外精神，把它们内化为浙外人的情感能量，成为学校继续创新创业、加快特色发展的动力源泉。

（二）教风学风建设

教风建设：以“大爱”和“责任”铸造师魂，践行师德，提升师能。培育优良教风，加强学术道德建设，提高教学质量。深入开展“当代教师核心价值观”讨论，构建校园精神价值体系。评选“党员先锋”“师德标兵”，宣传“浙外学人”风采，培养广大教师敬业爱岗、教书育人的优秀品格，充分发挥校内高层次人才、先进个人在教书育人和管理服务中的表率作用。加大廉政文化宣传力度，弘扬勤政廉政的优良作风。

学风建设：坚持道德教育与道德实践相结合，扎实开展诚信教育。在学生中评选校园“青春榜样”，提升优秀学生的校园影响力和感召力。以学风建设为载体，丰富学风建设优胜班级创建活动内容，通过外语俱乐部、外语角、外语辩论会、外国风土人情知识竞赛、外国影视评论、外语歌曲大赛等多种学生活动载体，提升专业修养，凸显办学特色。培育优秀的就业文化和创业文化。

（三）学术创新文化建设

教师学术文化建设。着力构建具有时代特征和本校特色的学术文化，充分发挥健康学术文化的凝聚、规范和导向功能。积极推进哲学社会科学繁荣，整合文化资源，努力造就一批高层次文化领军人物和高素质文化人才队伍。加强对外学术交流，努力服务行业和地方经济社会发展。办好学术团体和学术刊物，传播外语教育教学和推进教育国际化的研究成果。

学生科技文化创新。鼓励学生积极参加学科竞赛，加强学生参加全国和全省大学生“挑战杯”等学生赛事的专业指导，提高参赛成绩。大力开拓学生第二课堂和学术活动，引导和激励学生开展丰富多彩的文化科技活动。

（四）校园文化品牌建设

“浙江人文大讲堂分讲堂”建设。以教育国际化、中西文化交流、国际关系分析为主题，推进文化传承创新和跨文化交流，努力提高分讲堂的社会知名度和美誉度，打造具有自身特色和区域影响力的浙外文化品牌。

校园文化品牌创建。以办学特色和文化精神为中心，在校院两级广泛开展校园文化品牌的创建活动。启动校级校园文化品牌的评选，努力做到“一院（处）一品，校级精品”。培育形成5至10项校级优秀文化品牌，再创1至2项省级校园优秀文化品牌。以师训干训和青年教师成长培训为基础，着力形成培训文化品牌。以大学生外语文化节、经济文化节、国际文化节为基础，重点扶植外语外贸特质的文化品牌。加快留学生教育发展步伐，积极培育留学生特色文化。

推进学生社团建设，加强引导，整合资源，重点扶持具有外语外贸特色和中国传统文化特色的学生社团。以星级评比为标准，开展校级优秀学生社团评比活动。开展心理测试和大学生心理健康文化节，打造“阳光”心理健康工程。弘扬雷锋精神，以青年志愿者服务、“三下乡”社会实践等为载体，传承传统特色活动，服务社会发展。

各类文体活动开展。认真实施《全民健身计划》，重视培育学校特色文体项目。深入开展“高雅艺术进校园”活动。积极创造条件，培育校艺术团成为省级优秀大学生艺术团。继续扶植培育“温馨下午茶”沙龙、教工合唱团、教职工排球比赛等活动载体，不断提高学校教师幸福生活水平。

（五）制度文化建设

完善现代大学管理制度。认真贯彻落实学校章程，优化体制机制，进一步加强和完善党委领导下的校长负责制。加强各职能部门、二级学院的各项规章制度建设。注重工作协同，建立科学运行机制。

完善民主管理机制。坚持和完善党代会、教职工代表大会、工会、团学代会制度。实施党员代表常任制和代表任期制。建立和完善情况通报制度、情况反映制度和重大决策征求意见制度。坚持校务公开制度。重视教授会在学校管理中的决策咨询作用，充分发挥学术委员会的作用。发挥民主党派和无党派人士的积极作用。保障教职员工对学校管理的知情权、参与权和监督权。建立并完善学生参与学校民主管理的制度。

激励机制建设。坚持以人为本，健全学校教职工利益分配和激励制度，关心青年教师成长，建立校领导接待日制度，开展信访接待，建立团学组织中的学生权益部，畅通信息渠道，引导师生以主人翁的姿态融入学校发展。

（六）环境文化建设

文化符号和视觉形象建设。正式通过并颁布学校视觉形象识别系统，推广并规范实施。注重教学楼、办公楼、图书馆、体育馆、学生活动中心、学生公寓、食堂等重要场所的标识宣传，加强对学校中英文标识、网站域名的注册管理。统一外宣形象，规范校徽、校牌、校旗、校歌、学校视觉形象标准色和文化用品等学校文化符号和形象标识的使用和管理。

校园文化载体建设。统筹规划，加快大学生活动中心、教工之家、运动场馆、报告厅、图书馆、校史馆等校园文化基础设施建设。充分发挥报纸、网络、广播、影视、墙报、宣传栏等媒介的导向作用。发挥学科和专业优势，适时发展学校文化创意产业。

校园人文环境建设。牢固树立以人为本的理念，给师生以充分的人文关怀。建立健全学校仪式教育制度，开展大学生文明修身工程，建立学生礼仪教育体系，精心设计典礼制度，认真开展各种典礼活动，强化教育功能，展示人文情怀。充分发挥校史馆功能，传播浙外精神。

校园自然环境建设。强化新校区建设的文化元素，将学校特色和文化内涵始终贯穿于新校园建设。建设主题雕塑、主题植物园、主题广场、文化楼宇，使校园的山、水、园、林、路、楼道走廊的使用功能、审美功能、文化教育功能和谐统一。新校区楼宇、道路、景点的命名体现浙外特色，室内外各类标识中英文规范标注。优化校园景观和楼宇景观设计，三季有花，四季常绿，楼楼显特色，院院有风景。弘扬绿色低碳理念，建园林校园、生态校园。

校友文化建设。积极培育校友文化，努力汇聚校友资源，凝聚校友力量。建设校友总会和校友网，吸引校友参加文化活动，支持校友为母校和社会多做贡献，扩大学校影响。大力弘扬学校优良传统，记录优秀校友事迹，激发师生的荣誉感和进取心，激励大学生成长成才。

（七）文化交流传播

加强网络文化宣传。加强校园数字化、信息化建设，充分发挥互联网、闭路电视网、广播网、多媒体校园信息推送平台等信息传播载体育人功能。优化校园主网站，切实加强和改进网络文化建设和管理，加强网上舆论引导。加强社会媒体联系，积极传播学校大学文化建设成果，努力扩大学校影响力。

加快中华文化传播。提高对外汉语教学水平，加大汉语国际化推广力度，建立国际汉语与文化交流传播中心。弘扬国学和传统礼仪，加强体育文化跨境交流，推动中华优秀传统文化的对外传播。积极创造条件，在海外办成 1 至 2 所孔子学院。

增进对外文化交流。着眼服务浙江经济社会发展，服务国家战略需要，积极开展国别研究，重点推进拉美研究所、阿拉伯研究所等重点研究机构的建设，不断扩大和提升学校学术研究的影响力。加快建立多渠道、多层次、多类型的国际化人才培养与交流新格局，快速提升学校教育国际化水平，着力办好国际化应用人才培养实验班。拓宽中外合作办学渠道，加快发展留学生教育，深化中外学生的文化交流。

六、文化建设保障体系

（一）领导体制和工作机制

文化建设纳入党委会、校长办公会的议事日程，纳入各级党政班子考核评议内容。学校文化建设领导小组与学校文化建设委员会在学校党委、行政统一领导下，负责文化建设的统筹、规划、协调、管理和检查督促。各学院成立相应的工作机构，落实相关责任，组织开展本学院的文化建设工作。各部门和直属单位要切实负起各自的职责，全力支持文化建设工作。加强对宣传文化骨干的教育培训，不断提升业务水平。引导全校师生积极参与学校文化建设。

（二）政策与制度保障体系

建立健全学校文化建设制度，制定文化建设相关文件。各二级学院要根据本《纲要》精神要求制定富有学院特色的文化建设实施方案和工作计划，各有关部门要切实完成学校文化建设任务相关任务。鼓励师生积极参与学校文化建设，学校设立“浙江外国语学院文化建设优秀成果奖”（暂名），对校园文化建设有突出贡献的单位和个人给予表彰奖励。

（三）经费保障体系

加大对学校文化建设资金投入，努力争取社会资金支持，建立文化建设专项基金，确保文化建设经费。

（2012 年 12 月）

哲学社会科学繁荣计划（2013—2020年）

为贯彻落实党的十八大精神，深入推进我校哲学社会科学的繁荣发展，在新的起点上谋划和实现浙江外国语学院的新发展，根据《国家中长期教育改革与发展规划纲要（2011—2020年）》《高等学校哲学社会科学繁荣计划（2011—2020年）》《高等学校创新能力提升计划》（以下简称“2011计划”）等文件精神，以及（《高等学校哲学社会科学“走出去”计划》《高等学校人文社会科学重点研究基地建设计划》和《教育部关于进一步改进高等学校哲学社会科学研究评价的意见》）等文件的部署和要求，结合学校实际，完整构建具有“浙外特色”的哲学社会科学创新体系，努力推进浙外今后八年哲学社会科学的繁荣发展，特制定本计划。

第一部分　指导思想和总体目标

一、指导思想

以邓小平理论、“三个代表”重要思想、科学发展观为指导，围绕学校特色发展，加快学科转型，按照“有重点、有特色、有所为”方针，以学科建设为龙头，科学规划、协同攻关，突出重点、整合资源，全面推进体制机制创新、研究方法创新和成果创新。着力建设哲学社会科学创新体系，提升哲学社会科学建设水平。积极参与国家战略发展需求，主动服务长三角和浙江“两富”“两创”战略，提升学校哲学社会科学发展水平和学术影响力。为建设外语特色鲜明、教育品质一流的多科性普通本科高校提供坚实有力的支撑。

二、总体目标

充分发挥我校哲学社会科学认识世界、传承文明、资政育人的功能，全面提升人才培养、科学研究、社会服务、文化传承创新的能力和水平，努力开创学校哲学社会科学繁荣发展新局面。

争取到2020年，基本建成特色鲜明、具有核心竞争力和学术话语权的浙外哲学社会科学创新体系（简称“创新体系”）：

——统筹学科建设，培育学科品牌，构建以“多语种、跨学科、国际化”为特色的学科发展体系；

——坚持以人为本，汇聚学科人才，构建以“语言与文化、国际区域经济、教师教育”为核心的学术人才体系；

——推进协同创新，打造学术智库，构建以“跨文化研究与国际区域研究”为重点的研究平台体系；

——突出学科特色，多出学术精品，构建以“基础理论、重大问题和现实需求”为导向的科研项目体系；

——加强资源整合，拓展决策咨询，构建以“发挥传统学科优势、强化外语院校特色”为基础的社会服务体系；

——适应发展趋势，加强基础建设，构建以“特色文献数据库群、特色网站群和优秀期刊建设”为支撑的科研条件体系；

——深化体制改革，完善管理制度，构建以“科学、民主、便捷、高效”为特征的科研管理服务体系。

第二部分　重点建设内容和主要举措

以建设创新体系为总体目标，启动八大工程。各项工程由若干计划或任务构成，形成相互关联、相互支撑的繁荣哲学社会科学的系统工程。

一、实施学科品牌建设工程

（一）学科体系建设计划

根据学校的发展定位，以学科转型为主线，围绕语言与文化、国际区域经济、教师教育等重点领域进行学科资源整合，着力建设特色鲜明、具有竞争力的学科群。重点加强应用学科建设，扶持交叉新兴学科建设，兼顾基础学科建设。优先发展外国语言文学一级学科，使其成为浙江省领先、国内有较大影响力的品牌学科；着力把外国语言学及应用语言学、中国语言与文化国际传播、国际贸易、国际旅游、课程与教学论等省重点学科建设成为浙江省有知名度的优势特色学科；遴选培育一批新兴学科。初步建成适应浙江经济社会发展需要，结构合理，特色鲜明的多学科协调发展的学科体系。鼓励各省重点学科积极开展联合培养研究生工作，努力成为硕士学位授予单位。增设翻译硕士等若干专业硕士培养点。

（二）学科内涵发展计划

要抓住关键、突出重点，整体推进、跨越发展。着力彰显外语学科特色优势，不断提高外语学科的规模化和集约化水平。注重传统优势学科与外语学科、其他新兴学科与外语学科、非外语学科之间的交叉融合，主动培育新的学科增长点。在实现规模发展的同时，注重学科的整合和集成，促进相关学科的互补和互通，形成集聚优势，以集约化的思路最大限度地开发我校学科资源的潜力，实现学科竞争力的跨越式发展。

（三）学科方向凝练计划

探索和挖掘学科发展的区域特色、交叉融合特色、综合性特色和国际化特色，走错位发展的学科建设之路。充分发挥浙江作为外贸大省的优势，在学科发展重点领域内进行深入分析、科学论证和严格遴选，重点建设10个左右国家和浙江开放型经济体系所亟需的应用与创新研究方向，如语言学及其应用研究、翻译理论与实践研究、浙江文化国际传播研究、海外中国学研究、拉美研究、西亚北非研究、浙商研究、电子商务、国际商务、国际休闲游憩研究、外国教育研究等特色研究方向。对准遴选方向，在人才引进、项目培育、团队建设等方面给予优先支持，增强学科持续发展能力与在国内外的话语权。

二、实施“协同创新中心”建设工程

转变观念，凝练主攻方向，注重协同创新。在深刻领会“2011计划”精神实质的基础上，加强顶层设计，全面推进学校内部各单位，学校与地方政府、国内外高校、科研院所、企事业单位等机构的深层次合作，合理配置学术资源，培育具有竞争力的新型学术研究机构。创新机构运行模式，建立“主攻方向、研究力量、成果孵化、平台构建”四位一体的机制。主要从面向文化传承创新和区域发展两个维度，在学校设立跨语种、跨学科、跨领域、跨文化的协同创新中心，建立浙江文化“走出去”、国际区域研究等2个校级协同创新中心，努力成为提升国家文化软实力、增强浙江文化国际影响力的主力阵营，成为促进区域创新发展的引领阵地。以此为基础，争取建成1个省级2011协同创新中心，建成1个省人文社科研究重点基地或省哲学社会科学重点研究基地，争取建成1个教育部国别和区域研究培育基地。建成西亚北非研究所等具有独立建制的校级特色实体研究所。

三、实施“浙外智库”建设工程

以需求为导向，突出问题意识，关注重大现实问题和前瞻问题，主动为国家和地方经济社会发展服务，努力锻造具有浙外特色的“智库”。适应中华文化“走出去”战略，依托浙江文化走出去研究中心，发挥语言优势，积极发展双边、多边和全球性、区域性科研合作专项研究计划。依托拉美研究所和西亚北非研究所，以区域和国别的基本情况和发展趋势为主要研究内容，以经贸研究为内层，以文化、社会、外交、教育研究为外层，不断拓展区域和国别研究领域，提升区域和国别研究的战略性、前瞻性和针对性，逐步构建多层次、立体化的区域和国别研究网络。编发《浙外智库》，涵盖我校教师对重大现实问题的研究成果和咨询建议，做好国家和省委省政府决策咨询的思想库和智囊团。

四、实施“三大研究项目”建设工程

（一）跨文化研究项目计划

以文化沟通为核心项目，对跨文化的区域经贸关系问题、跨文化国际传播问题、跨文化教育问题、跨文化语用问题等进行较为系统全面的研究，构建跨文化研究项目体系。

（二）浙商浙企海外发展研究计划

依托国际经贸商务研究和电子商务研究等，开展浙商浙企海外发展状况调研，建立浙商浙企海外发展案例库。此外，加强与商务部、外交部、浙江省各相关政府部门，以及国内外大型企业尤其是跨国公司等的合作，开展浙江企业海外投资区域经济热点问题和文化沟通等主题研究，探索浙江企业国际化发展的方式与途径。联合举办浙江企业海外投资高级管理人员培训，进行包括语言、文化、投资和教育等全方位的专业化培训，解决企业"走出去"所涉及的相关问题，为浙商浙企海外发展提供智力支持与帮助，促进"浙江经济"与"浙江人经济"互动发展。

（三）浙江文化"走出去"项目计划

积极落实《高等学校哲学社会科学"走出去"计划》，创建若干所孔子学院，并以此为平台，拓宽渠道，广泛开展汉语国际推广与传播，助推中华文化"走出去"。依托学校多语种优势，主持推进"把浙江介绍给世界"系列丛书编译项目的立项工作，推进浙江的国际文化交流，服务于高校哲学社会科学"走出去"和浙江文化"走出去"战略。

五、实施国际化学术人才梯队建设工程

重点打造"语言与文化、国际区域经济、教师教育"三大类学术人才。注重团队建设，努力建立一大批以学科带头人为中心、学术方向负责人为支撑、优秀学者为骨干、青年学者为后备力量的结构合理的学术梯队，为繁荣哲学社会科学提供人才支持。

按照政治强、业务精、作风正的要求，培养一批理论功底扎实、勇于开拓创新、引领发展的学术带头人队伍；培养一批年富力强、政治和业务素质良好、锐意进取的学术骨干队伍；培养一批潜质突出、勤奋努

力、志在学术、勇攀高峰、为人正派的青年后备队伍，增强可持续发展能力。重点实施“三大计划”：

（一）骨干深造计划

重点扶持学科骨干，建立以学科骨干为核心的科研团队，逐步形成其在省内国内同领域的学术影响。提升教师队伍国际化水平，加大选派教师出国留学、访学、进修的力度，推动学术骨干主动融入国际主流学术圈、参与组织国际学术会议、加入国际学术组织，提升国际交流与创新能力。

（二）精英引进计划

根据不同学科发展的整体规划和布局，优先考虑学校优先发展的品牌学科和相关省级重点学科的发展要求，按照“高质量”“高标准”和“按需引进”的原则，积极引进各类人才。借助“百千万人才工程”“省钱江学者计划”“省 151 人才工程”和“拔尖创新人才计划”等政策措施，着力引进学科和学术带头人。积极引进具备国际学术视野、一定国际学术交流能力的海外高层次人才，力争在“千人计划”引进人选等战略性人才吸纳方面实现突破。面向国内高水平大学和一流学科，积极引进有发展潜力的优秀博士毕业生。在学校重点发展领域设立特聘教授岗位，加大智力引进力度。

（三）青年培育计划

对青年社科人才进行着力培养，明确青年教师“人人有科研发展规划，人人有研究课题，人人有明确的科研方向”，提升青年教师的发展潜力和竞争力。完善“导师制”，不断加强对青年教师的科研指导。设立博士科研基金项目，对每一位新进博士能尽快启动课题研究创造良好条件。通过开办青年学者专栏、举办学术活动、举行评优评奖、推出青年教师系列深造计划等多种形式，大力宣传青年学者的学术实践和科研成果，积极营造促进优秀人才脱颖而出的良好环境，力争培养、推出一批具有创新精神、竞争优势的社科青年人才，不断推动社科优秀人才服务浙江，走向全国。

六、实施“三大社会服务平台”建设工程

加强研究成果转化，建立政产学研用紧密结合的成果应用渠道，充分发挥“思想库”“信息库”和“人才库”作用，积极提交政策咨询报告，科学制订语言发展战略，提高公众外语水平，推广传播浙江文化，为浙江的对外交流活动提供智力以及文献方面的支持，为国家、地方政府以及企事业单位等提供多层次、多领域的社会服务。重点实施打造三大平台计划：

（一）外语社会服务平台建设计划

在现有语种基础上，增设一些非通用语语种。提供多语种、高水平的外语译介服务，开发培育特色高端培训，积极建设海外教师培训基地，为大型对外交流活动提供语言服务，为社会提供外语教学、外语培训等服务，开拓出国留学培训项目。

（二）专业社会服务平台建设计划

为国家和地方政府提供更多的高质量政策咨询报告，为浙江企业走出去提供目的国文化、法律等国情专业咨询。巩固发展传统学科优势，加强与地方合作，做精做强师训干训，力争成为国家级教师培训基地；依托学校办学特色和资源优势，高质量完成各项“国培计划”任务。开展“社科专家基层行”等活动，组织动员名家大家撰写高质量社科普及读物，办好人文大讲堂分讲堂，弘扬优秀传统文化，传播科学理论，为满足人民群众日益增长的精神文化需求提供平台。

（三）跨文化社会服务平台建设计划

建立以对象国文化为核心内容的跨文化培训中心，为国家和地方政府、社会组织和企事业单位提供跨文化咨询服务，建立跨文化案例库与跨文化研究成果库、海外浙商数据库等。

七、实施科研支撑条件建设工程

（一）特色文献库建设计划

按照学校的学科特色和发展优势，建设外国语言文学特色文献库（涵盖英语教学与研究、法语研究、日语研究、西班牙语研究、阿拉伯语研究、德语研究、意大利语、葡萄牙语、韩语和浙江文化国际传播研究等数据库）和专业特色文献数据库（涵盖拉美研究、西亚北非研究、浙商研究、电子商务、国际商务、国际休闲游憩研究、外国教育研究数据库）两大类特色数据库。

（二）特色网站建设计划

完善外国语言学及应用语言学、国际贸易、国际旅游、中国语言与文化国际传播、课程与教学论等省级重点学科网站建设；加强拉美研究、西亚北非研究、翻译研究、翻译教育研究、汉语与文化研究、国际旅游与休闲研究、国际商务语言与文化研究、品牌传播研究、中德教育研究、教育领导与教师教育研究、美术·文化创意研究、德育研究、民族民间音乐研究等特色研究机构网站建设，拓宽学术交流渠道，加强科研成果的辐射力与影响力。

（三）优秀期刊建设计划

推动校内优秀学术期刊建设。提高《浙江外国语学院学报》的办刊水平，争取进入国内核心期刊行列。在不断提高学报办刊水平的基础上，力争创办一本外文学术期刊，推动学术期刊的国际化，扩大我校哲学社会科学研究的学术影响力和学术话语权。

八、实施科学管理服务建设工程

坚持一手抓繁荣发展，一手抓科学管理，建立健全哲学社会科学管理服务体系，为学术发展提供良好的制度保障。以更新观念为先导，确立以人为本、质量第一、协同攻关的管理观念，浓郁学术氛围，完善制度，大力提升社科管理服务水平。

（一）重大项目培育计划

持续推出“高层次项目培育”专项基金资助项目，重点支持对我校优势特色学科及重点支持学科有重要支撑的研究项目，争取一批省部级及以上重大科研项目。力争国外或国际组织资助的科研项目数量有零的突破。不断完善科研项目评审制度，加强科研项目的过程管理，提高项目管理服务的科学化水平。

（二）学术精品打造计划

加强对理论创新和社会服务作出突出贡献的哲学社会科学优秀成果、优秀人才的奖励和宣传，定期组织开展学校科学研究优秀成果奖（人文社会科学）评奖和表彰活动，充分发挥奖励的激励和导向作用，增强高校哲学社会科学工作者的使命感和荣誉感；加强与海内外著名高校、学术机构和专家学者的科研合作，鼓励教师在 SSCI、A&HCI 等数据库收录的国际核心期刊上发表学术论文，在国际权威出版机构出版学术著作。

（三）学术交流资助计划

设立学术交流基金，拓展国际学术交流空间，扩大我校学者的学术影响，提升学校学术知名度。优先资助符合学校发展定位的省级重点学科、有希望获得一级学科硕士授予权的学科、有希望成为教育部或省级重点研究基地的学科主办高层次学术会议。资助这些学科中的学术带头人和学术骨干出席校外或境外组织的国际学术会议。优先资助这些学科成员与国（境）外高水平大学、研究机构或国际知名学者开展合作研究。

（四）学术风气建设计划

建设教育、制度、监督、惩治相结合的学术风气建设工作体系。贯彻落实《浙江外国语学院学术道德规范》，建立教师科研诚信档案。大力倡导学术规范意识和学术精品意识，真正营造学术自由、教授治学、力争上游、和谐有序的学术研究生态，以优良的学术风气促进我校哲学社会科学的健康发展。

第三部分　组织领导与实施保障

为实现《浙江外国语学院哲学社会科学繁荣计划（2013—2020年）》的目标与任务，学校将加强组织领导，出台保障措施。

一、加强领导，有效组织

提高对繁荣发展哲学社会科学重要性的认识，加强对学科建设工作的组织领导。成立我校哲学社会科学繁荣计划领导小组，负责对我校哲学社会科学发展重大事项的决策与协调工作。进一步强化校院两级哲学社会科学繁荣发展的管理职责，加强对哲学社会科学发展的统筹协调和监督检查。加强对包括科研秘书在内的科研管理队伍的培养、培训和考核，建立一支精干高效、服务优良的高水平科研管理队伍，不断提升科研管理水平。

二、创新体制，完善机制

加强顶层设计，加大政策引导，深化体制机制改革，对我校哲学社会科学研究的繁荣发展给予支持。探索建立跨院系学科交叉研究中心的体制，推进学科资源的整合，实行资源开放共享，为加强联合攻关能力提供体制上的保障。加强基层学术组织建设，结合学校实际不断调整完善学术管理体制。强化学术权力的作用，确保学术委员会的咨询、论证、学术评价等职能的发挥。积极落实与跨学院、跨部门、跨学科研究相关的人事、财务和设备管理等方面的配套改革。实施目标责任制，明确各有关单位年度建设项目的任务和责任。将繁荣发展哲学社会科学的成效纳入学校考核评价内容，对各有关单位的负责人实行年度或中期考核与检查。

三、确保投入，改善条件

多渠道筹措资金，建立我校哲学社会科学的投入稳步增长的保障机制，形成稳定的经费支持体系。在保证我校学科建设、人才培养等正常经费的基础上，围绕重点发展领域，每年以设立专项经费的形式列入预算，用于高水平人才引进、高水平科研平台建设、科研项目体系建设、科研成果奖励、国际会议资助、图书资料购置与数据库建设；形成功能完善、方便快捷、资源共享、保障有力的支撑体系。切实加强经费的管理，加强监督和审计，提高经费的使用效益。

（2013 年 11 月）

科学定位谋发展　改制转型创特色

浙江外国语学院前身为创建于1955年的浙江教育学院，曾长期以中小学教师和教育行政干部的培养培训为己任，为全省教育事业和经济社会发展作出了积极贡献。但自20世纪九十年代以来，随着全省教育事业特别是高等教育的跨越式发展，学校生存和发展面临新情况、新问题。一方面，随着教师培训的多元化和教师学历的普遍提高，专科、本科层次的教师学历补偿教育因生源急剧减少逐年萎缩；另一方面，又由于受成人高校体制制约，学校不能独立招收普通本科生，平台无法提高，如不加快提升自身办学层次，不仅难以承担新形势下"教师的教师"之重任，而且也越来越难与普通本科高校同台竞争。据此，21世纪初，浙江教育学院提出了改制为普通高校的申请，并于2002年9月得到了省政府的批准认可。2010年1月，在南宁举行的全国高等学校设置评议委员会五届四次会议通过了学校的改制申请。4月，教育部正式发文同意在浙江教育学院基础上建立浙江外国语学院。至此，学校发展迈上了新的历史平台。

从学校提出改制到实现改制约八年的探索与实践，我们深深体会到：在高等教育规模扩张到一定程度、把提高质量作为改革发展核心任务的背景下，一所高校只有准确定位、办出特色，才能赢得发展空间，实现可持续发展。

一、坚持科学定位，积极调整发展思路

定位是一所大学发展的起点，只有明确了自身定位，才能制定科学的发展战略，创出品牌，办出特色。而大学的办学特色又是一所高校的优势所在，是其核心竞争力的重要元素。根据自身历史、环境、条件等因素，在全局中找准定位是高等学校改革发展的基本依据，也是形成办学特色首要的、根本的因素。

多年来，围绕浙江教育学院应该朝着什么方向发展这个问题，全校上下一直苦苦探索。2002 年省人民政府的批复同意，为学校由成人本科高校改制成为普通本科高校提供了政策依据，但随后几年，由于宏观环境的变化以及学校未能科学定位，也未能及时拓展办学空间，从而丧失了前一时期全省高教大发展的大好机遇，致使学校迟迟没有走出改制困境。但学校党委、行政和广大教职工始终认为，为了学校的长远可持续发展，改制转型是不得不做出的选择。

在错失了全省高教大发展大好机遇的背景下，如何在有限的空间中办出符合浙江实际需要的有特色的学校，如何科学确定学校发展定位，成为摆在我们面前迫切需要回答和解决的最重大问题。进入 2006 年以后，学校积极调整工作思路，全面深入地分析了区域经济社会发展对人才培养的需求和高等教育的发展趋势，实事求是地研判了学校现状及其所处的客观环境，果断提出在学校实现改制的同时同步进行战略转型，并确立了以外语外贸类学科为主要发展方向、以培养复合型涉外应用人才为主要特色的普通本科高校的发展定位。

学校提出这样的发展定位，主要是基于以下考虑：

首先，浙江是全国开放程度最高的地区之一，国际合作交流已延伸到全省经济、文化、科技、教育乃至社会生活等各个领域，社会对涉外

服务人才的数量、规格、语种等需求不断增加，供不应求的状况日益凸显。特别是作为外贸大省，我省外语外贸人才不足的问题尤为突出。同时，我省是全国最早实现普及九年义务教育的省区，但学科之间教育质量不平衡，中小学外语师资水平整体上明显落后于其他学科，特别在农村中小学，这种状况尤为严重。

其次，从目前我省高校布局来看，全省公办普通高校中尚未有一所外语外贸类本科高校。创办一所公办性质的外语外贸类本科高校，可以优化全省高校设置结构，弥补我省高校设置中的薄弱环节。

再者，转型符合我校的实际。全省中小学师资培养能力已显过剩，浙江教育学院不宜再改成一所师范类普通本科高校。如果改成工科类等其他高校，又与原有的学科类别、师资、设备等差距较大。唯有改成外语外贸类院校，才可以发挥原有的资源优势，起到投资省、见效快的效果。

学校的这些基本思路得到了省政府的认可，同意我校按改制转设外语外贸类院校的方向进行规划实施，并列入《浙江省高等学校设置“十一五”规划》报送教育部。2008 年，学校第一次党代会又进一步明确了学校的中长期奋斗目标，即经过十到十五年的不懈努力，把学校建设成为办学特色鲜明、教育品质一流的多科性教学型普通本科高校，成为浙江省涉外应用人才培养的主要基地、教师继续教育的重点基地、国际教育交流基地、语言文化教学与研究基地。至此，学校定位终得确立。

二、围绕改制转型，大力加强改革建设

围绕既定的改制目标与发展定位，学校在各方面开展了一系列卓有成效的工作，为改制转型打下了坚实的基础。

一是加快推进新校区建设。硬件建设是高校办学的基础和保证。多

年来，受国家宏观政策的影响，办学空间问题迟迟未能解决，成为制约学校改制最主要的硬件瓶颈。在谋求办学空间的道路上，学校历经曲折，几经反复。2006 年，根据省委省政府的决定，学校全面接管了原浙江科技学院求是应用技术学院，解决了长期困扰学校发展的新校区选址问题。在此基础上，学校又投入 7000 万元，购置了原求是学院校园，正式开启了学校在小和山新校区的办学历程。2009 年 6 月，结合杭州外国语学校办学体制调整，省教育厅决定由我校与杭外实行合作共建。为整合资源，杭外原有土地和校舍划归我校，由我校为杭外建设新校园。经过艰辛努力，学校在短期内快速高效地完成了原杭外校园的土地证、房产证办理工作，至此，学校占地面积合计达到 531. 7 亩，校舍建筑面积 18. 4 万平方米，成功突破了长期制约学校发展的硬件瓶颈，为申报改制创造了必要的先决条件。

二是不断深化特色发展战略。根据既定的中长期发展定位，学校大力实施学科专业结构的战略性调整，积极培育学校新的办学特色，坚定不移地椎进特色发展。按照“集群集约、重点突破”的原则，学校出台了《2008—2013 年专业建设和发展规划》，明确提出以外语类、经贸类、教师教育类三大专业群为中心，着力建设符合特色发展需要的新学科专业体系。2007 年，学校首次招收了非师范类专业的普通本科生。几年来，通过不断优化招生结构，扩大普通本科生招生规模，增加外语外贸类专业的招生比重，新设体现学校办学特色的新专业，停招与学校发展方向不适应的原有专业，使学科专业结构不断朝着与学校发展定位相匹配的方向发展。为促进特色发展，学校还在英语、国际经济与贸易等本科专业中进行复合型人才培养的试点，积极探索以提高学生综合素质、培养学生创新精神和实践能力为核心的复合型专业人才培养模式。启动了以拓展国际视野、提高跨文化交流能力为目的的全校性特色平台课程建设。加强重点学科建设，通过积极争取，学校的外国语言学及应用语言学被确定为省级 A 类重点学科，外国语言文学、教育学、中国语言大学等三个一级学科获得了副教授评审权。在积极培养新的办学特色的同时，学校通过整合培训资源、创新培训模式、打造培训品牌、开展高端培训等有效措施，保持扩大教师教育传统优势。2009 年，学校成功被确定为省级教师教育重点基地。

三是大力实施人才强校战略。围绕学校改制转型和特色发展的目标，学校大力实施人才强校战略。召开了首次人才工作会议。研究制订了《2008—2010 年人才队伍建设发展规划》。出台了《“创新团队建设计划”实施办法》《“高层次人才梯队培养计划”实施办法》《高层次人才引进工作办法》等制度，极大地激发了高层次人才向学校的源源汇聚。特别是学校重点发展的外语外贸学科，通过重点引进、重点培养等措施，集聚了一批年富力强、科研实力过硬、研究视角敏锐、学术作风优良的优质师资，一举改变了外语外经类高层次人才缺乏的状况，为主干特色学科快速形成优势奠定了基础。2007 年以来，学校共引进教授、博士等高层次人才 45 人，同时学校教师中有 11 人晋升为教授，13 人晋升副教授，21 人考取博士。与 2006 年相比，学校教授数和博士数分别净增 29 人和 36 人。人才强校战略的扎实推进，使学校人才队伍数量不断壮大、结构日趋合理、素质稳步提升。目前，全校专任教师中具有高级职称和研究生以上学历的比例已分别达到了 47.1% 和 60.3%。2008 年年底，学校顺利完成了中层干部换届，进一步优化了中层领导干部的年龄、知识和专业结构，增强了干部队伍的生机和活力。

四是借力发展，借梯登高，与北京外国语大学开展联合办学。2008 年 7 月，学校与北京外国语大学正式签署合作办学协议。根据协议，两校本着“合作双赢、互惠互利、循序渐进、长短结合”的原则，开展校际合作。北外将充分利用自身的办学理念、经验和优质资源，在学科专业建设、专业师资培训、教学管理等方面给我校提供帮助，使我校在较短的时间里高起点、高标准建设 2 至 3 个外语外贸优势学科。协议签订一年多来，通过北外校领导带队到我校实地指导工作，北外专家来校讲学，北外中层骨干到我校兼职，我校教学管理人员去北外挂职锻炼，合作举办省领导和省管干部外语培训班，合作开展中小学外语教师网络学历教育等校际交往，两校合作进展顺利，对我校加快改制转型产生了极大的推动作用。

五是调整优化内部管理。学校坚持党委领导下的校长负责制，不断完善重大事项议事决策机制。实施了以改革人事分配制度为核心的校内管理体制改革，出台了新的岗位津贴办法。优化内部机构设置，正式成立了外国语学院，组建了国际工商管理学院，强化了资产、档案等行政管理职能，调整了部分行政管理部门与后勤服务机构的职能分工，初步建立起了符合学校发展需要的管理体制。加快推动管理工作的规范化、制度化建设，先后制定、修订了涉及教学、科研、人事、资产、基建、设备、财务、外事、档案、审计、民主管理等各方面的行政规章及办法40余项，填补了许多原有制度框架中的空白点。强化财务管理，在财务状况十分困难的情况下，做到了收支基本平衡。认真开展了资产清查工作，建立了学校资产管理库和现代化资产管理平台。重视加强监察审计工作。不断增强后勤服务部门的服务意识和服务质量，较好地实现了社会与经济效益双丰收。

三、实施“五大战略”，加快建设特色鲜明的普通本科高校

今后一个时期，是学校站在新的历史起点、作为普通本科高校的起步时期，也是学校全面完成“十一五”发展规划和全面实施“十二五”发展规划的关键时期。学校将以科学发展观为统领，把“调整结构，促进转型，提升质量，打造品牌”作为新阶段的主要任务，加快建设办学特色鲜明、教育品质一流的外语类普通本科高校。

结合中长期发展定位，学校已确定了未来五年内的发展目标。在办学规模上，到2015年，普通全日制在校生规模达到7000人，其中本科

生5000人，专科生2000人。在师资队伍建设上，到2015年，专任教师达到420人，专任教师中高级职务比例达50%，研究生学历学位比例达80%；拥有教授80名，博士180名，国内有影响、省内领先水平的学科带头人10名。在学科专业建设上，到2015年，建立结构合理、符合学校定位和发展方向的省、校、院三级学科建设体系，着力做大做强外国语言文学学科，初步形成语言与文化、教师教育、经济贸易三大特色学科群。建设20个左右本科专业，在与特色学科群相对应的三大专业群中，每个专业群至少有省重点本科专业1个，校级重点专业2个，重点品牌专业1至2个。在科研上，到2015年，国家级、省部级科研立项累计达到100项，核心期刊以上发表的论文数累计达1000篇，纵横向经费累计达到1500万元，科研成果的国家级奖实现零的突破，省部级获奖累计达到40项。在校园基本建设上，到2015年，校园占地面积达到570亩，校舍建筑面积达到24.45万m^2，其中教学行政用房11.32万m^2。教学科研仪器设备总值达到7000万元。建成能满足教学和科研工作要求的多学科实验中心。纸质图书达到75万册，电子图书达到60万册，建成功能完善、高速便捷的校园网。学生实习实训基地增加到80个以上。

为确保实现上述发展目标，学校将实施质量立校、品牌亮校、人才强校、开放活校、和谐兴校“五大战略”。

1. 质量立校。按照普通本科教学水平评估的要求，进一步强化教学的中心地位，积极推进内涵发展，不断提高人才培养质量。夯实本科教学基础，确立本科教学规范，完善本科教学质量保障体系。以培养专门外语人才和涉外复合型应用人才为目标，全面深化教育教学改革，把人才培养目标具体科学地渗透落实到课程体系、教学内容、教学方法中。创新课程体系，优化课程组合，整合教学内容。逐步扩大复合型专业人才培养模式试点，不断完善体现学校特色的本科专业人才培养方案。增加外语外贸、国际文化的公共必修课和选修课比重，积极推进双语教学。进一步加强教学基础建设，强化教学管理，不断完善教学评价机制，构建科学的校内教学督导体系和教学质量监控体系。逐年提高非外语类专业新生招生考试外语单科要求。大力提高外语等级考试成绩。注重教学实践环节，加强实践实习基地和实验室建设工作，着力培养学生的创新精神和实践能力，不断增强人才培养与社会对人才需求的适应性，重视组织学生参加各类学科竞赛，努力提高竞赛成绩。认真做好毕业生就业工作，有效促进大学生就业。积极探索全日制本科院校学生管理体制，建立新型学生工作运行机制，努力服务大学生成长成才。

2. 品牌亮校。围绕特色发展，以特色创品牌，以品牌亮特色。结合学校特色发展的战略目标，根据学科专业建设的既定发展思路，进一步修订学科、专业建设规划，不断优化学科专业布局，优先发展特色型重点学科，创新发展传统优势型学科，推动建设支撑性学科，坚定不移地实施学科专业战略性调整。集群集约，突出重点，加大投入，优化配置，凝练学科专业方向，强化学科专业特色，确保主干学科和特色学科的快速发展。继续推进现有外国语言学与应用语言学等4个省级重点学科的建设，并在现有重点学科中积极培育与学校发展相一致的研究方向，在经济学和管理学等学科中培育新的重点学科。加强专业建设的统筹和管理，推动相关专业间的交叉融合，努力形成若干个有核心竞争力专业引领的专业群，实现省级品牌专业、特色专业、精品课程、示范实践教学基地等方面零的突破。图书资料建设向学校发展的主干学科方向倾斜，重点加强外文图书采编工作。以特色品牌为中心，统筹规划科研院所布局。有计划地抓好一批有特色、有影响的重点科研项目，鼓励学术精品。加快科研成果的转化，提高学校对经济社会的贡献度和学术影响力。创新工作思路和方法，强化名师名校长的高端培训特色，强化教师培训师培训特色，强化教师教育研究特色，充分发挥学校省级教师教育重点基地的作用，保持和扩大学校教师继续教育传统优势，努力把基地建设成为省教育厅教师培训的决策咨询机构，全省教师继续教育信息、培训、研发和学术交流中心，为全省基础教育的改革发展和教育强省建设作出新的更大的贡献。

3. 人才强校。牢固树立人才资源是第一资源的理念，把人才队伍建设放到事关学校发展全局的战略位置，大力实施人才强校战略。紧紧抓住培养、吸引、用好人才三个环节，努力构建一支数量充足、结构合理、素质优良的教职工队伍，为学校特色发展提供强有力的人才支撑。以落实人才队伍建设规划为抓手，创新人才工作体制机制，积极培养相引进领军人才和有较强发展潜力的学术骨干。以重点学科、重点项目为依托，以拔尖创新人才为核心，扶持组建结构合理、优势互补、团结协作的学术梯队和创新团队。加大面向境外公开招聘教师和教师出国交流访学力度，有效提升教师队伍的国际视野和学术竞争力。积极开展非外语教师的外语培训工作，注重青年教师业务培训提高。加强干部队伍建设，不断提高管理人员的专业化水平和管理能力。进一步深化人事分配制度改革，建立健全以重业绩、重贡献为导向，效率与公平兼顾的分配激励机制。不断完善师德师风建设长效机制，积极倡导严谨治学、敬业爱岗的良好职业风尚。坚持尊重劳动、尊重知识、尊重人才、尊重创造，为各类人才施展才华提供舞台，积极营造有利于人才脱颖而出的人文氛围。

4. 开放活校。加快构筑全方位、多层面、立体化的开放办学新格局，积极推动“四个基地”建设。充分利用与北京外国语大学合作办学的平台，开阔视野，加强合作。进一步拓展与社会各界的联系交往，为学校发展寻求更广泛的社会支持。广泛开展与地方政府、兄弟院校、涉外单位、企业界的合作，积极发展涉外培训，丰富培训品种，提高培训档次，加快确立外语外贸类社会培训的品牌优势。要积极推进教育国际化进程。进一步解放思想，开阔视野，加强领导，扩大队伍，加大宣传力度，完善工作网络，积极开创外事工作新局面。巩固深化已有的境外合作关系，努力开拓新的合作渠道，在教学、科研、管理、教师、学生等各个领域广泛开展多层次、多形式的国际教育交流与合作。积极探索国际化人才的培养策略，确立国际化人才的培养标准，构建国际化的课程体系，完善国际化人才培养制度。要通过“请进来，走出去”的方式，促进与境外大学同行合作，鼓励教师进行国际流动，加强教师的海外引进和派出培养工作，建立一支国际化的师资队伍；鼓励学生走向世界，到国外学习，以培养学生的国际意识、国际视野和语言沟通能力；加大聘请外国文教专家工作力度，使外籍教师的层次、数量、语种充分满足学校特色发展的需要，积极面向国际市场提供教育服务，适时启动留学生教育，努力开展对外汉语教育与培训，争取在境外设立“孔子学院”。积极创造条件，承办国际学术会议与文教活动。

5. 和谐兴校。坚持以人为本，正确处理改革、发展、稳定的关系，努力实现好、维护好、发展好师生员工的根本利益，营造劲足、实干、心齐、气顺的校园氛围。推进依法治校和民主办学，充分发挥学术委员会、教学委员会以及教授联谊会等组织的作用，积极探索教授治学的有效机制与实现途径。规范和完善校院两级教职工代表大会制度，充分发挥教代会在学校民主管理和依法监督中的重要作用。注重发挥工会、共青团、民主党派、老干部和离退休教职工在参政议政、凝心聚力中的积极作用。加快校园公共服务体系和基础设施建设，努力改善师生工作、生活条件。随着学校发展和财力增加，逐步提高教职工收入水平。围绕学校发展定位，制定校园文化建设总体规划，以校园环境建设为基础，以社会主义核心价值体系为核心，以外语类特色文化活动为抓手，进一步加强校园文化建设。全面落实校园安全工作责任制，确保校园平安稳定。切实加强党的建设，为学校科学和谐发展提供坚强的政治保障。

（2010 年 5 月）

做好“加减法”，特色亮起来

停招不符合发展方向的专业，改造提升传统专业，增加外语类专业，浙江外国语学院做好“特色”发展文章。

短短4年，停招物理学、生物科学、体育教育和会计学等5个不符合发展方向的专业，占全校原专业总数的30%；同时，外语类专业却由创建初的1个增加到11个，语种从仅有的英语语种增加到9个语种。

近日，浙江外国语学院的特色办学做法“火”了，浙江省副省长郑继伟批示，“赞成学校的发展思路，要敢于做减法，做精做强特色这篇文章”。

浙江外国语学院是一所新建的省属普通本科高校，经教育部批准，2010年5月由成人师范院校（浙江教育学院）改制更名。追忆改制之初的艰难抉择，浙江外国语学院校长洪岗教授至今仍然感慨万千：“当时由于专业调整，各二级学院在谋划自身发展时都会发出不同的声音，提出不同的利益诉求。”

当时，学校停招5个不符合发展方向的专业，如何安置停招专业的教师成为学校最突出的难题。

“我们对生物科学的教师采取‘分流’的方法，鼓励有学术研究潜力的教师访学，提倡部分教师转岗，对小部分教师终止人事合同。”科学技术学院教授王学杰说。

之后，在生物科学专业的基础上，学校组建了科学教育专业。“优化升级后的科学教育专业，积极探索教育国际化之路，克服语言障碍，实施双语教学，选派优秀青年教师赴美国访学，鼓励学生与境外高校交流。”科学教育系副教授马博英说。目前，浙江外国语学院共有23个本科专业，外国语语言文学类专业占了半数，外语语种有英语、日语、法语、西班牙语、阿拉伯语、葡萄牙语、意大利语、俄语、朝鲜语9种，已基本形成以外语类专业为主导的专业特色。

为进一步强化语言文化特色，浙江外国语学院加大与国际接轨的教学设施建设力度，建立了多语种同声传译、外语情景实训模拟、语料库应用语言学等47个实验室，外语多媒体教学与自主学习平台位居国内高校先进水平；多媒体学习资源丰富，有2万多小时的外语声像资料，同时还建有13路卫星电视，全部覆盖校园网，将学习资源延伸到学生宿舍，最大限度地保障学生语言学习和专业学习的需求。

在做好“减法”的同时，对保留下来的传统专业，学校也大刀阔斧地进行国际化的改造与提升。旅游管理专业设置了西班牙语和英语方向，应用化学专业设置了化学品外贸方向，使同质的专业人才具有不同的个性特色。此外，旅游管理专业还积极探索“专业＋外语”复合型专业人才培养模式，开设双语和全英文课程，推进西班牙语和旅游专业的融合。

“做好学科和专业改造的加减法，我们要有壮士断腕的决心，要充分发挥外语特色和比较优势，大刀阔斧地对一些传统学科进行转型升级。”浙江外国语学院党委书记姚成荣说。

现在，浙江外国语学院英语专业被确立为浙江省本科院校“十二五”优势专业建设项目，英语、国际经济与贸易、教育学、数学与应用数学4个专业被立项为校级优势专业建设项目，旅游管理、日语、汉语国际教育、应用化学4个专业被立项为校级特色专业建设项目。

国际化师资队伍是培养国际化应用人才的基础条件。浙江外国语学院以国际化、博士化为重点，提高新专业师资队伍水平，坚持引进与培养并重的方针，着力提升师资队伍国际化水平，至今已投入专项经费1300余万元，积极引进外语人才和海外高层次人才。4年来，学校共引进专任教师145人，其中外语师资61人，具有海外留学进修经历的教师57人，先后有33位教师出国（境）访学、进修，师资队伍结构、素质特别是国际化水平得到显著提升。

与此同时，浙江外国语学院立足服务浙江区域经济社会发展对人才培养的新要求，确立了培养国际化语言文化人才、国际化商贸旅游人才、国际化教育人才的特色定位。

姚成荣告诉记者，浙江外国语学院将继续坚持以特色发展为主题，以学科转型为主线，以提高质量为核心，大力实施“品牌化、国际化、集群化”战略，把学校建设成为外语特色鲜明、教育品质一流的多科性普通本科高校，成为浙江省国际化应用人才培养重要基地、教师教育重点基地、国际教育交流基地、外国语言文化和国际经济贸易研究基地。

（记者朱振岳，载《中国教育报》2014年12月3日第3版）

后 记

光阴似箭，转眼间，我来浙江外国语学院（前身为浙江教育学院）工作已有 10 年的时间了！

最近十几年，是我国高等教育快速发展的时期，高等教育进入了大众化阶段。作为一所地方本科高校，如何找准定位、办出特色？这是众多地方本科高校发展中共同面临的重大战略问题，也是我这十年来思考最多的问题。在这方面我们进行了积极的探索与实践。学校改制前的原浙江教育学院是一所师范类成人本科高校，办学 50 年，主要承担浙江省中小学教师继续教育任务，为浙江经济社会发展特别是基础教育发展作出了重要贡献。进入新世纪初，随着基础教育事业的快速发展、中小学教师学历补偿教育的基本完成和教师教育培养培训的进一步开放，学校面临重新定位发展的问题。为了更好地适应浙江省对外开放和经济社会发展的需要，走出学校办学困境，在充分调研、深入分析省情校情和综合考量国内外有关高校成功办学经验的基础上，2006 年，我们提出了将学校改制转型为以外语外贸学科为主要发展方向的普通本科高校这一战略定位。这一办学定位得到省委省政府的肯定，而后也得到了教育部高校设置评议委员会专家的认可。2010 年，学校正式改制更名浙江外国语学院，学校开始了崭新的发展阶段。浙江外国语学院成立后，我们不松劲、不停步，始终保持战略定力，坚持特色发展不动摇，着力加强内涵建设，不断创新，大胆实践，使学校始终朝着外语特色鲜明、办学品质一流的目标前进。本书收录的这些文稿就是我们探索办学的足迹、努力实践的记录，可以为国内新建地方本科高校发展提供一个分析的案例。

今年，喜逢学校60周年校庆。这本小书的出版也是献给60周年校庆的一份礼物。

书中有些文稿吸收了学校党政领导班子和广大中层干部共同的思想成果，也是集体智慧的结晶。

感谢张传峰、沈钢、张环宙、范芸芸等同志为本书选编付出的辛勤劳动。

感谢人民出版社出版此书，尤其要感谢责任编辑宰艳红同志，她为此书的出版发行付出了大量的心血。她的热忱、细致、周到以及高水平的专业素养，给我留下亲切而深刻的印象。

最后，我要特别感谢徐辉同志，他在百忙之中通读书稿，欣然为本书作序。他在浙江高校工作多年，治校有方，他的睿智，他的儒雅，他的深情，让我难忘。

姚成荣

二〇一五年九月于杭州

责任编辑:辛艳红
封面设计:石笑梦

图书在版编目(CIP)数据

大学定位与特色发展/姚成荣 著. -北京:人民出版社,2015.11
ISBN 978-7-01-015367-4

Ⅰ.①大… Ⅱ.①姚… Ⅲ.①地方高校-学校管理-研究-中国
Ⅳ.①G647

中国版本图书馆 CIP 数据核字(2015)第 241641 号

大学定位与特色发展

DAXUE DINGWEI YU TESE FAZHAN

姚成荣 著

人民出版社 出版发行
(100706 北京市东城区隆福寺街 99 号)

北京龙之冉印务有限公司印刷 新华书店经销

2015 年 11 月第 1 版 2015 年 11 月北京第 1 次印刷
开本:710 毫米×1000 毫米 1/16 印张:22.25
字数:290 千字

ISBN 978-7-01-015367-4 定价:49.80 元

邮购地址 100706 北京市东城区隆福寺街 99 号
人民东方图书销售中心 电话 (010)65250042 65289539